Über Liebe und Leben der überragenden Feministin Simone de Beauvoir

In ihrem biografischen Roman ›Der andere Mann‹ beleuchtet Katja Kulin die vielleicht widersprüchlichsten Jahre im Leben der französischen Ausnahmeautorin Simone de Beauvoir. Ihr berühmtestes Werk ›Das andere Geschlecht‹ entsteht Ende der 1940er-Jahre, während sie gleichzeitig erstmals eine Beziehung mit beinahe klassischer Rollenverteilung lebt.

Es ist die Liebesgeschichte mit dem amerikanischen Schriftsteller Nelson Algren, dem anderen Mann im Leben der Simone de Beauvoir neben Jean-Paul Sartre. Als er sich wünscht, dass Beauvoir zu ihm nach Chicago zieht und ihn heiratet, weist sie dies zurück.

Nicht nur wegen Sartre will sie Paris nicht verlassen, sondern auch um ihrer Arbeit willen, in der sie den Sinn ihres Lebens und die Chance sieht, gesellschaftliche Veränderungen auf den Weg zu bringen. Ihre Liebe muss letztlich scheitern, doch Algrens Ring wird Simone de Beauvoir bis zu ihrem Tod nicht mehr ablegen.

Katja Kulin wurde in Bochum geboren und lebt seit Mitte 2018 in einem kleinen Dorf in der Voreifel. Sie studierte Germanistik und Erziehungswissenschaften, schreibt Romane, Romanbiografien und Sachbücher und ist als Lektorin tätig.

KATJA KULIN

Der andere Mann

Die große Liebe
der Simone de Beauvoir

Ein biografischer Roman

»Zu schade, dass man nicht
mehrere Leben parallel führen kann.«

Katja Kulin

INHALT

PROLOG (JANUAR/FEBRUAR 1947)

In der Neuen Welt

SIMONE

Seit ihrer Ankunft in der Neuen Welt war sie eine Gehetzte, ein Derwisch, der sich unaufhörlich durch die Straßen von New York City schraubte. Sie wollte ihren Aufenthalt auskosten. Wer konnte schon sagen, ob sie je wiederkehren würde?

Wie wehmütig hatte sie sich vor zwei Jahren für Sartre gefreut, als er in die Vereinigten Staaten eingeladen worden war, um über die amerikanischen Kriegsanstrengungen zu berichten! Eigentlich hatten sie sich erträumt, diese Reise gemeinsam zu machen. So skeptisch man Amerika und seinen politischen Entwicklungen gegenüber auch sein musste, so war es doch das Land der Befreier, und Sartre und sie liebten amerikanische Romane und Kinofilme ebenso wie Jazz, Blues und afroamerikanische Spirituals. Dem Blick von außen nach schien das Leben hier, für Männer wie für Frauen, insgesamt leichter und freier zu sein. Nun würde sie die Gelegenheit bekommen, Mythos und Wahrheit voneinander zu scheiden.

Obwohl sie in den letzten Jahren gearbeitet hatte, bis ihr die Hände zitterten und sie vor Übermüdung auf Sartres Aufputschmittel zurückgreifen musste, obwohl sie sich seit ihrem existenzialistischen Roman *Das Blut der anderen* wachsender Bekanntheit erfreute und schon ein Jahr darauf ihr nächstes Buch erschienen war, kam es ihr immer noch beinahe wie ein Wunder vor, dass Philippe Soupault für sie eine Vortragsreise hatte organisieren können. Seit seiner Emigration nach Amerika arbeitete er überwiegend als Journalist und Dozent und hatte beste Kontakte zu den Universitäten. Gut vier Monate lang würde sie nun also in verschiedenen Staaten über die moralischen Herausforderungen der Nachkriegsautoren referieren, öde, aber nötige Geschäftstermine wahrnehmen, Artikel schreiben, Interviews geben und ganz nebenbei, so hatte sie es sich vorgenommen, für ihren geplanten Essay zur Rolle der Frau in der Gesellschaft recherchieren. Mit Vorstudien hatte sie schon im letzten Jahr begonnen, aber der Amerikabesuch würde sicher eine interessante Bereicherung abgeben. Womöglich war die Amerikanerin ja eine andere als die gemeine Europäerin. Die Resonanz auf ihren ersten Vortrag am Vassar College für Frauen legte diese Vermutung zumindest nahe.

In ihrer freien Zeit würde sie ausgewanderte Freunde treffen, so viele Eindrücke wie möglich sammeln und, das stand fest, dabei nicht bloß als brave Touristin genau die Sehenswürdigkeiten abklappern, an die ein jeder zuerst dachte, sondern sich die Städte wirklich zu eigen machen.

Wenn sie in den ersten Tagen durch die Straßen ging, über den Broadway, den Times Square, die 42nd Street, dann ging sie ohne Ziel, und in ihren Blicken lag noch kein Erinnern. Sie glaubte sich selbst nicht, wenn sie dann und wann zu sich sagte: Das hier ist New York! Sie war nicht mehr in Paris, aber sie war auch noch nicht hier. Sie lebte in einer geborgten Gegenwart, in der sie nur die Berichte Sartres wiedererkannte.

Ihre Entdeckungsreisen machte sie im Taxi, auf dem Oberdeck der Busse, manchmal mit der New York Subway, am liebsten aber, auch wenn ihre Füße sie abends manisch schimpften, per pedes und, zur Verblüffung ihrer französischen Gastgeber, ob es nun emigrierte Freunde oder Offizielle waren, durchaus gern allein. Stundenlang streifte sie auch durch Gegenden, von denen es hieß, man könne zwar mit dem Auto hindurchfahren, dürfe aber keinesfalls zu Fuß dort unterwegs sein. Und wenn man schon unvernünftig sein wolle, dann bleibe man wenigstens auf den großen Avenuen und behalte unbedingt die nächste U-Bahn-Station im Auge, um sich bei Gefahr hineinflüchten zu können.

»Man«, das war sie selbst. Doch die sorgenvollen Ratschläge ihrer Gastgeber waren schon ad absurdum geführt, kaum dass sie Harlem betrat. Es war kein ausgehungertes Armenviertel, in dem man ihr zu Recht an den Kragen hätte wollen können, sondern das Abbild einer ganzen Gesellschaft im Kleinen, nur irgendwie gelöster. Die eigentlichen Probleme lagen anderswo.

Den vielleicht schönsten Spaziergang ihres bisherigen Lebens machte sie am Ufer des East River, von der Queensboro Bridge zur Brooklyn Bridge. Sich als Fußgängerin zurechtzufinden, war nicht leicht, aber die Herausforderung machte es umso schöner. Das Wetter war mild, am Ufer saßen Kinder und ausnahmslos freundliche Leute, ein sanfter Wind wehte den Duft von Meer und Gewürzen herüber. Lauter Postkartenmomente, und beim Anblick der Battery, des Parks an der Südspitze Manhattans, durch das Gitterwerk der Brooklyn Bridge im von Möwen gekreuzten Sonnenuntergang hätte sie tatsächlich weinen mögen.

Es war der Besuch dieser Orte, der Museen, Restaurants und Bars, allein, mit ihren Gastgebern und vor allem mit Einheimischen, der Orientierungspunkte setzte und sie endlich in der Neuen Welt ankommen ließ. Außerdem tat es wohl, hier nicht erkannt zu werden, eine vergessene Freiheit, die sie sehr genoss.

Aber wirklich zu eigen machte man sich etwas vor allem in den Details und dort, wo Erwartung und Gewohnheit, die man mit an den neuen Ort gebracht hatte, gebrochen wurden. Im Friseursalon etwa, wo sie dem Mädchen die Haarnadeln nicht reichen musste, da sie an einem Magneten klebten, den es ums Handgelenk trug. Ein Hauch von Zauberei wehte durch den Laden, als sie nach dem Trocknen der Haare mit dem Magneten darüberfuhr und die Nadeln so wieder entfernte. Die Details steckten in einem Orangensaft, getrunken in der Bude eines Schuhputzers, in dem Irrtum, in einen *Express*-Zug statt in einen *Local* gestiegen zu sein, in der Art, wie man hier einen Kaffee bestellte und ein Sandwich aß. New York war, die Magie des Nickels zu begreifen, sich über Stehpartys zu wundern und langsam Gefallen an Scotch zu finden, weil er hier gar nicht wie Jodtinktur schmeckte. Und es war der Schmutz, den sie sich abends vom Gesicht waschen musste, weil mitten in den Vierteln der Abfall in Metallcontainern verbrannt wurde.

In den zwei Wochen in New York durchlief sie einen Prozess, der einer Verzauberung glich, und sie nahm sich fest vor, dies in jeder neuen Stadt zu wiederholen.

Etwas, das sich nicht wiederholen würde, jedoch auch dazu beitrug, dass die Pariser Schwere der letzten Monate endlich von ihr abfiel, war ihr Treffen mit Dolores Vanetti, der Journalistin und Schauspielerin, in die Sartre sich während seiner Amerikareise unsterblich verliebt hatte. Seine Vernarrtheit hatte ihr Angst gemacht, denn auch wenn Liebschaften ein Bestandteil ihres 1929 geschlossenen Paktes waren und ihre Beziehung sich ohnehin seit Jahren überwiegend nur noch auf intellektueller Ebene abspielte, war es nie so ernst gewesen wie jetzt. Sartre war noch immer hingerissen, Dolores wollte ihren Mann verlassen und spielte vermutlich schon mit dem Gedanken, ganz nach Paris zu ziehen. Und dass Sartre die erste Ausgabe von *Les Temps Modernes* Dolores statt ihr widmete, obwohl sie die ganze Arbeit damit gehabt hatte, war ihr wie ein Verrat vorgekommen. Sie hatte versucht, ihren Schmerz darüber zu verstecken, doch es war unmöglich, etwas vor den Argusaugen von *la petite famille*, dem engsten Kreis der Freunde, von denen sie viele schon seit Studienzeiten begleiteten, zu verbergen.

Es war nicht zu leugnen: Sartre und sie hatten sich durch lange räumliche Trennungen und durch ihrer beider wachsende Berühmtheit, die das gemeinsame Arbeiten oder Amüsieren in Cafés verunmöglicht hatten, voneinander entfremdet. Sie waren verletzbar geworden. Gerade deshalb war diese Frau ein Schreckgespenst, und darum musste sie die Gelegenheit nutzen, ihrer ansichtig zu werden, bevor Dolores nach Paris aufbrach, um die Zeit ihrer Abwesenheit mit Sartre zu verbringen.

Sie trafen sich auf einen Drink im Sherry-Netherland, und das Phantom stellte sich als eine winzige Schönheit heraus, die des Treffens wegen mindestens ebenso aufgeregt war wie sie selbst. Sie bemühten sich beide nach Kräften um eine wohlwollende Haltung; was darunterlag, blieb, zumindest was ihr Gegenüber anging, offen. Aber am Ende des Abends war sie sich sicher: Auch diese Liebschaft Sartres würde wie alle anderen vorübergehen. Während die Realität New Yorks sie hatte bezaubern können, war Dolores von Angesicht zu Angesicht entzaubert worden.

Zwei Wochen nach ihrer Ankunft in der Neuen Welt gehörte die Stadt nicht mehr Sartre, sondern Simone allein. Zufrieden und voller Vorfreude machte sie sich auf den Weg, den Rest Amerikas zu entdecken.

EINS (FEBRUAR 1947)
Sechsunddreißig Stunden

NELSON

Wann immer ihn jemand fragte, was das Beste nach der Rückkehr aus dem Krieg gewesen sei, antwortete er, es sei die Tatsache, einen Ort für sich allein zu haben. Das stimmte, war aber nicht die ganze Wahrheit. Die Kirsche auf der Torte ließ er jedes Mal weg.

In seinem dritten Jahr in der Armee war der Wunsch nach Privatsphäre zu einer fixen Idee geworden. Irgendwann hatte es damit begonnen, dass er, wenn sein Konvoi haltmachte, um ein weiteres Lazarett zu errichten, hoffte, sie würden eine Weile bleiben. Natürlich blieben sie nie lange. Wenn ich wieder daheim bin, hatte er sich bei jeder Wache gesagt, werde ich für den Rest meines Lebens an einem einzigen Ort sein. Eine einzige Sache tun. Kein Vagabundieren mehr. Keine Jobs. Schreiben.

In Mönchengladbach war es besonders schlimm gewesen. Sie hatten ein katholisches Krankenhaus eingenommen, das aussah wie ein größenwahnsinniges Lebkuchenhaus. St. Franziskus, den Namen würde er nicht vergessen, denn verdammt noch mal, es war herrlich dort gewesen. Abgesehen von den Zwölfstundenschichten, während derer sie längst brandige Wunden verbanden, Diphterie-Läsionen bei der Ausbreitung zusahen, das Husten und Würgen derer anhörten, die sich die entzündete Lunge aus dem Leib kotzten, und immer neue Verwundete aufnahmen, deren größtes Pech es war, dass ihr Brustkorb sich immer noch hob und senkte, hob und senkte.

Aber all das war normal und überall gleich gewesen, alles andere war im St. Franziskus anders. Es gab eine große Küche mit eigener Backstube, es gab frische Eier, und es gab Frauen. Nonnen, fünfzig an der Zahl, aber dennoch: Frauen. Schon ihr Anblick änderte alles. In ihrer freien Zeit spielten die Männer auf dem Rasen vor dem Krankenhaus Softball, nachts tauschten sie in den umliegenden Dörfern Kaffee und Zigaretten gegen Wein und ließen die Würfel rollen.

Nein, keiner von ihnen wollte dort weg, aber nach zweiundvierzig Tagen war der Spaß vorbei, und es ging weiter nach Düsseldorf. Die Kesselschlacht an der Ruhr wurde die einzige Gelegenheit, bei der sein Sanitätstrupp in die Nähe von Artilleriefeuer geriet. Zuvor hatte er sich nur darum sorgen müssen, von dem Schuss eines nervösen Kameraden getroffen zu werden.

Aber es war der Morgen des Aufbruchs in Mönchengladbach, der sich tiefer als der Beschuss in das Gedächtnis seines Körpers gebohrt hatte. Beim Packen war er erfüllt gewesen von der gleichen hohlen Traurigkeit, mit der er als Junge am Morgen des ersten Schultages nach den Sommerferien auf dem Klo gesessen und sich die letzten Wochen zurückgewünscht hatte.

Und nun, seit gut einem Jahr: zwei Zimmer im polnischen Viertel, damals grundehrlich annonciert. Keine Heizung, keine Dusche, kein Licht. Aber eine Küche, ein Schlafzimmer und eine Toilette mit Handwaschbecken. Der reine Luxus. Zum Heizen und Kochen hatte er sich einen Ölofen besorgt, Licht gab es inzwischen auch, und duschen konnte er auswärts.

Sonst: ein Tisch unter dem Fenster, ein Bett, ein Pult an der Wand, eine Schreibmaschine darauf, eine Spüle mit Wasserhahn und ein sich stetig füllendes Bücherregal. Eigene Entscheidungen zu treffen über alles, was diese kleine Welt anging, war immer noch ein Privileg. Und das Beste daran, die Kirsche, die er allen vorenthielt, weil sie ihn nicht für einen Waschlappen halten sollten: das langsame Aufwachen am Morgen. Kein Weckruf mehr, kein gleichzeitig aus dem Traum und aus dem Bett fallen, kein Salutieren. Kein Appell und kein: »Zack, zack!«

Nur ein langsames, stetiges Auftauchen, bis Körper und Geist auf gleicher Höhe waren, mitunter ein kurzes Wiederwegdriften in die Untiefen eines zu verführerischen Traums mit dem Versuch, ihn weiterzuträumen, was ihm aber selten gelang. Dann das Aufschlagen der Augen, das Strecken der Glieder unter der warmen Decke, noch eine Weile daliegen, den Blick durch das Zimmer gleiten lassen, als wäre es das erste Mal, die Gedanken laufen lassen, bis sie sich zu einem konkreten Vorhaben formten, das den Entschluss aufzustehen rechtfertigte.

Meist stand er früh auf, heute allerdings schwang er seine Beine erst gegen Mittag aus dem Bett. Leichter Schwindel erinnerte ihn daran, dass es spät geworden war in der Polonia Bar. Er hatte seinen Kumpel Wójcik trösten müssen, wobei, vor allem musste er ihm zuhören, Satz für Satz und Schnaps für Schnaps, denn es war eine lange Geschichte, die er zu erzählen hatte.

Der arme Tropf war mit seinem Wochenlohn nach Hause gekommen, stolz, denn er hatte zum ersten Mal seit Langem erfolgreich einen Umweg genommen, der an keinem Spielsaal vorbeiführte. Und dann war seine Frau nicht da gewesen, nicht einmal eine Nachricht hatte sie ihm hinterlassen, und Essen stand auch keins im Ofen. Die Enttäuschung darüber führte Wójcik und sein Geld gleich wieder auf den üblichen Weg, wenn auch aus entgegengesetzter Richtung, was sich fremd anfühlte und ihn seltsam im Gehirn kitzelte. Allerdings brachte es ihm auch das Glück einer unglaublichen Strähne beim Würfeln, wie er sie schon lange nicht mehr oder eigentlich noch nie gehabt hatte. Noch weniger zu glauben war die Tatsache, dass er aufhörte, bevor sie vorbei war. Beinahe rannte er nach Hause, nun noch viel stolzer als vor ein paar Stunden, aber es brannte immer noch kein Licht, und die Laken waren immer noch auf die gleiche Weise zerwühlt wie am Morgen.

»Immer wenn der Lohn weg war, ist das gottverdammte Weib da gewesen«, hatte Wójcik ihm ins Ohr geheult. »Und heute musses nu ausgerechnet andersrum sein. Wasn das fürn Scheiß, hä?«

Die Frage war selbstverständlich eine rhetorische gewesen, er hatte seine Geschichte weitererzählt, ohne eine Antwort abzuwarten, hatte nur vorher noch einige Salzbrezeln aus der Schale gefischt und sie sich in den Mund gestopft.

Diesmal war es Trotz gewesen, der ihn zurück in den Spielsaal trieb, und der machte ihn genau so lange leichtsinnig, bis zuerst das Portemonnaie und dann die Lohntüte leer war. Klar wie Kloßbrühe, dass er jetzt nicht nach Hause gehen konnte, denn nun saß seine Alte ja garantiert wartend und mit offener Hand auf dem Sofa. Also war er hergekommen, um das Geld, das er nicht mehr hatte, zu versaufen.

Ein paar weitere Schnäpse später war Wójcik plötzlich still geworden, hatte sicher zwei Minuten lang schwankend dagestanden und sich dann über den Tresen gebeugt und den Wirt zu sich gewunken. »Dürft ich ma was sagn?«, fragte er.

Pawel, der zu gutmütig war, um zu sehen, was kommen sollte, trat heran und beugte sich, das Ohr Wójcik zugewandt, zu ihm. »Schieß los, mein Freund.«

»Ich würd gern was sagen, hab ich gesagt.«

»Klar doch, sag's einfach, leg los!«

»Aber was soll ichn sagen?«

Pawel ließ den Kiefer hängen und wollte sich eben wieder aufrichten, da packte Wójcik ihn am Kragen. »Scheiße noch mal, was denkstn dir eigentlich, du Saukerl, dassde mir befehlen willst, dass ich was zu sagen hab?«

Damit war der Moment zum Einschreiten gekommen, auf den Nelson gewartet hatte, denn der Ausbruch hatte schon die ganze

Zeit über ihren Köpfen geschwebt und wie ein Habicht auf den geeigneten Augenblick zum Herabstoßen gewartet. Er packte Wójcik seinerseits beim Kragen und drängte sich zwischen ihn und den Tresen, was dazu führte, dass Pawels Hals seine Freiheit wiederbekam.

»Bis morgen«, verabschiedete Nelson sich mit einem entschuldigenden Blick beim Wirt, der nur abwinkte, und zog den immer noch blökenden Wójcik mit sich.

Draußen hieb ihnen die Kälte eine Gerade mit der Faust mitten ins Gesicht.

»Mensch, Wójcik, du hast sie doch nicht alle«, sagte er, nachdem er den Schlag verdaut hatte. »Lässt es an dem aus, der am wenigsten dafür kann und dich auch noch hat anschreiben lassen.«

Aber Wójcik war plötzlich nicht mehr in der Lage gewesen zu antworten, sondern schwer damit beschäftigt, sich auf den Beinen zu halten. Was Wunder. Also hatte er ihn gestützt und bis nach Hause gebracht. Die Wohnung hatte im Dunkeln gelegen, doch als Wójcik endlich das Schlüsselloch traf, war im Schlafzimmer umgehend das Licht angegangen. Armer Tropf, oh ja.

Auf dem Nachhauseweg hatte er darüber nachgedacht, dass er die Begebenheit des Abends eigentlich niederschreiben müsste, stünde nicht schon eine ganz ähnliche bereits in *Im Neon-Dschungel*. Bei seinen Recherchen hatte er die Bewohner des polnischen Viertels ausgequetscht wie Zitronen, die Stapel der Notizen und Protokolle waren meterhoch. Es gab keine neuen Geschichten mehr in der Polonia Bar.

Trotzdem war das Schreiben der Anlass, der ihn heute aufstehen ließ. Er hatte sich selbst gegenüber Wort gehalten im letzten Jahr. Der Band mit den Kurzgeschichten war gerade erschienen, und die Rohfassung seines neuen Romans stand kurz vor dem Abschluss. Die Kargheit dieser beiden Zimmer in der West Wabansia Avenue gab eine perfekte Schreibklause ab, das konnte man wohl sagen. Er war gut vorangekommen, auch wenn von diesem ersten Entwurf am Ende nicht viel übrig bleiben würde.

Nachdem er sich ein wenig Wasser ins Gesicht geworfen hatte, brühte er sich bei der ersten Zigarette des Tages einen Kaffee auf und löste dem getigerten Kater, dem er in den kälteklirrenden Nächten Obdach am Ofen gewährte und der ihm zum Dank dafür ein paar Schaben wegfing, einen Löffel Milchpulver in heißem Wasser auf und gab eine Gabel Büchsenfleisch hinein. Er selbst verzichtete aufs Frühstück – ein Rudiment seiner auf der Uni entwickelten Liebäugelei mit den Stoikern. Ansonsten war von Askese inzwischen keine Rede mehr. Er stellte den Ofen auf volle Leistung und setzte sich an die Schreibmaschine.

Doubleday zahlte ihm für diesen Roman sechzig Dollar die Woche im Voraus, zehn mehr, als er auf Nachfrage gefordert hatte. Ein guter Deal. Seinen miesen Vertrag bei Harper & Brothers für *Nacht ohne Morgen* schlug er um Längen, und Vorschriften, was den Inhalt anging, machten sie ihm auch keine.

Eigentlich hatte er nach seiner Rückkehr aus Europa über den Krieg schreiben wollen, aber der schimmerte nur schwach zwischen den Zeilen des Manuskripts hindurch. Einen Roman über den Krieg konnte man nur schreiben, während man noch mittendrin war, sonst glitt er einem schneller davon, als man sich wahrhaftig erinnern konnte. Zwei Monate nach seiner Rückkehr war alles weg gewesen; der Krieg ging ihn nichts mehr an. Was ihn anging, das war Chicago, das waren die Leute, in deren Nachbarschaft er jetzt lebte, der Bodensatz dieser aufstrebenden Stadt. Seine Aufgabe war es, ihn an die Oberfläche zu spülen, auch wenn es den Leuten nicht passte oder sie zu den seltsamsten Fehlschlüssen verleitete. *Nacht ohne Morgen* war deswegen aus der Chicago Public Library verbannt worden, aber das interessierte ihn inzwischen einen Dreck. Er würde sich nie wieder so aus der

Bahn werfen lassen wie von dem Misserfolg seines ersten Romans über die Große Depression. Damals wäre beinahe alles zu Ende gewesen. Inzwischen glaubte er, das Buch war zu Recht gescheitert, aber er glaubte auch, dass er es jetzt besser konnte.

Er spannte einen neuen Bogen in die Maschine ein und musste plötzlich an den *Bookie* denken, den kleinen italienischen Buchmacher, den er während seiner letzten drei Monate in Marseilles – in Gedanken nannte er es das Glücksspielquartal – kennengelernt hatte, als er auf die Entlassung aus dem Kriegsdienst gewartet hatte. Verdammt guter Würfelspieler. Manchmal hatten sie gemeinsame Sache gemacht, und immer wenn er nervös wurde, sagte der *Bookie* nur: »Nix sorgen, mein Freund. Habe Arm aus Gold.« Wie es aussah, hatte mit dem kleinen Italiener doch ein Teil des Kriegs überdauert, auch wenn in seinem Roman aus ihm ein kartendealender Veteran mit polnischen Vorfahren geworden war.

Das eingespannte Blatt füllte sich nur langsam. Es dauerte nicht lange, und die Schreibmaschine verstummte ganz. Er nahm sich lieber noch einmal die bereits geschriebenen Seiten vor. Der Raum zwischen den Zeilen und alle freien Flächen waren mit Korrekturen und Notizen gefüllt, aber einem großen Problem war er bislang nicht auf die Schliche gekommen. Frankie Machine gaunerte sich mehr schlecht als recht durchs Leben, und seine Träume und Ambitionen ritten ihn nur immer tiefer in den Dreck, so viel stand fest. Aber der Story fehlte etwas. Eine Klammer, die alles zusammenhielt.

Eine halbe Stunde und zwei Zigaretten später gab er auf. Er kam gottverdammt einfach nicht darauf. Das Beste war es wohl, den täglichen Gang zum YMCA einfach vorzuziehen. Erst wenn er an nichts mehr dachte, kroch ihm oft genug heimlich eine Lösung zwischen den Hirnwindungen hervor, und das schien besonders dann zu gelten, wenn er gerade einen Sandsack bearbeitete. Die Sporttasche war noch gepackt, er musste nur frische Wäsche hineinwerfen. Heute Abend würde er weiterwissen, kein Grund, jetzt missmutig zu sein, komm schon, Junge, los geht's.

Wie ein Hund begleitete ihn der kleine Tiger über die Außentreppe hinunter, fand aber seine wahre Natur wieder, kaum dass seine Pfoten die Straße berührten. Ohne einen Blick zurück huschte er davon. Der Schnee hatte auf sie beide gewartet. Frische Flocken begleiteten ihn auf seinem Weg zur Hochbahn.

SIMONE

Nur sechsunddreißig Stunden für Chicago! In dieser Zeit konnte man eine Stadt nicht kennenlernen, noch nicht einmal die eigenen Vorurteile bestätigen, in ihrem Fall solche aus Gangsterfilmen wie *Scarface* oder aus James T. Farrells Romanreihe *Studs Lonigan*. Schon seit New York war ihr das sonnenklar, und die meist kurzen Stippvisiten auf den anderen Stationen ihrer Reise hatten es bestätigt. Bei einigen dieser Städte war das nicht weiter bedauerlich; bei Chicago war es mit Sicherheit eine Schande. Und da es bei ihrer Ankunft schon fast halb drei am Nachmittag war, hatte sie gleich das Art Institute besucht, zwei Stunden lang die alten Impressionisten und ein wenig Zeitgenössisches betrachtet, von einer Terrasse aus einen sagenhaften Blick auf den Lake Michigan genossen und war dann, begleitet von einem eisigen Wind, ein Stück weit die Michigan Avenue hinuntergegangen. Die Wolkenkratzer hier erschienen ihr ehrlicher als die in New York: Massivität und harte Linien, keine Renaissancefenster oder gotischen Türme. Überfordert von den Möglichkeiten hatte sie schließlich doch ein Taxi zum Hotel genommen.

Nun saß sie ausgerechnet in einem Zimmer des absurd gigantischen Palmer House, das mit seinen Bars und Restaurants, mindestens drei großen Sälen und Geschäften aller Art gleichsam eine eigene Stadt für sich war. Eine reiche Stadt. Wohin sie sich auch wandte, in jedem einzelnen Gang roch es nach Geld. Das lag gewiss nicht nur an der besonderen Schärfung ihrer Sinne, da ihr eigenes im Moment knapp war. Bisher waren weniger Vorträge in trockenen Tüchern als geplant, und die Reisekosten waren ihr immer noch nicht erstattet worden. Das Zimmer hatte der Konsul für sie gemietet, und vermutlich war neben dem obligatorischen Dinner auch bereits eine Stadttour für den nächsten Tag vorbereitet. Doch sie hatte schon in ihrer Zeit in New York begriffen, dass sich die Wahrheit einer Stadt nur über ihre Bewohner entziffern ließ. Unruhe machte sich in ihr breit. Sie wollte etwas erleben, den mit großen Schritten nahenden Abend nicht vergeuden.

Um Chicago wenigstens in Streiflichtern so nahe zu kommen wie ihrer bisherigen Lieblingsstadt, brauchte sie einen Einheimischen. Während sie aus dem Fenster starrte, als käme dort gleich einer vorbeigeflogen – sie befand sich im 16. Stock –, musste sie plötzlich an Zabaione denken. An geronnene Zabaione. Natürlich! Rasch sprang sie auf und kramte in ihrer Tasche. Irgendwo musste er doch sein. Da! Na bitte, da war er, der Zettel mit den beiden Telefonnummern.

An einem ihrer letzten Abende in New York hatte Pearl Kazin, Redakteurin bei *Harper's Bazaar*, für das sie im letzten Jahr einen Artikel über Sartre geschrieben hatte, sie unter ihre Fittiche genommen und zum Abendessen zu ihrer einzigen Französisch sprechenden Freundin mitgenommen. Was nett gemeint gewesen war, hatte sich als reine Folter entpuppt.

Mary Guggenheim war eine Art Wunderkind gewesen, es dauerte keine halbe Stunde, bis das unmissverständlich klar war. Mit achtzehn hatte sie bereits das College abgeschlossen – Sonderzulassung mit fünfzehn, französische Literatur –, war dann für einige Jahre professionelle Tänzerin bei den Ballets Russes gewesen, um sich dann, weniger erfolgreich, dem Schreiben und schließlich, erfolgreicher, der Malerei zuzuwenden. Sie hatte im Krieg als Übersetzerin im United States Office of War Information gearbeitet und gab, während sie in ihrem überaus komfortablen Apartment, das nach Zölibat roch, ein wahrlich miserables Essen servierte, diverse Anekdoten zum Besten. Auch Sartre hatte sie damals kennengelernt, sie hielt sich aber mit Geschichten über ihn verständlicherweise in Simones Gegenwart zurück. Aber unglaublich reizend sei er, so viel musste sie dann doch gesagt haben.

»Und André Breton war auch bei uns, er hat während der Besetzung Frankreichs Rundfunksendungen vorbereitet, die täglich dort ausgestrahlt wurden, Sie haben sicher einige davon gehört!«, erzählte Mary, während sie zu dritt den Hauptgang abräumten, der aus verbranntem Fleisch und undefinierbarem versalzenem Gemüse bestanden hatte. »Der war vielleicht ein Charmeur, kann ich Ihnen sagen! Ich denke, er mochte mich richtig gern. Zu der Zeit war ich verrückt nach Hüten, und immer wenn ich mit einer Hutschachtel ins Büro kam, rief er mich zu sich und wollte sich den neuen Hut unbedingt genauestens anschauen.«

Männer irrten leicht, was Frauen anging. Sie selbst jedenfalls konnte diese Mary absolut nicht leiden, spätestens seit ihrer Behauptung, die Frauen dieser Welt unterschieden sich kulturell praktisch nicht, vielmehr seien sie doch überall gleich. Zur besonderen Lage der Frauen in Amerika wusste sie rein gar nichts zu sagen, stattdessen begründete sie alles und jedes mit der Psychoanalyse. Gedanklich setzte Simone ihre Gastgeberin als weiteren Punkt auf die Liste mit den Gründen, die für eine Ausweitung ihres in Arbeit befindlichen Essays über die Frau sprachen.

Sie zählte die Minuten bis zum Dessert, die bedauerlicherweise nicht enden wollten, da Mary sich in der Küche ungefähr eine Stunde lang um eine Zabaione bemühte, während sie Interna aus

Ballettzeiten durch die Durchreiche schrie. Schlussendlich gab es dann Pralinen, und auch anderweitig nahm der Abend ein erfreuliches Ende. Als Simone erzählte, wohin ihre Reise sie noch führen würde, wurden Marys gerötete Augen plötzlich groß. »Chicago? Ich wüsste da einen Kerl, der würde Sie sicher rumführen. Keiner kennt die hintersten Ecken besser als er. Wir waren zusammen auf dem College, ich hatte ihn dann fast vergessen, aber während des Kriegs hat er mir geschrieben, und seitdem sind wir so etwas wie ein Gelegenheitspaar auf Distanz.«

»Warum nicht?«, hatte sie geantwortet, damit den Redefluss aber nur kurz unterbrechen können.

»Er gibt sich gern für einen Proleten aus, aber er ist ein waschechter Intellektueller; Schriftsteller und Kommunist. Hat ein bisschen was von einem Eremiten, viele Schrullen und so weiter, aber er hat seine Momente. Warten Sie, ich schreibe Ihnen seine Nummer auf!«

Sie hatte gewartet und außer seiner auch noch die Nummer einer älteren Dame erhalten, bei der Mary damals in Chicago untergekommen war. Dann hatte sie sich schleunigst entschuldigt, nicht ohne sich, schon in der Tür, noch über eine indiskrete Frage Marys nach Dolores ärgern zu müssen.

Dieser Zettel war nun also ihre Eintrittskarte zu einem doch noch voll auszunutzenden Abend. Und es stand fest, welcher der beiden Nummern sie für diese Tageszeit den Vorzug geben musste. Lächelnd setzte sie sich aufs Bett und griff nach dem Telefonhörer.

NELSON

Das YMCA war ihm ein vertrauter Ort. Hier gab es die Dusche, die ihm zu Hause fehlte, und nach einer Sporteinheit war sie für jedermann gerechtfertigt. Manchmal kam er auch zum Lesen oder Schreiben her, manchmal ging er schwimmen, aber nichts leerte den Kopf besser als das Abarbeiten am Sandsack.

Für alle Veteranen war die Mitgliedschaft nach der Rückkehr aus dem Zweiten Weltkrieg kostenlos, auch eine psychologische Beratung wurde angeboten. Die hatte er nicht nötig. Selbst war er nie in Kriegshandlungen involviert gewesen, und das Letzte, was er gebrauchen konnte, war irgendwer, der noch einmal an ihm herumklempnerte.

Die Einrichtungen der Young Men's Christian Association, einer Organisation, die sich vornehmlich um Körper, Geist und Seele sozial schwacher junger Männer kümmerte, waren so oder so eine der wenigen Konstanten in seinem Leben. Wenn er es sich früher selbst nicht leisten konnte, war seine Schwester für den Mitgliedsbeitrag aufgekommen. 1931, während seiner Wanderjahre durch den Mittleren Westen nach dem Abschluss in Journalismus, hatte er eine Zeit lang in einer Einrichtung in Milwaukee als Nachhilfelehrer gearbeitet. Nur einer von vielen Jobs, er hatte so gut wie alles gemacht, um wenigstens noch die Nasenspitze über Wasser zu halten. Journalisten waren zur Zeit der Großen Depression nicht gerade das gewesen, wonach es Amerika verlangte.

Umkleiden, ging ihm jetzt durch den Kopf, waren Schleusen zwischen den Welten. Nach der trockenen Kälte der Straße umfing ihn in der Sporthalle das feuchtwarme Klima der Tropen, statt vom Schnee gereinigter Luft füllte würziges Dschungelaroma seine Lungen.

Wie entartete Lianen hingen Sandsäcke in mehreren Reihen von der Decke herab, unterbrochen von den gigantischen Tropfen der Maisbirnen. Beinahe jeder Platz war besetzt, auch die Wandschlagpolster steckten einiges ein. Kein Mann, der hier nicht vor Schweiß glänzte, als hätte man ihn mit einer Speckschwarte eingerieben.

Er kannte einige der Kerle an den Säcken vom Sehen, sie grüßten ihn im Vorbeigehen, ohne aus dem Rhythmus zu geraten. Hinten in der Halle machten zwei Burschen Sparring im Boxring, rundherum ließ der alte Baginski eine Gruppe Jungs Schlagfolgen in die Luft dreschen. Die Jungen, zwischen zwölf und fünfzehn vielleicht, machten alle Ernst, jeder Einzelne. In ihren Blicken lag die Gier nach einem anderen Leben; es musste kein besseres sein, nicht in erster Linie, bloß anders als das, was sie jeden Tag zu Hause sahen. Und für Jungs wie sie würde sich das noch am ehesten als Vier-Runden-Boxer in den Marigold Gardens finden lassen. Das College war keine Option, und den staatlichen Arbeitsbeschaffungsmaßnahmen wäre das Boxen allemal vorzuziehen.

Er begann mit ein paar Dehnübungen, hörte dabei Baginskis Ansagen zu und beobachtete die Ausführungen der Gruppe. Mit den Zweier- und Dreierkombinationen kamen sie gut klar, bis auf einen hohlwangigen Blonden mit Bürstenschnitt, der es immer wieder schaffte, sich in seinen langen Gliedern, die ihn an die spindeldürren Arme und Beine von Popeyes Freundin erinnerten, zu verheddern.

»Gewicht aufs hintere Bein beim Jab!«, versuchte Baginski zahnlos nuschelnd zu retten, was nicht zu retten war. »Da kommt die Kraft raus, Pimsky, nich ausm Arm, wie oft muss ichs noch sagen?« Wenig später ließ er mit einer letzten Ermahnung von der Bürste ab. »Die Hand nach jedem Schlag wieder zurück! Ganz zurück, verflucht noch mal!«

Als Nelson sich aus dem Equipmentregal ein Springseil holte, erblickte der alte Baginski ihn und rollte leidend die Augen gen Himmel.

»So, aufpassen jetzt, besonders wer nich so helle is«, wandte er sich wieder an seine Schüler und stellte sich in Positur. »Jetzt kommtn Fünfer.« Baginski machte jeden Schlag der Kombination in Zeitlupe vor, während er weitersprach, beim zweiten Mal dann in Echtzeit. »Jab, Jab, Cross, Haken zum Körper, Haken zum Kopf. Die ersten drei bringen die Deckung vom Gegner zum Kopf, dann mussa den Körpertreffer entweder nehm', oder die Deckung geht runter, und der nächste Haken trifft. Ich sag an: eins, eins, zwei, drei, drei. Kapiert?«

Und los ging's. Nelson machte zum Warmwerden hundert Sprünge die Minute, außerdem wollte er beobachten, wie die Jungs sich bei der komplexen Kombination anstellten. Nicht wenige hatten Probleme mit der raschen Gewichtsverlagerung bei den Haken. Baginski war gnädig. Als alter Hase wusste er, dass die Übung auf dem Weg zum Meister den langen Umweg über die Gewöhnung gehen musste. Er gab ihnen ein paar Minuten und gesellte sich augenzwinkernd zu ihm.

»Guck sie dir an, Kumpel«, sagte er, zog eine Kautabakdose aus der Hemdtasche, klopfte dreimal damit an seinen Ellenbogen, klappte den Deckel auf und stopfte sich eine reichliche Prise unter die Oberlippe. »Alles Luschen, bis auf einen. Ganz außen, der Glatzkopf. Den bring ich inne Gardens, ich werd sein Manager. Kohle satt werd ich einstreichen, der Junge is ne Goldgrube! 'n wildes Tier isser. Bisschen Techniktraining, und ich krieg den eins a dressiert.«

Die Glatze war ihm auch schon aufgefallen. Gute Körperspannung, die Schläge wuchtig, aber kontrolliert, in den Augen ein Entschluss. Für ihn konnte der Traum von der kleinen Flucht in den Boxring vielleicht Wirklichkeit werden.

Im Gegensatz zu ihm und den anderen Jungs hatte Baginski selbst schon zu viel erlebt, um noch ein Verlangen zu verspüren oder auch nur zu begreifen, das nicht eines nach Geld war. In gekauften Kämpfen hatte er sich viele Jahre lang für ein paar Dollar die Innereien zu Haggis schlagen lassen. Wie dumm, dass Leber und Nieren sich nicht, so wie sein Nasenrücken, vorsorglich hatten entfernen lassen. Wie von einer Dampfwalze gebügelt lag er eben und glatt vor dem kleinen Hügel der Nasenspitze in der Landschaft seines faltigen Gesichts.

Er stimmte Baginski zu. Mit ein bisschen Geduld würde er sicher alles Gold aus dem Jungen schürfen, was in ihm war. Nach dem letzten Wort erhöhte er auf hundertvierzig Sprünge die Minute.

Baginski verstand und ließ ihn allein. »So isses, wirst sehen!«, drehte er sich noch einmal um, bevor er den Jungs eine neue Kombination vormachte.

Wenig später legte er das Seil zurück und hoffte, es würde ihn niemand mehr ansprechen. Zeit für den Boxsack.

Auf dem Weg nach Hause machte er noch einen Abstecher zum Seven Stairs in der Rush Street. Inzwischen hatte sich unmissverständlich gezeigt, dass heute kein guter Tag für zündende Ideen war. Vielleicht war es wenigstens ein guter Tag zur Erweiterung seiner Büchersammlung.

Sein Magen knurrte, also nahm er im Vorbeigehen eine Gurke aus dem Fass neben der Tür und hielt sie hoch, damit der Ladeninhaber sie anschreiben konnte.

»Dass du mir damit bloß nicht die Bücher ruinierst, Nelson!«, tönte es von hinter dem Tresen.

»Eher schluck ich sie im Ganzen runter, Stu. Kennst mich doch!«

Stuart Brent war ein schwieriger Typ, aber dass er seine Bücher hegte, pflegte und verteidigte wie eine Glucke, hatte ihn gleich bei seinem ersten Besuch für den Mann eingenommen. Der Laden war winzig, die Gegend nicht gerade belesen, aber Stu hatte sich seit der Eröffnung vor einem Jahr einiges einfallen lassen. Im Januar hatte er zum Erscheinen von *Im Neon-Dschungel* eine Party gegeben, groß getrommelt und den zahlreichen

Gästen Kaffee, Salami und Äpfel serviert. Kaum zu glauben, dass dieses Marketinggenie sich wirklich, wie er kolportierte, verzählt haben sollte, als er dem Geschäft seinen Namen gab. In Wahrheit waren es nämlich acht Stufen, die zum Eingang hochführten. Eine gute Geschichte war es allemal, das musste er ihm lassen.

»Und? Hast du was Gutes reinbekommen, Stu?«, fragte er nach dem letzten Stück Gurke.

»Ich glaub's ja wohl nicht? Ich habe nur Gutes, wenn ich bitten darf! Aber etwas, was dich besonders interessieren dürfte, habe ich auch. Kam mit der Lieferung gestern.« Er griff hinter sich und präsentierte ihm das Buch auf den ausgestreckten Handflächen wie ein Kleinod.

Seine Laune kletterte um ein paar Grad nach oben, als er den Namen des Autors las. Er verehrte Malaquais, seit er sein großartiges Kriegstagebuch gelesen hatte. »So, haben sie *Planète sans visa* endlich übersetzt? Gekauft!«

Stu grinste zufrieden und wickelte ihm das Buch ein.

In der El, wie er die Chicago Elevated für sich nannte, las er die ersten Seiten und freute sich darauf, abends mit der Lektüre fortzufahren. Zuerst musste er sich allerdings etwas zu essen machen und dann noch ein wenig arbeiten. Er hatte überraschend großen Appetit auf Latkes, und möglicherweise wollte er mit diesem in der Vorbereitung aufwendigen Gericht bloß den Moment des erneuten Starrens auf das weiße Blatt hinauszögern. Egal.

Die Zwiebeln waren geschnitten, er rieb gerade die dritte Kartoffel, da schellte das Telefon. Er ließ den Kopf über der Schüssel hängen. Wie immer im unpassendsten Moment. Kurz überlegte er, es einfach klingeln zu lassen, aber dann hielt er die Hände unters Wasser, wischte sie an seiner Hose ab und ging ran.

»Hallo?«

SIMONE

Sie hatte ihn bei irgendetwas gestört, das erkannte sie am Klang seiner Stimme. Und war es nicht, wenn sie es genau bedachte, überhaupt anmaßend, in das Leben eines Fremden zu platzen, ihn aufzustören in der Erwartung, er möge für sie seine Abendplanung über den Haufen werfen und sich mehr um ihr Wohl kümmern statt um sein eigenes?

Verunsicherung äußerte sich bei jedem Menschen auf ganz verschiedene Art und Weise. Sie sprach noch schneller als sonst, als sie ihr Ansinnen vortrug. »Bitte entschuldigen Sie die Störung, mein Name ist de Beauvoir, spreche ich mit Mister Algren? Ich bin auf der Durchreise, Ihre Nummer habe ich von einer gemeinsamen Bek...«

»Sie haben die falsche Nummer«, unterbrach er sie mit einer Feststellung, die nicht auf Bestätigung wartete. Es klickte. Aufgelegt!

Sie hatte seinen Namen erwähnt, hatte er sie denn nicht verstanden? So schlecht war ihr Englisch nicht, ihre bisherigen Gastgeber hatten es sehr gelobt. Nun gut, beim nächsten Versuch würde sie langsamer sprechen. Diesmal kam sie allerdings gar nicht dazu, überhaupt etwas zu sagen.

»Falsche Nummer!« Und schon wurde wieder aufgehängt.

Wie konnte man nur so ungeduldig sein? Sie legte auf, ließ die Hand aber am Hörer. Die ältere Dame wäre sicherlich einfacher im Umgang, wenn der Abend auch an Spannung einbüßen dürfte. Sie wählte also die andere Nummer auf ihrem Zettel, doch niemand ging ran. Frustriert warf sie sich auf dem Bett zurück.

Die innere Unruhe, die sich nun in ihr breitmachte, bekämpfte sie in der nächsten halben Stunde mit hastiger Arbeit an einem Artikel über die Probleme der Frauenliteratur für die *France-Amérique*, den sie ohnehin bald wegschicken musste. In ihrem

Augenwinkel lauerte das Telefon. Schließlich legte sie den Füller so energisch zur Seite, dass ein paar Tintentropfen aus der Spitze stoben. Nein. Sie hatte nun einmal Lust, mit diesem Mann auszugehen, sollte er es doch sagen, wenn er nicht mochte! Aber anhören konnte er sie wenigstens.

Bei diesem Versuch bat sie die Telefonistin um Hilfe.

»Seien Sie doch bitte so freundlich, die Verbindung einen Augenblick zu halten, Miss de Beauvoir aus Frankreich würde Sie gern sprechen.« Die samten autoritäre Stimme ließ das Wunder tatsächlich geschehen. Er war so freundlich.

Bei ihrer erneuten Vorstellung zwang sie sich, langsam und deutlich zu sprechen, und erwähnte Mary Guggenheim gleich zu Beginn. »Ich halte einen Vortrag in Chicago und würde vorher gern die Stadt kennenlernen«, kam sie zum Wesentlichen, immer noch ununterbrochen. »Mary meinte, es gäbe niemanden, der mir dabei besser helfen könnte als Sie.«

Als er jetzt sprach, klang seine Stimme zugänglicher, den Sinn seiner Sätze konnte sie aber kaum entschlüsseln. In jeder Stadt sprachen die Amerikaner ein anderes Englisch, jede Person schien dazu besondere Angewohnheiten zu haben; sie musste die Sprache mit jedem Gesprächspartner von Neuem lernen. Sie verstand nur einzelne Fetzen, die sie sich zusammenreimte zu etwas.

Natürlich, er erinnere sich jetzt, Mary habe ihm von ihr geschrieben, und ja, er könne ihr vieles zeigen, alles, was sie sehen und auch nicht sehen wolle, Dinge, die sicher nicht in einem Reiseführer zu finden seien.

Sie schielte zu ihrem eigenen, der, studiert und mit Markierungen versehen, parat auf dem Schreibtisch lag. »Das klingt ganz wunderbar, danke, dass Sie sich die Zeit nehmen. Wo soll ich hinkommen?«

Plötzlich erwies er sich als Gentleman. »Nirgends hin. Ich hole Sie ab. In welchem Hotel sind Sie einquartiert?«

»Palmer House.« Ihr fiel ein, dass es ein an die Lobby ange-schlossenes Café gab. »Wir können uns im Little Café treffen.« Eigentlich hieß es Le Petit Café, aber sie wollte ihn lieber nicht mit Französisch verwirren.

»Palmer House.« Er pfiff durch die Zähne. »Ein Luxusschup-pen. Mir scheint, die bezahlen Sie sehr gut für Ihren Vortrag. In einer halben Stunde bin ich da.«

Sie beschloss, nicht auf seine Bemerkung einzugehen. »Das klingt wundervoll. Ich werde ein Exemplar der *Partisan Review* bei mir tragen, damit Sie mich erkennen.«

Die Zeitschrift musste Algren mehr als ein Begriff sein, wahr-scheinlich waren schon Texte von ihm darin erschienen. Sie selbst hatte sich in New York auf einer Party mit den Herausgebern arg zerstritten; es war ihr gegen den Strich gegangen, wie sie He-mingway, Steinbeck und im Grunde alle Literaten der Gegen-wart in der Luft zerrissen, den Naturalismus verabscheuten und sich ganz offensichtlich den Klassizismus zurückwünschten. Als es dann politisch wurde, ließ sie ihr Essen stehen, denn natürlich hassten sie den Stalinismus mit einer Intensität, wie es nur ehe-malige Stalinisten konnten. Überhaupt schlugen sie als Linke so sehr in die Kerbe der von der amerikanischen Presse munter ver-breiteten roten Angst, dass sie sich ereifert hatte, bis schließlich allen Anwesenden der Schweiß auf der Stirn stand. Beim nächs-ten Aufeinandertreffen hatten sie sich dann gegenseitig, immer noch peinlich berührt, an Höflichkeiten überboten und im Ge-spräch an Unverfänglicheres gehalten.

Algren schnaubte, abgetönt mit einem Lachen. »Wenn es Sie kleidet. Also, bis dann.«

Sie hängte ein und stand auf. Der Mann schien tatsächlich, wie Mary angedeutet hatte, ein ziemlicher Kauz zu sein. Erst jetzt kam es ihr in den Sinn, dass ein Treffen mit einem Unbe-kannten immer auch bedeutete, einen Abend in vollendeter Langeweile oder ausgeprägtem Unwohlsein zu riskieren. Das kribbelnde Gefühl der Vorfreude in ihren Eingeweiden wollte davon allerdings nichts wissen. Sollte sie sich umziehen? Sie hatte nicht viel Kleidung dabei, einen Rock, ein paar Blusen, eine uralte Hose; meist trug sie genau das, was sie auch jetzt gerade am Leib hatte: ein wollenes Kleid, das Oberteil hochgeschlossen mit einem kleinen Stehkragen und einfarbig marineblau, der bodenlange Rock groß kariert in Blau und Braun. Es war der letzte Schrei in Paris gewesen und hatte entsprechend gekostet. Den Amerikanerinnen mit ihren kurzen Röcken ließ es regelmäßig den Mund vor Staunen offen stehen. Auch für diesen Abend war es das Richtige, also blieb sie so.

Er ließ sie warten. Angespannt tigerte sie zwischen der Lobby, der Bar und dem Außenbereich des Cafés hin und her – jetzt sicher schon zum vierten Mal! –, hielt drinnen und draußen Ausschau, obwohl sie ja gar nicht wusste, wie Algren aussah. Dann hörte sie plötzlich in ihrem Rücken die Worte »*Bonsoir, mademoiselle de Beauvoir*«, vorgetragen wie das kürzeste Gedicht der Welt. Ihr Rücken musste einen Schreck abfangen, auf ihrem Gesicht ließ sie ein Lächeln erscheinen, dann drehte sie sich um. Algren stand breit grinsend vor ihr, einen Kopf größer als sie, drahtig, in einem dicken Pullover mit abgewetzter Lederweste darüber.

»In großer Verzweiflung habe ich Ihr ›Leetell Café‹ gesucht, ich konnte ja nicht ahnen, dass Sie mir so wenig Französisch zutrauen. Wollen wir uns setzen?«

Ein wenig verwirrt entschuldigte sie sich. »Oh. Ich wollte es Ihnen nur leichter machen. Ja, gern.«

Er geleitete sie zu einem Tisch. »Schon in Ordnung. Zu diesen drei Wörtern gesellen sich vielleicht noch dreißig, vielleicht auch dreihundert weitere, aber dann sind wir auch schon am Ende der französischen Straße angelangt, also war Ihre Nettigkeit so gut wie angebracht.«

Sie konnte seinen Worten nicht ganz folgen, aber jetzt wenigstens seinen Ausdruck zur Interpretation heranziehen. Er scherzte, sagte sein Lachen, und für den Fall, dass das nicht reichte, ließ er auch sein Augenlid sprechen. Er wirkte selbstsicher und ein wenig respekteinflößend, der Eindruck wurde aber gebrochen von seinem unsteten Blick, der hinter runden Brillengläsern mal hier, mal da hinhuschte, als bräuchte er etwas zum Festhalten in dieser Situation.

Algren bestellte Drinks, und sie begann zu reden, erzählte von dem langen, unruhigen Flug, von New York und den schrecklich langweiligen Partys und Abendessen, den meist öden Nachtlokalen mit schlechtem Jazz, ihrem Eindruck, Amerika bestünde überwiegend aus aufstrebenden Biedermännern ohne Interesse an Politik, kam von einem zum nächsten, zum anderen und wunderte sich, dass er nirgends einhakte.

»Nun, das klingt alles in allem doch ganz gut«, sagte er schließlich unverbindlich und prostete ihr zu. Da wusste sie, er verstand ihre Worte ganz offensichtlich noch weniger als sie die seinen.

»Sie waren in Frankreich während des Kriegs?«, fragte sie und gab ihm damit, was er brauchte. Jetzt konnte er reden und gestikulieren und hörte so schnell nicht mehr auf damit; die Worte flossen aus ihm heraus wie ein zwölftaktiger Blues, dem sie manchmal sogar folgen konnte.

Sie verstand: Er hatte nicht gekämpft, sondern war eine Art Sanitäter gewesen, nach der Operation Overlord für einige Monate in den Ardennen stationiert, dann in Marseille, auf die Entlassung aus dem Kriegsdienst wartend, tags auf dem Schwarzmarkt handelnd, nachts mit dem Geld pokernd. Er vermied die Frage danach, wo sie während der Besetzung von Paris gewesen war, was sie in dieser Zeit getan hatte, und sie war nicht böse darum.

Sie sah ihn gern an, während er sprach. Mit seinem spitz ansetzendem sandfarbenen Haar und der schmalen, sanft geschwungenen Nase sah er aus wie eine Mischung aus Robert Mitchum und Kirk Douglas mit einem wohltuenden Einschlag von Harold Lloyd. Mit einem Mal wurde ihr der fehlende Zahn bewusst, den sie seit dem Fahrradsturz noch nicht hatte ersetzen lassen. Es hatte erst an Geld, dann an Zeit und schließlich an dem Gefühl einer Notwendigkeit gemangelt. Jetzt versuchte sie, die Lücke zu verbergen, wenn sie über etwas lachte, hinter dem sie einen seiner Scherze vermutete.

Es war nur ein kleiner Tisch, der sie voneinander trennte, aber während die Worte flossen, waren sie beide nah an die Kante gerückt, Oberkörper waren vorgeneigt und Unterarme auf die Tischplatte gelegt worden. Attraktion, dachte sie, war ein wahres Wort. Und sie wollte mehr über ihn erfahren.

»Warum sind Sie Schriftsteller geworden?«

»Die Tellerwäscherjobs waren alle weg.« Er lachte, dann drehte er eine Weile sein Glas in den Händen und schien etwas abzuwägen. »Wissen Sie, die Menschen sind verschieden, keiner ist wie der andere, aber alle sind sie gleich darin, dem Rest der Welt etwas vorzumachen, es wird gelogen und betrogen am laufenden Meter. Das hat mich unsagbar wütend gemacht. Da war ich so ungefähr Anfang zwanzig, da fing es an. Ich will jeden Einzelnen jedem anderen so zeigen, wie er wirklich ist, verstehen Sie?«

Sie verstand immerhin genug, um etwas Passendes zu antworten. »Das ist kein kleiner Anspruch. Ich will unbedingt Ihre Bücher lesen, es ist doch gerade eins erschienen, hat man mir zugetragen?«

»Das nächste wird besser, warten Sie darauf.«

Genierte er sich etwa? »Warum warten, wenn ich jetzt schon eines lesen kann?«

Der Schelm, der beinahe die ganze Zeit in Algrens Augenwinkeln gesessen hatte, zog sich zurück. Sein Blick wurde ernst. »Sie wollen es also wirklich lesen?«

»Unbedingt.«

Er sprang auf, streckte Arm, Hand, Zeigefinger vor. »Dann warten Sie hier.«

Überrascht sah sie dabei zu, wie er in der Lobby verschwand. Die Unmittelbarkeit seiner Reaktionen machte ihn ihr noch sympathischer. Nein, langweilig würde der Abend sicher nicht werden.

Ein paar Minuten später kam Algren wieder und rückte seinen Stuhl noch ein wenig näher als zuvor an den Tisch, als er sich setzte. »Ich habe telefoniert. Das Buch wird spätestens morgen Mittag an der Rezeption für Sie bereitliegen.«

»Vielen Dank, das ist sehr nett.«

»Aber nun: Sie wollen Chicago kennenlernen. Was möchten Sie sehen? Die Jazzlokale der Mittelklasse sind hier nicht besser als in New York, das sollte ich besser vorausschicken. Für die Schlachthöfe ist es heute schon zu spät, die Touristen sind ganz wild danach.«

Nicht alles, was sie gesagt hatte, war also für ihn unverständlich gewesen. »Gut, dass Sie es erwähnen, mehr vom selben muss ich sicher nicht hören. Ansonsten würde ich mich gern ganz Ihnen überlassen.«

Er hob die Brauen und schürzte anerkennend die Lippen. »Sie haben Mut, Miss, das sollte belohnt werden.« Er trank aus und legte ein paar Münzen auf den Tisch. »Ich zeige Ihnen eine Gegend, die zu besuchen Sie sicher nicht so schnell wieder die Gelegenheit bekommen werden. Das wirkliche Chicago findet sich nirgends anders als in seiner Unterwelt. Aber sind Sie auch bereit?«

»So bereit, wie man nur sein kann«, sagte sie, stand auf und nahm den dargebotenen Arm. Ein leichter Schlag trieb ihr eine

Gänsehaut von der Hand bis zur Schulter hinauf. Sein kratziger Pullover musste sich wohl statisch aufgeladen haben.

NELSON

Er war früh da gewesen und hatte sich draußen auf einem Stuhl im Schatten verborgen, um zu entscheiden, ob er mit dieser Frau wirklich den Abend verbringen wollte. Wenn sie ausgesehen hätte wie eine Abonnentin der *Partisan Review*, hätte er sich schleunigst aus dem Staub gemacht. Dass sie keine war, hatte er sofort gesehen. In Schleifen war sie heraus- und wieder hineingelaufen, Ausschau nach ihm haltend, aber nicht besorgt oder verzagt, sondern mit der stählernen Geschmeidigkeit eines Raubtiers; ihr Blick glitt wie ein Messer zwischen den Passanten hindurch. Der weiße Mantel, der um ihre Schultern hing, und die Enden ihres grünen Schals wehten gehorsam hinter ihr her, und schließlich war auch er aufgestanden und ihr gefolgt.

Und nun saßen sie hier, er sah in ihre von hellblauer Intelligenz erleuchteten Augen und wusste, dass sie eine Getriebene war. Eine attraktive Getriebene. Unweigerlich fragte er sich, welche Wege sich ihre im Zaum gehaltene Energie wohl im Bett bahnen, wie ihr dickes, rötlich braunes Haar aus der strengen Frisur gelöst aussehen und wie es sich unter seinen Händen anfühlen würde.

Er hatte eine ganze Weile Zeit, sich das zu fragen, denn sie hatte gleich zu erzählen begonnen; er verstand kein Wort, aber sie klang wie seine Schreibmaschine an einem selten guten Tag. Ihr Akzent hackte die Silben unaufhörlich in die Luft wie er die Worte in die Tastatur.

Mary hatte aufgeregt geschrieben, Beauvoir sei eine angesehene Intellektuelle und Jean-Paul Sartres Schatten; die beiden hätten eine faszinierende Beziehung, seien Kollegen und ein Paar, dennoch hätten sie beide auch offene Affären. Er hatte im üblichen Stil geantwortet, diese Simone »Boudoir« höre sich sehr »*chichi*« an, und dieser Sartre, wer immer er sei – das war untertrieben, natürlich war der Existenzialismus nicht an ihm vorbeigegangen –, habe wirklich Glück. Sicher sage sie laufend zu ihm: »J.-P., mein Süßer, beiß in meine kleinen Tittis.« Und Sartre, das kleine Schwein, kaue ihr dann ihre sauberen Brüste ab.

Mary, die langsam unerwartet anhänglich wurde, mochte es, wenn er derb schrieb, also hatte er sich nicht zurückgehalten. Jetzt und hier war er allerdings sehr froh, dass sein Gegenüber nie von seinen Worten erfahren würde.

Beauvoir fragte ihn nach dem Krieg, und er plapperte vor sich hin, während er sich die ganze Zeit überlegte, was sie wohl währenddessen in Paris gemacht hatte, ob sie hatte hungern müssen, ob sie in Gefahr gewesen war. Sie schien ihn ebenfalls kaum zu verstehen, aber wie ihm selbst machte es ihr offenbar nichts aus.

Schade nur, dass ein echtes Gespräch über das Schreiben so nicht möglich war. Kurz überlegte er, ob er ihr auf ihre Frage hin erzählen sollte, dass er vier Monate im Knast gesessen hatte, weil er in Texas eine Schreibmaschine hatte mitgehen lassen, nachdem der Vertrag für seinen ersten Roman unter Dach und Fach gewesen war. »Es gibt nichts, das für meine schiere Existenz wichtiger ist«, stand in seinem Geständnis. »Dieser Mann ist ein Künstler, kein Krimineller. In diesen schwierigen Zeiten der wirtschaftlichen Depression stahl dieser Mann aus dem gleichen Grund eine Schreibmaschine wie Jean Valjean einen Laib Brot – um zu überleben«, trug sein Anwalt den Geschworenen und dem Richter vor. Aber nein, das war keine Geschichte für eine flüchtige Bekanntschaft.

Er war froh, als sie sich schließlich aufmachten und klar war, dass nun unverbindlichere Gespräche folgen würden. Er würde erzählen, und sie würde dazu nicken, »aha« sagen und »interessant!«, und es wäre nicht weiter schlimm, wenn die Hälfte seiner Worte verloren ginge, denn bald würden die Eindrücke für sich sprechen.

Um wenigstens ansatzweise in die Unterwelt der Stadt einzutauchen, mussten sie den schnieken Loop in Downtown Chicago verlassen; die Bowery, das Glasscherbenviertel, war ihr Ziel. Sie gingen zu Fuß, überquerten den Kanal südlich des Chicago River und marschierten flott die West Madison Street hinunter, als könnten sie so der Kälte entkommen, vorbei an Bars, Billardsalons, Spielhöllen und den Hotels für alleinstehende Männer, in denen man ein Zimmer für drei Dollar die Woche bekam, in der lange hereingebrochenen Dunkelheit umgeben vom Bunt der Neonreklamen, die die Etablissements, vor allem aber Likör, Bier und Schnaps anpriesen.

Er hätte Tage, vielleicht Wochen gebraucht, um Beauvoir alles zu erzählen, was er ihr erzählen konnte, also fing er mit dem an, was die Leute üblicherweise am liebsten hörten. Er ließ ein paar Geschichten über die Mafia vom Stapel, ihre Verbindungen zur Polizei, der Politik und dem Handel; dann ging er nahtlos zu dem Lippenstiftmörder über, der die Stadt die letzten zwei Jahre in Atem gehalten hatte. »Nachdem er die zweite Frau abgestochen hatte, schrieb er mit ihrem Lippenstift eine Botschaft für die Polizei an die Wand: ›Um Himmels willen, verhaftet mich, bevor ich wieder töte. Ich habe mich nicht unter Kontrolle.‹ Gestellt hat er sich trotz dieser Einsicht natürlich nicht, aber gekriegt haben sie ihn dennoch.«

»Erstaunlich!«

Verstohlen sah er sie an. Sie schien die ganze Zeit über sehr interessiert an seinen Geschichten, sagte aber wenig. Vermutlich musste sie sich darauf konzentrieren, nicht auszurutschen, denn die Straßen wurden immer glatter.

Vielleicht hätte er ihr seinen Arm anbieten sollen, aber vorerst wagte er es nicht und blieb bei dem, was er besser konnte. »Meine Ohren sind zu Eis gefroren, sie fallen gleich ab, und dann müssen wir die Scherben auflesen.«

Sie lachte, und er war zufrieden.

Inzwischen wurden die Häuser schäbiger, die Straßen schmutziger, die Zahl der zwielichtigen Gestalten, die sich im Schatten der Tore oder in den Hauseingängen verbargen und ab und zu zum Schnorren hervorstießen, größer, und schließlich waren sie bei der kleinen Taverne angelangt, die er Beauvoir zeigen wollte.

»Das hier ist eins der Wasserlöcher, aus dem ich für meinen Roman schöpfe. Hier kommen sie alle zusammen, es lässt sich gut beobachten. Und jeder Einzelne ist natürlich teuflisch gefährlich«, raunte er ihr beim Hineingehen zu.

Inzwischen hatte sie sich offenbar nicht nur an seinen Chicagoer Einschlag, sondern auch an seinen Humor gewöhnt. Ungerührt klopfte sie sich den Schnee von den Schuhen. »Ich glaube ja, der einzig Teuflische hier sind Sie.«

Drinnen war die Kälte sofort vergessen, der Raum war geflutet von Jazz und kochte vor Leben, das Rauch, Bier und Schweiß ausdünstete. Er bestellte ein Ale, Beauvoir wollte einen Bourbon, und dann tranken sie und lauschten den schwarzen Musikern, die auf einer kleinen hölzernen Bühne in einer Ecke spielten, und beobachteten schweigend.

An der Bar kippten schmuddelige Säufer neben ruinierten Schönheiten ihre Drinks, und wann immer ihnen der Kopf auf die Theke sank, stieß der Barkeeper sie an, und sie bestellten ein weiteres Glas.

Unter einem großen Schild mit der Aufschrift »Tanzen strengstens verboten« wiegten und drehten sich zerlumpte Pärchen. Ein Hinkebein schleppte sich mit schweren Watschelschritten auf die Tanzfläche. Wie von Zauberhand gehorchtem ihm plötzlich seine

Beine, und mit jeder Drehung wurde das Lächeln auf seinen Lippen verrückter.

Beauvoir stieß ihn an und machte ihn auf die Wunderheilung des Mannes aufmerksam.

»Den kenne ich«, sagte er und orderte neue Drinks. »Bei dem ist es jeden Abend das gleiche Spiel. Wie gefällt Ihnen übrigens die Musik?«

»Oh, sehr gut, besser in jedem Fall als alles, was ich in Amerika bislang gehört habe.« Sie betrachtete die kleine Kapelle eine Weile. »Mich macht nur eines unglaublich wütend. Um in den Bars zu spielen, sind sie gut genug, aber sonst werden die Schwarzen immer noch wie Dreck behandelt. Kennen Sie Richard Wright? In New York war ich zusammen mit ihm und seiner Frau unterwegs, es ist furchtbar, welchen Anfeindungen sie als Paar mit unterschiedlichen Hautfarben ausgesetzt sind. Ich habe die beiden in ihrer Überlegung, ganz nach Paris zu ziehen, bestärkt. Dort wird es so viel einfacher für sie sein.«

»Und ob ich Dick kenne. Inzwischen hat er sich vom Kommunismus abgewandt, aber wir waren beide Mitglieder im John Reed Club und in der Partei. Eine Zeit lang hat uns das Federal Writers' Project, eine Maßnahme der Regierung, über Wasser gehalten, wir haben Reiseführer, Kochbücher und ähnlich schöne Dinge zum Wohl der Allgemeinheit geschrieben. Er hat das natürlich seit Langem nicht mehr nötig. Ich gönne ihm den Erfolg, aber ich wünschte, er hätte Chicago nie verlassen … Ich halte ganz allein die Stellung hier, mal abgesehen von dem Taschendieb, den ich mal interviewt habe und der danach meinte, das Schreiben könnte eine Spitzenidee sein, auf den rechten Weg zu finden. Letztlich musste er bei seinen Diebestouren Extraschichten einschieben, um seine Ergüsse drucken zu lassen. Es ist ein einsamer Job.«

Sie nickte. »Das muss hart sein. Gemeinschaft befruchtet.«

Dann tranken, lauschten und schwiegen sie wieder.

Eine Frau mit Unmengen Schminke im Gesicht und langem, lockigem Feenhaar, das so oft gebleicht worden war, dass sie im rauchgetrübten Licht mal wie ein kleines Mädchen, mal wie eine Greisin aussah, kippte ein Bier nach dem anderen in sich hinein, sprach mit sich selbst und brach immer wieder in spitze, herausfordernde Schreie aus, während sie irr um sich blickte. Manchmal stand sie auf, hob ihr Kleid bis zur Hüfte, mäanderte brabbelnd durch die Bar, um sich wenig später wieder zu setzen und in sich zusammenzusinken. Dann ging alles von vorne los.

Ein Säufer, der an einem Tisch mit dem Kopf auf der Platte geschlafen hatte, erhob sich mit einem Ruck, fasste eine dicke Rothaarige bei den Hüften und hüpfte mit ihr davon. Nicht nur er, alle hier tanzten mit einer entfesselten, an Wahnsinn grenzenden Freude, die im tiefsten Innern nichts anderes als Verzweiflung war.

Beauvoir an seiner Seite war nachdenklich geworden, sie hatte so lange in ihrem Bourbon gerührt, dass das Eis zur Gänze geschmolzen war. Jetzt bemerkte sie, dass er sie anschaute, und sah auf. »So alt, so verbraucht und elend sie auch sein mögen«, sagte sie, »hier vergessen sie für einen Moment lang alles und sind glücklich.« Sie legte das Glasstäbchen zur Seite und nahm einen Schluck. »Danke, dass Sie mich hergebracht haben. Es ist wunderschön.«

Für einen Augenblick war er wie vor den Kopf geschlagen. Sie verstand ihn, sie begriff, wie manches tragisch und wundervoll zugleich sein konnte. »Nicht wahr? Hier in Amerika betrachtet man das Schöne und Hässliche, das Tragische und das Verabscheuungswürdige, das Gute und das Böse gern als scharf voneinander getrennt. Die Idee, die Extreme könnten sich vermischen, wird rigoros abgelehnt.«

Beauvoir trank aus. »Natürlich, denn alle haben unsägliche Angst davor. Wissen Sie, ein bisschen erinnert mich diese Bar an Sammy's Bowery Follies in New York, und gleichzeitig ist sie eben doch ganz anders. Ins Sammy's gehen die wohlhabenden Sozialisten, um sich einmal dieser Angst zu stellen und den kathartischen Nervenkitzel des gemeinsamen Trinkens mit den Armen zu erleben. Dies hier ist eine ganz eigene Welt für sich, und ohne Sie, Mister Algren, wäre ich hier nur fremd und niemals willkommen gewesen.«

»Es gibt Menschen«, gab er zur Antwort, »die, wenn sie einmal verstanden haben, dass der Weg nach oben für sie versperrt ist, genauso hartnäckig in die Gosse streben wie Ihre Biedermänner nach einem Häuschen im Grünen und einer Mitgliedschaft im Country Club. Das wollte ich Ihnen zeigen. Irgendwie bin ich ja auch einer von ihnen.«

Ihr war anzusehen, dass sie ihm den letzten Satz nicht glaubte. Und er glaubte nicht, dass er ihn gesagt hatte.

Kurz darauf verließen sie die Bar, weil er ihr unbedingt noch etwas zeigen wollte, und diesmal zögerte er nicht und hielt ihr den Arm hin. Sie nahm ihn dankbar an, und dicht beieinander gingen sie weiter. Die Kälte konnte ihnen nichts mehr anhaben.

»Wolln Se 'n Bleistift kaufen? Oder hier, ne Schere? Erstklassiger ... Dings, ich schwör's.«

Sie kauften nichts, gaben dem Mann mit dem seltsam eingedellten Kopf aber zwanzig Cent, um ihn loszuwerden, denn er verströmte einen penetranten Geruch nach ranzigem Fett, stockfleckiger Wäsche, in der Sonne verwesendem Fisch und Formaldehyd, der nicht zu ertragen war. Der Kerl machte sofort die Biege, fröhlich grinsend das Geld in seiner Hand betrachtend. Die Duftwolke stellte sich als hartnäckiger heraus.

Nun hatte er Beauvoir zu jenen gebracht, die schon am Grund des Bodensatzes angekommen waren. Seit sie das Flophouse betreten hatten, eine Absteige, in der es Bier für einen Nickel und einen Schlafplatz für einen Dime gab, war es rasch voller geworden. Jetzt, um kurz nach eins in der Nacht, herrschte Hochbetrieb.

Auch die Gefallenen wollten für ein paar Stunden im Warmen schlafen. Die Männer hier waren nicht mehr in der Lage, ihre Verzweiflung zu verbergen; sie prangte als offene Wunde auf ihren verwüsteten Gesichtern, rot wie frisches Hack, das diese Stadt genüsslich langsam durch den Fleischwolf gedreht hatte.

»Wie schmutzig die armen Kerle sind«, sagte Beauvoir, ihr Mund seltsam geschrumpft unter den Eindrücken. »Es sieht aus, als ginge ihnen der Dreck bis auf die Knochen.«

»Viele von denen sind Veteranen, traumatisiert vom Schlachtfeld gekommen und nicht willens oder in der Lage, zu ihren Familien zurückzukehren. So gesehen hatte ich großes Glück. Ich habe nie jemanden getötet.«

Ihre Augen funkelten dunkel. »Auch als Sanitäter werden Sie genug Furchtbares erlebt haben.«

Er beschloss, das Thema zu wechseln, und zum Glück hatte er etwas ziemlich Gutes in petto. »Sehen Sie die Wasserstoffblondine da an der Kasse? Lorraine Kimion. Alles, was ich von moderner französischer Literatur weiß, habe ich von ihr.«

»Sie scherzen mal wieder.«

»Mitnichten. Nachts führt sie den Schuppen hier, und tags zerstreut sie sich mit Lektüre und Kokain. Zwischendurch ist sie mal im Gefängnis, mal im Krankenhaus, aber sie ist immer auf dem Laufenden. Warten Sie!«

Er stand auf und ging zur Kasse, und schon bald kam er mit einer angefixten Lorraine zum Tisch zurück. Sie umarmte Beauvoir überschwänglich und legte sofort los.

»Wie weit ist Malraux mit seinem neuen Buch? Wird es einen zweiten Band geben? Und Sartre, was ist mit *Die Wege der Freiheit*? Hat er den Zyklus schon abgeschlossen?«

Beauvoir wechselte einen sprachlosen Blick mit ihm, dann fing sie sich wieder, und er war für die nächsten zehn Minuten aus dem Gespräch abgemeldet.

Zum Dank für die Informationen war auch Lorraine bereit, etwas preiszugeben. »Viele Kerle geben ihre letzten zehn Cent lieber für zwei weitere Bier aus als für einen Strohsack oben im Schlafsaal. Denen erlaube ich, kostenlos drüben im Korridor bei den Toiletten zu schlafen. Wollen Sie's sehen, Madame?«

Beauvoir wollte, aber auf den Anblick war sie im Gegensatz zu ihm nicht vorbereitet.

Die meisten Männer schliefen im Sitzen, an die Wand und die Glücklicheren in eine Ecke gedrückt, einer hatte sich auf einem Tisch zusammengerollt. Sie schliefen in ihrem eigenen und fremdem Dreck, mit hängenden Kiefern, während Ungeziefer auf ihnen herumwanderte. Der Rest ihres Körpers blieb angespannt, sicher würden sie sich kaum rühren können, wenn sie erwachten. Vollkommene Entspannung hätte eine Schutzlosigkeit bedeutet, die sie sich nicht leisten konnten.

»Mein Gott«, sagte Beauvoir und griff nach seinem Arm. »Ich glaube, für heute habe ich genug gesehen.«

Draußen lag die schwarze Decke der Hochbahn schwer über ihnen. Er bestand darauf, ein Taxi zu nehmen und sie in ihrem Hotel abzusetzen. Beauvoir war einverstanden. Sie versuchte, sich nichts anmerken zu lassen, aber sie war etwas grau um die Nase, und so hielt er es für eine gute Idee, auf dem Weg noch einmal zum unbeschwerten Anfang des Abends zurückzukehren.

»Warum haben Sie eigentlich ausgerechnet die *Partisan Review* als Erkennungszeichen gewählt? Ich muss Ihnen sagen, ich kann die Köpfe dahinter nicht ausstehen und hätte Ihnen deshalb noch beinahe abgesagt.«

Sie sah ihn überrascht an. »Tatsächlich? Na, dann wird es Sie sicher freuen, dass ich mit ebenjenen in New York in einen heftigen Streit geraten bin. Erst der Literatur wegen, und als die Politik ins Spiel kam, war es ganz aus.«

»Dann bin ich ja beruhigt.« Das war er wirklich, gleich in doppelter Hinsicht, also blieb er dran. »Diese Typen brauchen Idole, weil sie in sich selbst keine Stütze finden; darum haben sie Stalin bewundert, darum sind sie zu Trotzki übergegangen, und darum ist jetzt die sogenannte Tradition ihr Abgott und die Rechtfertigung für ihren Hass. Ich sage Ihnen, diese Idioten verabscheuen alle lebenden Schriftsteller, weil sie selbst keins von beidem sind. Weder Schriftsteller noch lebend.«

Eine kurze Stille trat ein, dann sahen sie sich an. Beauvoir schlug die Hand vor den Mund und lachte. Er fiel ein, und als sie sich wieder beruhigt hatten, lehnte Beauvoir sich an ihn.

»Ich will noch nicht wieder in mein furchtbares Hotel. Möchten Sie mir vielleicht Ihre Wohnung zeigen?«

Er legte den Arm um sie. »Mit dem größten Vergnügen.«

Auf der Treppe nach oben war aus dem Nichts plötzlich der Kater maunzend um ihre Beine gestrichen, jetzt lag er schnurrend vor dem Ofen und ließ es sich gefallen, von Beauvoir gestreichelt zu werden.

»Sieht so aus, als ob es unentschieden stünde, müsste der Tiger sich zwischen Ihnen und seinem Ofenplatz entscheiden. Sie können sich geehrt fühlen.« Als er nach dem Wasserkessel griff, fiel sein Blick auf die Stapel alter Zeitungen, die sich auf dem Linoleum türmten. Er hatte nicht aufgeräumt, aber wie hätte er das auch ahnen sollen? »Möchten Sie einen Kaffee? Ich habe auch ein paar französische Schallplatten. Was soll ich auflegen, Charles Trenet vielleicht?«

»Gern.« Sie stand auf und sah sich ein wenig um, während er den Kessel aufsetzte. »Gemütlich haben Sie's hier.« Sie ging weiter ins Schlafzimmer, strich mit den Händen über die bunte Tagesdecke auf dem Bett und setzte sich dann darauf. Sie rührte sich nicht, bis er mit dem Kaffee kam.

»Ich könnte ewig auf dieser Mexikanerdecke sitzen«, sagte sie, ohne ihn anzusehen, und brach plötzlich in Tränen aus, verbarg das Gesicht in den Händen.

Die Eindrücke im Flophouse hatten ihr doch nachhaltig zugesetzt. Er stellte den Kaffee beiseite und ging zu ihr, legte ihr tröstend eine Hand in den Nacken, und sie griff nach seinem Arm, nachdrücklich, bis er neben ihr saß und sie hielt. Irgendwann lehnte sie die Stirn an seine, ihre Wange an seine, und dann lagen seine Lippen auf ihren.

Wenig später fand er sich im Bad wieder, um frische Bettwäsche aus dem Schrank zu holen. Als er mit den Laken über dem Arm wieder ins Schlafzimmer kam, lag sie bereits ausgezogen unter dem Plumeau.

»Ich mag es, wenn es nach Ihnen riecht«, sagte sie.

SIMONE

Und nun musste sie schon wieder fort. Die Nacht war weggewischt, die Umgebung sagte ihr Adieu im Rückwärtsgang. Zur Tür hinaus bei der gelben Küche, wo sie eben noch einen Kaffee getrunken hatten, draußen die Taverne mit der Aufschrift »Schlitz« in nun erloschenen Neonbuchstaben, die große Werbetafel mit der grinsend Porridge essenden Vorzeigefamilie und schon nach wenigen Metern der Taxistand. Jetzt kam das Schlimmste: Sie musste sich von dem Mann verabschieden, der so vertraut neben ihr ging. Von Anfang an hatte sie sich in seiner Gegenwart gefühlt, als wären sie einander schon ewig bekannt.

Ob es an seiner so sorglos zur Schau getragenen Armut lag? Gestärkte Kragen, Eleganz und Bügelfalten, das alles hielt auf Distanz, doch als sie gestern nach seinem Arm in dem abgetragenen Pullover gegriffen hatte, war da gleich die beruhigende Gegenwart eines lebendigen, warmen Körpers gewesen. Sie hatte nicht vorgehabt, mit ihm ins Bett zu gehen, ihr Tränenausbruch war nicht Bestandteil irgendeiner Taktik gewesen. Es kam häufig vor, dass sie sentimental wurde, wenn sie viel getrunken hatte, doch so heftig hatte sie es gestern gar nicht getrieben. Warum also war ihr das Elend dieser Stadt so nahegegangen? Sie hatte schon vieles und Schlimmeres gesehen. In Madrid die Vorstädte von Vallecas, das Gnadenviertel von Lissabon und, am schlimmsten, die blinden Kinder mit den verdrehten Füßen in

Marokko. Aber das Elend dieser Länder war oft verursacht durch unfruchtbare Erde, durch Dürren, Naturgewalten. Und die Menschen waren zusammen arm; sie sangen, lachten, sprachen dennoch miteinander, fanden kleines Glück in einem wärmenden Sonnenstrahl, einer frischen Orange und ihren Ritualen. Hier jedoch waren Ungerechtigkeit und Dummheit die vorherrschende Ursache, und die Armen waren Verfluchte ohne Ort, wurden ohne Mitgefühl betrachtet, denn hier, in diesem Land, in dem doch alles möglich war, mussten sie selbst die Schuld an ihrem Unglück tragen.

Ihr Weinen war ehrlich gewesen, und Nelsons warmer Trost ebenfalls. Sie wollte nicht gehen. »Ein halber Tag, das ist nicht nur zu kurz, das ist eine regelrechte Gemeinheit! Ich muss unbedingt wiederkommen.«

Algren kickte unbesorgt eine leere Packung Chesterfields fort. »Aber natürlich kommst du wieder. Ich kann mir nicht vorstellen, dich nicht wiederzusehen.«

»Wenn ich doch nur nicht den Tag mit diesen Schnöseln vom Konsulat verbringen müsste! Auf jeden Fall werde ich vom Bahnhof aus noch einmal anrufen, bevor ich losfahre.«

Er lachte und öffnete ihr die Autotür. »Ich werde wie ein braves Hündchen neben dem Telefon darauf warten.« Seine Lippen näherten sich ihrem Mund, hielten zögernd inne und glitten dann nach oben weg, was Enttäuschung in ihr aufblitzen ließ. Sanft legte sich ein Kuss auf ihre Stirn. »*Au revoir, mademoiselle.*«

Nun ja, vielleicht war es tatsächlich besser, als Schlusspunkt Unverbindlichkeit zu setzen, immerhin hatte sie auf ihrer Amerikareise schon mehrere flüchtige Bekanntschaften wie diese gemacht. Aber nächtliches Zusammensein ohne *lendemain*, das schien ihr erst heute wie die deutlichste Widerspiegelung der Absurdität und des Selbstbetrugs, der in der Tätigkeit des Reisens lag, bei der so vieles unverbindlich und ohne Folgen blieb.

Der Fahrer gab Gas, und mit dem Wagen nahm auch das unbarmherzige Rückwärts an Fahrt auf. Die Müllhalde, Bretterzäune, Lagerhallen, italienische Läden, alles flog vorbei, wenn nicht gerade ein Zug ihren Weg kreuzte und sie warten mussten.

Im Hotel machte sie eine Katzenwäsche und kleidete sich um. Ernsthaft vorbereiten musste sie sich nicht, heute hielt sie vor dem Mittagessen nur eine kleine Rede vor der Legation. Bis dahin war noch ein wenig Zeit, also beendete sie rasch den Artikel für die *France-Amérique.*

Zum Lunch ging es in einen Club im obersten Stockwerk eines Wolkenkratzers, Panoramascheiben erzwangen einen Beinaherundumblick. Die Herren von der Legation hatten einige frankreichaffine Amerikaner dazugeladen, ihr gegenüber saß außerdem eine blonde Französin, die man als Baronesse und Journalistin, der Name war an ihr vorbeigerauscht, vorgestellt hatte. Während des ganzen Essens verzapfte die Dame euphorisch patriotische Phrasen, doch sie war zu beschäftigt, um darauf etwas Ernsthaftes zu erwidern, beschäftigt damit, durch die prahlenden Scheiben nach draußen zu blicken, auf den Kanal, die unzähligen *skyscrapers,* und sich zu vergegenwärtigen, dass sie noch in Chicago war. Die Stadt war zu einem Ausstellungsstück geworden, es war ein von ihr getrenntes, in der Vitrine in Szene gesetztes Chicago. Oder hatte man nicht vielmehr sie selbst jetzt unter Glas gestellt?

Sie ließ ihre Gedanken zu sprachtheoretischen Überlegungen abschweifen, war doch alles andere interessanter als das Tischgespräch. Im Englischen ließ sich das Duzen vom Siezen nicht durch eine Vokabel unterscheiden, und jedes Gegenüber rückte dadurch gleich sehr nah. In Frankreich bevorzugte sie auch bei Freunden und Geliebten das förmliche *Vous* und bei Männern zusätzlich den Nachnamen als Anrede, das erschien ihr angemessener, respektvoller. Auch Sartre hielt es so. Hier hatte das keinen Sinn, aber in ihrem Umgang mit Nelson hatte sie bemerkt, dass es dennoch sehr wohl einen subtilen Unterschied in Ton- und Wortwahl gab, der verdeutlichte, welches *you* gerade gemeint war. So richtig zu fassen bekam sie das allerdings noch nicht.

Während des Desserts offenbarte der Diplomat ihr, womit er und sein Adjutant, wie sie den unterwürfigen jungen Sekretär heimlich nannte, sie den Rest des Tages zu unterhalten gedachten. »Heute Abend müssen wir Sie leider einer anderen Runde überlassen. Aber vorher möchten wir es uns nicht nehmen lassen, eine Stadtrundfahrt im Wagen mit Ihnen zu machen, vorbei an allen Sehenswürdigkeiten, zwischendurch Stippvisiten in verschiedenen Museen und ...«

»Meine Herren, bitte verzeihen Sie«, unterbrach sie ihn aus einem Impuls heraus, der ihr plötzlich ununterdrückbar die Kehle heraufgestiegen war, »aber daraus kann leider nichts werden. Ich habe versprochen, einen Freund zu besuchen, der schwer erkrankt ist.« Sie hatte schon jetzt das Gefühl, hier nur noch Zeit zu verlieren. Auch noch den Nachmittag mit diesen Leuten verbringen? Das konnte und wollte sie nicht. Die Notlüge würde ihr hoffentlich aus der Patsche helfen.

Ihr Gegenüber blickte zerknirscht drein. »Wie liebenswürdig von Ihnen. Für uns natürlich sehr bedauerlich. Wo wohnt Ihr Freund?«

»In der West Wabansia Avenue. Ich werde mir dann gleich ein Taxi nehmen.«

»Wabansia? Aber Mademoiselle de Beauvoir, in diese Gegend können wir Sie keinesfalls allein gehen lassen, das ist viel zu gefährlich. Wir bringen Sie.« Der Diplomat nickte seinem Adjutanten zu, der sich in vorauseilendem Gehorsam bereits erhoben hatte. »Und wenn Sie erlauben, fahren wir vorher wenigstens an ein paar Sehenswürdigkeiten vorbei, die Sie sich wirklich nicht entgehen lassen sollten.«

»Aber gern, sehr freundlich von Ihnen«, sagte sie, wohl wissend, dass es sinnlos gewesen wäre, zu widersprechen. Hauptsache, rasch weg hier!

Altehrwürdige Gebäude, Brunnen und zuletzt der Water Tower rauschten an ihr vorbei, bis ihr Film von Chicago endlich wieder richtig herum ablief, nur schaute sie ihn sich diesmal durch die panzerverglasten Scheiben einer monströsen schwarzen Regierungslimousine an. Ein Einbeiniger auf Krücken, der gerade ein Geschäft hatte betreten wollen, blieb stehen und blickte ihnen mit zahnlos offenem Mund entgegen. Einen ähnlichen Anblick boten zwei Jungen, die gemeinsam einen Schlitten hinter sich herzogen, und eine Gruppe Männer vor einer Taverne.

Endlich waren sie da. Hastig brachte sie die Verabschiedung hinter sich.

»Wir warten noch, bis Sie drin sind!«, rief ihr der Diplomat hinterher, da hatte sie schon die Treppe halb erklommen.

Oben hämmerte sie mit beiden Fäusten an die Tür. »Aufmachen, aber sofort!« Würde Nelson über diesen Überfall verärgert sein oder nur überrascht? »Aufmachen, ich bin es!«

Die Tür öffnete sich und offenbarte: Er war nichts von beidem. So breit wie jetzt hatte sie ihn noch nicht grinsen sehen. »Du hättest mir sagen müssen, dass ich vor der Tür warten soll und nicht vorm Telefon, dann hätte ich schneller geöffnet.«

»Ich bin geflohen«, sagte sie und stürzte sich in seine Arme.

Er zog sie mit sich ins Haus und schloss die Welt mit einer schwungvollen Bewegung seines freien Arms aus. »Und das in einem Luxusschlitten, wie ich sehe. Jetzt hast du mir was eingebrockt. Alle meine Nachbarn werden denken, ich wäre unter die Reichen gegangen. Ab jetzt werden sie mich noch öfter anpumpen als sowieso schon.«

Sie löste sich von ihm und ging Richtung Schlafzimmer, kickte dabei schon ihre Schuhe von den Füßen. »Oje! Kannst du mir noch einmal verzeihen?«

»Möglicherweise lasse ich mich dazu hinreißen«, sagte er und kam ihr nach.

Sie ließ ihren Rock zu Boden fallen und stieg heraus. Ihre Lust auf ihn hatte sich schon im Auto immer deutlicher bemerkbar gemacht. »Du hast das Bett frisch bezogen.«

»Ja, tut mir furchtbar leid.« Er half ihr aus dem Oberteil. Seine Lippen wanderten über ihren Nacken, eine wohlige Gänsehaut nahm die Verfolgung auf und blieb ihnen dicht auf den Fersen.

»Nicht schlimm«, gurrte sie ihm ins Ohr. »Dann sind wir jetzt quitt.«

Danach lagen sie eng beieinander, tranken Wodka und teilten sich eine Zigarette. Nelsons Fingerspitzen fuhren sanft über ihren Oberarm. »Du bist mir vielleicht ein verrückter Frosch, einfach so noch mal hier aufzutauchen.«

»Du nennst mich einen Frosch? Für Sartre und meine Freunde bin ich *Castor*, weil ich fleißig wie ein Biber bin; aber dass ich etwas mit einem Amphibium gemein haben soll, ist mir neu.«

»Doch, du bist ein verrückter französischer Frosch, wie er im Buche steht.«

»So? Das Buch musst du mir unbedingt zeigen.« Sie drehte sich auf die Seite und stellte ihr Glas auf seiner Brust ab. »Wenn ich ein Frosch bin, dann bist du ein Krokodil.«

Er lachte, was das Glas so gefährlich wackeln ließ, dass sie es gleich wieder an sich nahm. »Warum? Weil ich dich zum Fressen gern habe?«

»Nein, weil du beim Lachen all deine Zähne zeigst, so wie ein Krokodil, wenn es das Maul aufsperrt.«

»Pah«, tat er beleidigt und stellte auffällig unauffällig sein Glas auf den Boden. Dann stürzte er sich auf sie.

Als sie wieder zu Atem gekommen war, überkam sie eine andere altbekannte Art von Lust. Sie wollte noch etwas erleben. »Viel Zeit habe ich nicht mehr bis zum Abendessen mit den Leuten von der Alliance Française. Was gibt es noch, das wir auf die Schnelle unternehmen könnten? Ein Baseballspiel würde mich interessieren, dieser Sport ist in Europa ja so gut wie unbekannt.«

Er lachte. »Baseball im Winter? Darauf kann wirklich nur ein verrückter Frenchie kommen. Uns bleibt in der Kürze der Zeit eigentlich nur ein Spaziergang durch die Nachbarschaft, durchs polnische Viertel. Ich kann dir ein ehemaliges Gangsterlokal zeigen. Aber zuerst lade ich dich auf ein Cremetörtchen ein. Bei Nostriewicz schmecken sie *superb*, sag ich dir.«

»Dann nichts wie los!« Sie griff bereits nach ihrem Rock.

Die Bedienung in der polnischen Bäckerei sprach kein Wort Englisch, aber Nelson wusste sich zu verständigen. Die mit saurer Sahne gefüllten, rosa und gelben Törtchen schmeckten tatsächlich wunderbar. Während sie aßen, bat sie Nelson, ihr mehr über seinen Werdegang zu erzählen. Sonst sprach sie viel und gern über sich selbst, *la petite famille* hatte ihr das weiß Gott schon oft zum Vorwurf gemacht, aber heute verspürte sie kein großes Bedürfnis danach. Gestern hatte sie ihm von ihrem Studium und ihrer Anstellung am Gymnasium erzählt, viel weiter war sie nicht gekommen. Aber jetzt wollte sie mehr über Nelson erfahren und war außerdem dankbar, dass er ihre Verbindung zu Sartre, von der er zweifellos wissen musste, bisher nicht thematisiert hatte. Vermutlich schätzte er diese als inniger und vor allem sexueller ein, als sie eigentlich war, und gerade deshalb verspürte sie wenig Lust, darüber zu reden.

»Dass ich überhaupt studiert habe, ist bloß meiner Schwester Bernice zu verdanken«, sagte Nelson und schob sich dabei den Rest des Kuchens in den Mund. »Wäre sie nicht gewesen, hättest du mich gestern unter einem Auto in der von meinem Vater übernommenen Werkstatt aufspüren müssen. Aber Bernice hat in mir was gesehen, was sonst keiner gesehen hat. Muss auf mich abgefärbt haben, denn als ich die Uni mit dem Abschluss in Journalismus verließ, dachte ich, die ganze Welt würde nur auf mich warten. Aber da wartete nur die Große Depression. Ich sprang auf einen Güterzug und dann auf den nächsten und fuhr mehr als ein Jahr lang von Stadt zu Stadt, aber keine Zeitung hatte einen Job zu vergeben.«

Sie sammelte ein paar Kuchenkrümel vom Plastik der Tischdecke und rollte sie zwischen Daumen und Zeigefinger zu einer kleinen Kugel zusammen. »Wie hast du dich über Wasser gehalten?«

Er zuckte mit den Schultern. »Mit allen möglichen Jobs. Ich habe Hamburger gebraten, als Kegeljunge gearbeitet, Grapefruits gepflückt und eine Zeit lang mit zwei Kumpels eine Tankstelle in Texas betrieben. Und nebenbei Schwarzaugenbohnen gepult, weil nur alle Jubeljahre mal ein Auto vorbeikam.«

»Und dann hast du eines Tages beschlossen, Schriftsteller zu werden?«

Er lachte und stand auf. »So ähnlich. Komm, ich erzähle dir unterwegs, wie sich alles gefügt hat.«

Draußen schnitt der Wind ihnen sofort wieder in die Wangen. Es hatte heute noch nicht geschneit, aber die Temperaturen waren weiter gesunken. So kam es, dass sie sich in beinahe jeder Bar, an der sie vorbeikamen, für eine Weile aufwärmten. Manche von ihnen waren gleichzeitig Restaurants, manche Kolonialwarenläden, in denen es penetrant nach getrocknetem Fisch roch. Andere waren nur sie selbst und üppig ausgestattet mit an den Barspiegel geklemmten Postkarten oder Fotos von nackten Japanerinnen, die GIs aus den Taschen toter Feinde gestohlen hatten, mit Schildern an den Wänden, Pokalen, ausgestopften Tieren und sonstigem Tinnef, auf den sich fettig der Staub unterschiedlich vieler Jahre gelegt hatte. Ihre einzige Gemeinsamkeit bestand darin, dass Nelson überall freundlich begrüßt wurde. Zwischen vielen kurzen Hallos und kleinen Pläuschen erzählte er ihr, wie er Schriftsteller geworden war.

Als er sich nach Monaten auf der Straße wieder auf den Weg nach Chicago gemacht hatte, fühlte er sich getrieben, schriftlich festzuhalten, was ihm in den eineinhalb Jahren des Herumreisens klar geworden war: Alles, was man ihm je darüber erzählt hatte, was sich erreichen ließe, wenn man nur daran glaubte und alles dafür tat, war gelogen gewesen.

In einer Bar, in der das gesamte Inventar, abgesehen von einem neu angebrachten Fernseher, den der Wirt schon jetzt lauthals verfluchte, noch aus der Zeit des Wilden Westens zu stammen schien, fasste er die Wahrheit zusammen, die sich ihm stattdessen dargeboten hatte. »Der prototypische Amerikaner ist nicht der stolze Mann mit einer braven Ehefrau und zwei Kindern, der seine Arbeit bis zum Ruhestand in einem Familienunternehmen mit Tradition absolviert und dann seine Rente genießt. Absolut und rein gar nicht. Es ist der um Seife bettelnde Teenager, der sich mit einem Baseballhandschuh im Hosenbund und dem Angebot, Außenfeldspieler bei den Tallahassee Capitals zu werden, auf den langen Weg nach Florida gemacht hat. Die Liga ist inzwischen aber aufgelöst worden, nur hat ihm das niemand gesagt, er wird es selbst herausfinden müssen, wenn er irgendwann endlich ankommt. Es sind die vier Männer an einem Tisch in der Suppenküche, die ihre Teller umklammern wie Familienerbstücke, während sie darauf warten, dass jemand eine Kelle für sie aus dem großen Kessel schöpft. Aber in der dünnen Brühe schwimmt nur noch ein Stück Fleisch, und du siehst ihren Gesichtern an, wie sie dafür beten, dass sie der Glückliche sind, in dessen Teller es landet. Es ist die Frau in der Bar, die versucht, ihre Würde zu bewahren, während sie dir ihre Gesellschaft anbietet, betonend, dass sie keine Hure sei, aber keinen Platz zum Schlafen habe.« Sein von glimmender Wut flackernder Blick suchte in ihrem Gesicht nach Verständnis. Sie nickte, und er sprach weiter. »Von diesem Amerika wollte ich erzählen. Aber ich kannte keine Schriftsteller, hatte keine Ahnung, wohin ich meine Texte hätte schicken können, ich besaß ja nicht mal eine Schreibmaschine. Dann entdeckte ich in einer Zeitung eine Anzeige, in der neue Mitglieder für einen Schreibkreis für Anfänger gesucht wurden. Also stellte ich mich im Jüdischen Institut in Lawndale bei Murray Gitlin vor und zeigte ihm einen Text. Er meinte, der Kreis wäre nichts für mich, ich bräuchte seine Hilfe nicht. Stattdessen bot er mir ein leeres Büro an. Ich sollte eine richtige Geschichte aus dem Eintrag machen und sie einem Magazin anbieten. Und das tat ich. Ich änderte die Perspektive, dichtete einiges hinzu und, um es kurz zusammenzufassen, machte mich mit der Literaturszene vertraut. Im August '34 druckte das *Story Magazine* den Text. Etwas später erhielt ich einen Brief von dem Cheflektor der Vanguard Press, der mir vorschlug, einen Roman aus der Geschichte zu machen. Und so nahm das Unheil dann seinen Lauf.«

Er ließ ihr keine Zeit, nach dem Grund für seinen Sarkasmus zu fragen. Mit dem Schwung der letzten Worte hatte er ein paar Münzen auf den Tresen geworfen und hielt ihr nun schon den Mantel hin. »Gehen wir weiter.«

Das nächste Lokal, in das sie einkehrten, wirkte im Vergleich nüchtern und karg, beinahe steril. Umso mehr wunderte es sie, als Nelson sagte: »*Et voilà*: Genau das hier war während der Prohibition eines der Lieblingslokale der schlimmsten Gangster. Frank Nitti, Lucky Luciano und wie sie alle hießen. Ohne das staatlich verordnete Alkoholverbot wären ihre Karrieren praktisch unmöglich gewesen. Das ganze Unternehmen Prohibition war natürlich sowieso ein totaler Schuss in den Ofen.«

Er berichtete ihr, was sie schon wusste: Die Regierung hatte sich von dem Verbot einen Rückgang der Kriminalität und eine Verbesserung der Volksgesundheit erhofft. In Wahrheit hatte sie der Mafia den roten Teppich ausgerollt, die rasch die Speakeasys kontrollierte, die illegalen Flüsterkneipen, die nun wie Pilze aus dem Boden schossen, und die Polizei bestach, damit sie beide Augen zudrückte. Die zu der Zeit aufgebauten Strukturen ließen sich danach hervorragend auf den Drogenhandel und die Prostitution übertragen. Und die Anzahl der Morde hatte sich in wenigen Jahren verdreifacht. Das alles wusste sie, aber Nelson kannte außerdem Details, die selbst gut informierten Europäern verborgen bleiben mussten.

»Auch die Sache mit der Volksgesundheit ging nach hinten los. Wer nämlich früher Bier oder Wein getrunken hatte, und das waren ja die meisten, musste jetzt saufen, was da war. Und das war überwiegend Schnaps. Weniger Volumen, mehr Wirkung und oft genug gepanscht. Der Bedarf der Farbindustrie und Reinigungsfirmen an Alkohol zur technischen Verwendung ist damals auf mysteriöse Art und Weise plötzlich ins Unwahrscheinliche gestiegen. Ich kann dir sagen, von dem Fusel ist so manchem die Leber zehnmal so schnell geschrumpelt, wie es sonst der Fall gewesen wäre. Die Glücklicheren haben Rock and Rye, Roggenwhiskey mit Kandissirup, als Stärkungsmittel von ihrem Arzt verschrieben bekommen.«

Sie schaute in ihr Glas. »Sicher kam daher auch die Steigerung der Kriminalität. Wo Bier die Leute lustig macht, kitzelt Hochprozentiger dafür doch umso schneller Aggressionen hervor.«

»Wohl wahr.«

»Ich kann immer noch nicht glauben, dass sich hier die Gangster getroffen haben. Es sieht so harmlos aus.«

»Tja, das Böse lauert immer da, wo man es am wenigsten vermutet. Wahrscheinlich hast du aber auch falsche Vorstellungen.

Es ist nicht so gewesen wie in den Filmen, dauernd die wildesten Schießereien auf offener Straße und so weiter. Von seltenen Fällen mal abgesehen hat der brave Bürger wenig von all dem mitbekommen, auch wenn man immer ein irgendwie ungutes Gefühl in der Magengrube hatte. Und natürlich tat man gut daran, gewisse Viertel in der Nacht zu meiden, aber das ist heute ja nicht viel anders.«

Sie sah ihm an, wie viel Freude es ihm machte, sie über die tatsächlichen Verhältnisse aufzuklären, und sie hätte ihm das Vergnügen nur zu gern noch länger gegönnt. Aber ein Blick auf die Uhr machte ihr unbarmherzig klar: Sie musste sich jetzt wieder langweiligeren Dingen zuwenden.

Nelson interpretierte ihr Seufzen richtig. »Zeit für das zweite *Au revoir* des Tages?«

»So ist es leider«, sagte sie. »Liebend gern würde ich bei der Alliance absagen, aber das wäre einfach zu unhöflich. Ob jetzt oder später, es fällt mir schwer, von dir Abschied zu nehmen.« Als sie die letzten Worte aussprach, füllten sich ihre Augen mit Tränen. Es war absurd, wie sie sich aufführte. Sie kannten sich keine vierundzwanzig Stunden!

Aber auch Nelson schien wirklich berührt. Er griff nach ihrer Hand. »Du kommst einfach wieder, sobald es geht.« Er sagte das nicht nur so daher, das sah sie ihm an.

»Im April habe ich vielleicht eine Lücke.«

Jetzt zeigte er seine Krokodilszähne. »Als naiver Junge, der ich bin, nehme ich das einfach mal als Versprechen.«

Gleich um die Ecke war ein Taxistand. Nelson hielt ihr die Tür auf. »Bekomme ich denn trotz des zweiten und des geplanten nächsten Besuchs noch den versprochenen Anruf vom Bahnhof?«

»Davon bringt mich nichts und niemand ab.«

Diesmal küsste er sie zum Abschied auf den Mund.

Mit einem Ruck zog sie die rauen, dunkelgrünen Vorhänge ihres Schlafwagenabteils zu. Ein paar Minuten konnte sie nun mit Geschäftigsein verbringen: sich für die Nacht umziehen, ihr Kleid an den Haken hängen, ihr Gepäck in den Netzen verstauen und die kleine Lampe anschalten.

Am Bahnhof war es kurz hektisch geworden, ihr Gastgeber hatte darauf bestanden, sie zum Zug zu bringen, der schon einfuhr, während sie noch mit Nelson telefonierte, und er hatte ihr den Hörer praktisch aus der Hand reißen müssen, weil sie sich nicht trennen konnte.

Erneut schalt sie sich albern, sich wie eine frisch verliebte Sechzehnjährige zu benehmen. Vor ihr lagen nun zwei Monate des Reisens, und ihre nächste Station war Los Angeles, Kalifornien. Sie freute sich unbändig darauf, Nathalie wiederzusehen, die vor langer Zeit einmal ihre Schülerin und dann für eine kurze Weile ihre Liebhaberin gewesen war. Auf ewig, so hatte sie es heraufbeschworen, hatte die junge Frau die Ihre sein und nur sie lieben wollen. Inzwischen hieß sie nicht mehr Sorokine, sondern war mit dem Veteran und Drehbuchschreiber Moffat verheiratet und erwartete ein Kind. Nathalie würde sie auf einem Teil der Vortragsreise begleiten, und in den nächsten Wochen würde das Chicago-Abenteuer sicher rasch verblassen und bald ganz vergessen sein.

Aber noch wollte sie schwelgen. Sie holte Nelsons Kurzgeschichtenband aus ihrer Handtasche und begann mit der Geschichte, von der er erzählt hatte, fand die Details wieder, die autobiografisch waren, und versuchte, ihn sich vorzustellen, damals, als jungen Mann in Texas. Nach dem nächsten Text wurden ihr die Lider schwer, aber der Schlaf musste warten. Sie wollte ihm unbedingt schreiben und heute noch zumindest damit anfangen.

»Lieber Nelson Algren«, schrieb sie, in ihrer Verunsicherung über das Erlebte lieber wieder förmlich werdend, »ich habe mit den Franzosen zu Abend gegessen, und ich hasste sie, weil sie mich daran hinderten, das mit dir zu tun. Auf meinem Liegeplatz fing ich an, dein Buch zu lesen, und bislang gefällt es mir sehr, so wie auch du mir gefällst. Du sollst wissen, dass ich glücklich war, bei dir zu sein. So gern würde ich im April wieder nach Chicago kommen, und dann würde ich dir von mir erzählen, und du erzähltest mir mehr von dir. Nur weiß ich nicht, ob die Zeit dafür reichen wird. Außerdem stelle ich mir die Frage, ob es, wenn es schon jetzt so unangenehm für uns war, Abschied voneinander zu nehmen, dann nicht noch viel schlimmer sein würde, wenn wir fünf oder sechs Tage miteinander verbracht haben werden?«

Nun, das wusste sie wirklich nicht. Nachdenklich legte sie den Brief zur Seite, sie würde morgen weiterschreiben. Auf dem provisorischen Bett ausgestreckt las sie weiter in *Im Neon-Dschungel,* und obwohl sie im Gang die Leute vorbeigehen hörte, stellte sich in der engen Box bald eine angenehme Entspannung ein, die Psychoanalytiker sicher der Ähnlichkeit zur wohligen Hülle des Uterus zugeschrieben hätten. Wenig später sank ihr Arm herab und entließ das Buch auf das Plumeau, wo es bis zum Morgen mit ihr ruhte.

ERSTE ZWISCHEN-ZEIT
(Februar bis April 1947)

NELSON

Als hätte der Besuch eines kleinen französischen Froschs es vermocht, seinem Leben den Anstoß in eine bessere Richtung zu geben, hielten die nächsten Wochen außer der Weiterarbeit an seinem Buch Freudiges für ihn bereit. Völlig überraschend bekam er ein Paket von Carl Sandburg. Der Dichter und Journalist hatte einige Jahre in Chicago gelebt und ein berühmtes Gedicht über die Stadt geschrieben; inzwischen war er, und das völlig zu Recht, wie Nelson fand, Pulitzerpreisträger. Das Gedicht hatte ihn tief berührt, als er es vor Jahren las, ein paar Zeilen waren ihm noch jetzt in Erinnerung. »Unter der schrecklichen Last des Schicksals lacht sie, wie ein junger Mann lacht, lacht wie ein unwissender Kämpfer, der noch nie eine Schlacht verloren hat.«

Zweifellos hatte Sandburg sein eigenes Schreiben inspiriert. Und nun hatte er ihm nicht nur zwei seiner Bücher geschickt, sondern, und wichtiger noch, ihm in einem Brief seine Verehrung für *Im Neon-Dschungel* ausgesprochen. Die grotesken Gestalten in seinen Geschichten, so schrieb er, seien so furchtbar menschlich beschrieben, dass sie mit ihrer seltsamen mitternächtlichen Würde noch lange im Geiste nachklängen. Der Brief hing jetzt an der Wand über seinem Schreibtisch.

Aber es erreichte ihn noch Erstaunlicheres als das. Die American Academy of Arts and Letters verlieh ihm doch tatsächlich einen mit tausend Dollar dotierten Preis als Anerkennung für seine Kurzgeschichten, die auf dramatische Weise den Kampf von Recht gegen Unrecht darstellten und dabei immer wieder schmerzvoll aufkeimende Hoffnung zum Ausdruck brächten. Das Geld konnte er gut gebrauchen, aber was der Preis für seine Reputation bedeutete, begriff er erst, als er Ken McCormick, Cheflektor bei Doubleday, davon erzählte, als dieser ihn besuchte, um die ersten hundert Seiten seines Manuskripts zu lesen. Ken war so aufgeregt gewesen, dass Nelson die Angelegenheit schließlich als gutes Omen für sein nächstes Buch akzeptierte. Der Zuspruch von so vielen Seiten hatte berauschende Wirkung auf ihn, es tippte sich danach gleich viel leichter.

Ablenken konnten ihn nur noch die Gedanken an Simone. Nach ihrer Abreise hatte er in seinem Apartment den *New Yorker* vom 22. Februar aufgeschlagen und nicht schlecht gestaunt, als er auf Seite neunzehn, gleich im ersten Absatz eines Artikels über ihren Amerikabesuch, mehr über Simone erfuhr, als er bisher gewusst und sie preisgegeben hatte.

»Letzte Woche führten wir ein Gespräch mit Simone de Beauvoir, der französischen Romanautorin, Dramatikerin und Nummer zwei unter den Existenzialisten, bevor sie die Stadt verließ, um auf Vortragsreise zu gehen. Mademoiselle de Beauvoir ist die hübscheste Existenzialistin, die Sie je gesehen haben, auch eifrig, sanft, bescheiden und so glücklich über ihre zwei Wochen in New York wie jemand aus dem Mittleren Westen.«

Sieh an, hatte er amüsiert gedacht, diese Frau darf man nicht unterschätzen, hab ich doch gleich gemerkt. Einen oder zwei Tage später hatte er einen Anruf wegen der weiteren Bücher bekommen, die er noch für sie an der Rezeption ihres Hotels hatte hinterlegen lassen. Sie hatte es wohl verpasst, sie mitzunehmen. Dann war ihr Brief angekommen, und er hatte prompt geantwortet, wegen der Bücher nachgefragt, ihr seine Neuigkeiten berichtet und sich über die Tatsache, wie gut sie sich einerseits verstanden hatten und wie wenig er andererseits von ihr wusste, lustig gemacht. Tatsächlich konnte er sich gar nicht erklären, wieso er nicht weiter nachgehakt hatte. Vielleicht weil sonst, bei seinen Recherchen, immer er es war, der die Leute ausfragte. Die Erkenntnis, wie gut es ihm getan hatte, dass endlich einmal jemand auch etwas über ihn erfahren wollte, schmeckte ein wenig bitter.

Darüber hinaus hatte er ihr die Wahrheit geschrieben, was ein weiteres Treffen anging. Was auch sonst? »Ich möchte dich wiedersehen. Wenn es hier nicht klappt, werde ich einen Tag nach dir in Paris sein. Wirklich Pech für uns, wenn eine neuerliche Trennung schwierig wird.«

Mitte März schrieb sie ihm wieder aus New York City. Sie war zurück von ihrer Reise nach Kalifornien, und nun warteten noch zahlreiche Vorträge innerhalb des Staates auf sie, weshalb sie unsicher war, ob sie im April wirklich nach Chicago kommen könnte. Er wollte es unbedingt und verspürte plötzlich den Drang, die Stapel alter Zeitungen und Notizen, die sich immer noch unordentlich auf dem Fußboden türmten, aufzuräumen. Sich diese Mühe zu machen, hätte etwas von einem Beschwörungsritual, fand er.

Dann allerdings kam Mary wieder nach Chicago. Sie erzählte ihm, sie käme nur zu Besuch, doch sie hatte verdächtig viel Gepäck dabei. Diesbezüglich stellte er sich dumm, ganz so, wie sie es offensichtlich tat, denn er hatte in einem Brief schon scherzhaft durchblicken lassen, er sei von Simone so beeindruckt gewesen, dass er zum Zeitpunkt ihrer Abreise glatt die Existenzialistenpartei gewählt hätte, würde es eine geben. Verglichen mit Simone war Mary in persona die reinste Nervensäge, aber weil sie eine nette Zeit miteinander gehabt hatten – zugegeben, er hatte sie einmal sogar zum Essen zu seiner Mutter mitgeschleppt –, nahm er sich auch jetzt wieder eine Auszeit vom Schreiben für sie. Sie schliefen miteinander und verbrachten ein paar Tage in Gary, Indiana, bei alten Freunden, die er noch aus seiner Zeit in der Rat Alley kannte.

Bei einem Ausflug an den Strand ließ Mary die Katze aus dem Sack, während sie auf einer Picknickdecke saßen und der Duft von Salz und beginnendem Frühling ihnen um die Nasen wehte. »Vielleicht ahnst du es ja schon, aber ich habe meinen Job in New York gekündigt.« Rehäugig blickte sie zu ihm auf. »Und meine Wohnung auch. Ich würde gern zu dir ziehen. Wäre das nicht schön?«

Oh nein, das wäre es nicht. Er biss sich auf die Zunge, um den Gedanken nicht laut auszusprechen. Sie hatten sich einst flüchtig kennengelernt, und diese Bekanntschaft während des Kriegs in Briefform zu intensivieren, war angenehm gewesen. Und natürlich hatte er nichts gegen eine Bettgeschichte mit einer so schönen Frau gehabt, aber er hatte ihr bei ihrer Abreise nach ihrem einwöchigen Besuch nie vorgegaukelt, es könnte mehr daraus werden.

»Mary, du kannst so etwas nicht entscheiden, ohne vorher mit mir darüber zu sprechen.«

Sie schob die Unterlippe vor. »Aber ich dachte, du würdest dich freuen!« Noch war ihr Schmollen nur gespielt. Das würde sich gleich ändern, denn er musste der Sache jetzt einen Riegel vorschieben.

»Dann hast du dich leider geirrt. Für mich gibt es im Moment nichts anderes als den neuen Roman. Ein paar Tage sind ja in Ordnung, aber für eine Frau habe ich auf Dauer keinen Kopf.«

Sie nahm eine Handvoll Sand und schleuderte sie dem unschuldigen Wasser entgegen. Ihre Augen blitzten wütend. »Für jede Frau oder bloß für mich? Na los, sag schon!«

Wenn er nicht wollte, dass das jetzt stundenlang so weiterging, musste er deutlich werden. »Für dich jedenfalls nicht, Mary. Ich liebe dich nicht, weißt du? Es hat keinen Zweck.«

In einer Sekunde war sie auf den Beinen, jetzt beide Hände voller Sand. »Mistkerl!« Ihre hilflosen Geschosse trafen ihn an den Beinen. Während er den Sand bedächtig abklopfte, stapfte sie auf ihren winzigen Füßen davon.

Als er sie einholte, weinte sie. Es tat ihm leid, dass er grob geworden war, aber er wusste nichts zu sagen, was sie nicht als falsches Signal hätte deuten können.

Am nächsten Tag fuhren sie zurück nach Chicago, und schon bald darauf stieg Mary in den Zug und fuhr davon.

Er hatte sich gerade wieder an die Arbeit gemacht, da traf am 26. April ein neuerlicher Brief Simones ein. In ihren letzten zwei Wochen in New York müsse sie noch zwei Vorträge halten, wichtige Gespräche führen und Artikel verfassen, schrieb sie, daher wäre es für sie schwierig, zu ihm zu kommen. Ob er nicht nach New York fliegen könne? Sie bot an anzurufen, um einen genauen Termin auszumachen. Er freute sich, dass sie ihn außerdem erneut dringend bat, ihr ein Exemplar des vergriffenen *Nacht ohne Morgen* zu besorgen, sie habe es bei Bekannten im Regal gesehen und sei schon versucht gewesen, es zu entwenden.

Er dachte an die Arbeit, die er zu tun hatte, und an die Tatsache, dass er noch nie geflogen war. Vor diesen Höllenmaschinen hatte er einen Heidenrespekt, aber Letzteres würde er ihr natürlich nicht schreiben. Doch noch bevor er ihr überhaupt irgendetwas antworten konnte, klingelte auch schon das Telefon.

»Nelson, ich bin es, du kennst mich doch hoffentlich noch?«

Er lachte. »Natürlich, wie sollte ich einen Frosch mit diesem Akzent vergessen?«

Sie war offenbar nicht zu Späßen aufgelegt. »Hast du meinen Brief erhalten? Was sagst du? Ich würde mich so freuen, wenn du kämest!«

In seiner Brust kribbelte es glücklich, aber dann dachte er an Mary und daran, wie sie ihn hatte vereinnahmen wollen. Das durfte ihm bei Simone, einer flüchtigen Bekanntschaft, doch erst recht nicht passieren. Wenn er ihr wichtig genug war, dann würde sie zu ihm kommen.

»Meine Liebe, ich würde sehr gern, aber ich kann nicht weg. Ich bin etwas im Hintertreffen mit meinem Manuskript, wurde leider aufgehalten und habe dazu noch ein paar wichtige Recherchetermine. Aber das Krokodil wäre entzückt, wenn es wenigstens ein paar Tage lang hier kleine Häppchen von dir kosten dürfte.«

Stille auf der anderen Seite. Dann strömten die Worte mit einem Mal wieder auf die altbekannte Art und Weise aus ihr heraus. »Also gut, aber dann muss ich praktisch sofort kommen, was so viel heißt wie morgen, denn nur in den nächsten Tagen habe ich keine festen Verabredungen. Passt dir das? Ich habe so viel zu erzählen!«

Erleichterung machte sich breit. Er hatte sich also nicht in ihr getäuscht. »Aber ja doch, das passt mir wunderbar. Krokodile haben zwar keine Ohren, aber ich werde dir ergebenst lauschen, das verspreche ich!«

Nun lachte sie, und alles war gut.

Nach dem Gespräch begann er gleich mit dem Aufräumen. Und morgen früh würde er ein paar Besorgungen machen.

ZWEI (APRIL/MAI 1947)
Verliebt in Chicago und New York

SIMONE

Beinahe hatte sie sich inzwischen daran gewöhnt, große Entfernungen binnen weniger Stunden zurückzulegen. Flugzeuge waren zweifellos für ein weites Land wie dieses geschaffen worden. Heute Morgen aber war es ihr fast ein wenig zu schnell gegangen. Das flaue Gefühl in der Magengrube war nur zum Teil Vorfreude, es war auch Ausdruck einer unerklärlichen Unsicherheit. Bildete die erotische Spannung, die zwischen ihr und Nelson bestanden hatte, Fundament genug, drei ganze Tage miteinander zu verbringen? Gäbe es sie überhaupt noch, oder wäre der Zauber des Anfangs verflogen? War nicht vielleicht alles nur Täuschung gewesen? Sie drückte das Gefühl nieder, aber es flammte gleich wieder auf, als sie die Halle pünktlich um kurz nach neun am Morgen betrat. Nelson hatte sie abholen wollen, aber er war nicht da.

Nun gut, vielleicht verspätete er sich nur. Sie setzte sich in einen Sessel und ertappte sich wenig später dabei, nervös an ihrem Reisebeutel zu nesteln. Um sie herum begrüßten Menschen einander förmlich oder überschwänglich, es waren nicht viele um diese Uhrzeit, und die Halle leerte sich rasch. Das fing ja wirklich gut an.

Die Minuten vergingen, bald sah sie sich schon zurück nach New York fliegen, sah sich zuerst über ihre Dummheit und dann über diesen seltsamen Mann lachen und hatte die ganze Gelegenheit innerlich schon bis zur völligen Gleichgültigkeit durchgespielt. Um zwanzig nach suchte sie, wirklich nur noch der Form halber, in ihrem Beutel nach ihrem Notizbuch, in dem sie seine Nummer aufgeschrieben hatte. Als sie wieder aufsah, stand er vor ihr, die Augen hinter der Brille noch lebhafter, als sie sie in Erinnerung behalten hatte.

»Einen wunderschönen guten Morgen«, sagte er, als wäre nichts. »Wie geht es dir?« Aber das Lächeln in seinem Gesicht erschien ihr irgendwie reserviert, als hätte er in Gedanken das Gleiche durchgespielt wie sie.

Sie erhob sich, ein Anflug von Ärger schwappte ihr in die Kehle dabei. »Alles bestens.«

Linkisch zog er sie an sich heran und küsste sie, der größte Teil ihres Lippenstifts landete dabei auf seinem Kinn. Sie entzog sich ihm, Küsse in der Öffentlichkeit gingen ihr gegen den Strich.

»Jetzt bist du ganz beschmiert«, sagte sie und wischte hastig mit einem Taschentuch an seinem Kinn herum. »Ich bin übrigens pünktlich um neun angekommen.« Jetzt war der Ärger ihrer Stimme deutlich anzuhören.

»Ach ja?« Er schien verblüfft. »Am Telefon hat es doch geheißen, das erste Flugzeug landet um zehn?«

»Da hast du dich verhört.«

»Oder du hast dich geirrt.«

»Jedenfalls war ich pünktlich da.«

Er schnaufte und ließ sich in einen Sessel fallen. »Ja, du warst da. Und ich bin es jetzt auch.«

Das war er, und zwar genau genommen vierzig Minuten zu früh, wenn er tatsächlich nicht vor zehn mit ihr gerechnet hatte. Eine solche Überpünktlichkeit würde zu der Sorgfalt passen, mit der er sich gekleidet hatte. Er trug einen hübschen blauen Flanellanzug, sein Hemd war tadellos, und von den ledernen Hosenträgern, über die sie sich beim Kennenlernen heimlich amüsiert hatte, war keine Spur. Sie beschloss, den missglückten Anfang zu vergessen und legte ihm beschwichtigend die Hand auf die Schulter.

»Einerlei. Überlegen wir uns lieber etwas Schönes, wo wir den Vormittag verbringen wollen.«

Er sah sie an. »Wie wäre es mit dem Zoo?«

»Dem Zoo?« Wie kam er jetzt nur ausgerechnet darauf?

»Er ist berühmt und außerdem ganz in der Nähe.«

Sofort war ihre Ungehaltenheit wieder da. »Und was machen wir dort?«

»Wir schauen uns die Tiere an, und die Tiere schauen zurück.«

Über den Scherz konnte sie nicht lachen. »Ich bin doch nicht extra hergekommen, um irgendwelchen Tieren ein Schauspiel zu geben«, sagte sie und räusperte sich. »Lass uns lieber irgendwo hinfahren, wo wir frühstücken können. Ich habe noch nichts im Magen.«

»Na, das klingt doch nach einem Plan.« Er stand auf und nahm ihren Koffer.

Im Taxi, das sie zum Stadtzentrum brachte, herrschte Stille. Nelson hielt ihren Reisebeutel zwischen den Knien und nestelte an den Riemen so wie sie selbst zuvor.

»Vorher fahren wir am besten noch zu meinem Hotel, um das Gepäck loszuwerden«, sagte sie, um einen Riss in die Hülle des Schweigens zu treiben. Sie hatte ihn am Telefon gebeten, ein Zimmer für sie zu reservieren, obwohl für sie festgestanden hatte, dass sie die Nacht mit großer Wahrscheinlichkeit nirgends anders als in Nelsons Bett verbringen würde. Doch sie hatte es nicht danach aussehen lassen wollen und benötigte eine Ausweichmöglichkeit für den Fall, dass die Dinge sich anders entwickelten und ihnen der Sinn nicht danach stand. Eine gute Entscheidung, wie es im Moment aussah.

Doch Nelson lächelte verlegen.

»Du hast mir doch eines reserviert? Ich hatte dich darum gebeten!«

»Ich fürchte, nein«, sagte er, und sein Blick floh aus dem Fenster. »Als du angerufen hast, habe ich nur die Hälfte verstanden, es war schlimmer als bei unserem ersten Telefonat, aber ich wollte nicht nachfragen.«

Das durfte doch wirklich nicht wahr sein. Sie ahnte Böses, denn beinahe nichts hatte man ihr vor dem Amerikabesuch mehr eingeschärft, als Zimmer immer, wirklich immer, im Vorhinein und früh genug zu buchen.

Nelson setzte ihrem bestürzten Blick Unbekümmertheit entgegen. »Keine Sorge, wir lagern dein Gepäck erst mal in einem Schließfach.«

Vermutlich ging er auch davon aus, dass der Tag sowieso in seinem Bett enden würde, aber das Offensichtliche gab ihm noch lange nicht das Recht, ihren Wunsch einfach zu übergehen. »Wir müssen uns dennoch um ein Zimmer kümmern. Ich habe die ganze Nacht nicht geschlafen und möchte später ein wenig ausruhen und auch ein Bad nehmen.«

Er schürzte die Lippen. »Kurzfristig ein Zimmer in Chicago zu finden, dürfte nicht sehr einfach sein.«

»Umso schneller müssen wir jetzt handeln«, entgegnete sie, ärgerlicherweise enttäuscht darüber, dass er ihr nicht einfach anbot, sich bei ihm auszuruhen, wenn er sie doch bei sich haben wollte.

»Erst mal das Gepäck«, sagte er und wies den Fahrer an, zur Union Station zu fahren.

Nachdem ihre Sachen in einer dieser neumodischen Boxen verstaut waren, in die man Geld warf, um dann einen Schlüssel zu erhalten und wiederzukehren, wann immer man mochte, führte Nelson sie in ein Lokal, das nur wenig mehr Charme besaß als eine Bahnhofsmission. Während sie aß, war er wie aufgedreht, ein richtiges Gespräch kam gar nicht zustande. Immer wieder stand er auf, holte eine Coke, Zigaretten, schob den nächsten Nickel in das Groschengrammophon und ging schließlich wegen ihres Zimmers telefonieren.

Eine kleine Ewigkeit verging, vielleicht hatte er ja die Flucht vor ihr ergriffen. Sie verstand es einfach nicht. Heute schien Nelson allem, was Mary Guggenheim und einige andere, denen sie auf der Weiterreise von ihm erzählt hatte, über ihn sagten, recht zu geben. Er glich so gar nicht dem Mann, den sie auf dem Höhepunkt des Winters kennengelernt hatte. Rein äußerlich hatte der Frühlingstau seine Winterstrenge weggespült und ihm so etwas wie Leichtigkeit und Eleganz verliehen, und seine Züge besaßen eine gewisse Sensibilität, die ihr vorher nicht aufgefallen war, doch sein Verhalten wirkte, als wollte er sie absichtlich enttäuschen.

»Tut mir leid«, sagte er, als er zurückkam, »ich habe nichts finden können und mich zuletzt an die Hotelvereinigung gewandt. Die sehen, was sich machen lässt, ich soll später wieder anrufen.«

»Oh. Gut. Bleiben wir noch ein wenig hier.«

Er bestellte Whiskey, bot ihr eine Zigarette an. Sie tranken, rauchten und schwiegen.

»Was hast du denn so getrieben in den letzten Wochen?«, fragte sie, weil sie die Stille nicht mehr aushielt.

Er stierte in sein Glas. »Ich bin jeden Tag um weitere vierundzwanzig Stunden gealtert.«

»Auf mich wirkst du jetzt eher jünger.«

Aber Nelson ließ sich einfach nicht aus der Reserve locken. »Das kommt, weil ich meinen Sommeranzug anhabe.«

Sie gab es vorerst auf. »Gehen wir doch woanders hin. Hast du einen Vorschlag?«

»Im Winter wolltest du ein Baseballspiel sehen. Heute findet zufällig eines statt.«

Er erinnerte sich noch an ihren Wunsch von damals, das freute sie, aber nach so etwas stand ihr gerade nun gar nicht der Sinn.

Dennoch willigte sie ein. Irgendwie mussten sie ja die Zeit totschlagen.

Wenig später fand sie sich also frierend auf einer Holzbank wieder und folgte konsterniert den scheinbar wirren Spielzügen der bemützten Männer auf dem giftgrünen Rasen. Nebenbei erklärte ihr Nelson seit mindestens einer Viertelstunde die Regeln und glaubte ihrem Verständnis vorgebenden Nicken offenbar so wenig wie sie selbst. Was taten sie nur hier? Sie hatten doch keine einzige Stunde zu vergeuden! »Natürlich habe ich Zeit für dich, die Zeit gehört mir«, hatte Nelson am Telefon gesagt. Sie hatte wirklich nicht ahnen können, dass er es nicht ernst meinte.

»Was ist, langweilst du dich?«, fragte er plötzlich.

»Na ja, mir ist ziemlich kalt, weißt du?«

Er nickte. »Gehen wir woanders hin.«

Nun ging es in ein Bowling-Lokal, sie spielten jedoch nicht, sondern sahen nur bei einem Bier den Kegeln beim Fallen zu. Jeder Strike erschien ihr wie ein Hohn.

Die nächste Stippvisite führte sie in eine Taverne, in der gleich fünf verstaubte mechanische Klaviere eine ebensolche Musik herunterhämmerten, als wetteiferten sie darum, welches von ihnen die Stille zwischen dem seltsamen Pärchen, das da eben zur Tür hereingekommen war, besser übertönen könnte. Und immer noch war nicht die Zeit gekommen, es erneut bei der Hotelvereinigung zu versuchen.

Plötzlich wurden ihr die Düsternis und die stickige Luft zu viel. »Es ist sicher doch ein angenehmer Frühlingstag, wenn man nur in Bewegung bleibt. Wollen wir vielleicht etwas ins Grüne?«

Nelson schien sich eine Bemerkung zu verkneifen und nickte dann. »Alles, was du willst.«

Nach einer Fahrt in der El mit zahlreichen unterirdischen Stationen kam endlich ein wenig Licht in den Tag. Sie spazierten am Seeufer entlang, und obwohl zu ihrer Linken noch flimmernd die

Wolkenkratzer der Michigan Avenue in den Himmel ragten, erinnerte hier auf riesigen grünen Rasenflächen nichts mehr an die tatsächliche Misere der Stadt. Pärchen sonnten sich, Kinder übten Werfen und Fangen und Yachten schnitten durchs sonnenbeschienene Wasser wie durch diamantbesetzte Seide. Die Schreie der Möwen klangen wie Musik.

Nelson lotste sie zum John G. Shedd Aquarium, dem, wie er unterwegs erklärte, größten Aquarium der Welt und eine Attraktion, weil es Süß- und Salzwasserfische beherbergte. Das halbrunde Gebäude war im Beaux-Arts-Stil errichtet und wies einige Elemente klassischer griechischer Architektur auf. Als sie die Stufen zum Eingang heraufgingen – sie hatte sich selbst zugeredet, dass so ein Aquarium doch wirklich etwas anderes sei als ein Zoo –, hätte man meinen können, sie würden gleich einen Tempel betreten.

Drinnen glotzten die seltsamsten Fische durch die Scheiben der Aquarien. Zwischen den Becken und den Besuchern befanden sich Absperrungen, doch diese hinderten einige Eltern nicht daran, ihre Kinder darüberzuhalten, damit sie an die Scheiben klopfen konnten. Was die Fische wohl von ihnen hielten?

Auf dem Rückweg in den Loop drückte sie in der Bahn die Stirn an die Scheibe. Sie saßen ganz vorn im ersten Wagen und tauchten mit schwindelerregender Geschwindigkeit in unwirkliche blassblaue Tunnel hinab. Nelson legte den Arm um ihre Taille, und mit einem Mal hatte das Schweigen etwas Trautes, das jedoch wenig später auf der Straße wieder verflog.

»Ich denke, jetzt kann ich es noch mal bei der Hotelvereinigung versuchen«, sagte Nelson und verschwand in einem Drugstore. Als er wiederkam, hatte er gute Nachrichten. »Ich habe ein Zimmer für dich, nur zwei Blocks von hier.«

»Oh, schön.« Aber obwohl sie so auf dem Zimmer bestanden hatte, fiel ihr jetzt kein Stein vom Herzen. Auf dem Weg zum Hotel stellte sie sich lauter dumme Fragen. Hätte er jetzt nicht lügen sollen? Sagen, es wäre leider nichts Freies zu finden, aber sie könne sich ja bei ihm ausruhen? Vielleicht war er sich nicht einmal mehr sicher, ob er sie bei sich im Bett haben wollte.

Als sie den Zimmerschlüssel hatte, verabschiedete Nelson sich mit einem keuschen Kuss auf die Wange von ihr. »Brauchst du deinen Koffer? Ich kann ihn eben holen.«

Sie schüttelte den Kopf, gab ihm aber den kleinen Schließfachschlüssel. »Später reicht vollkommen, im Moment brauche ich nichts daraus. Ruf mich doch in zwei Stunden an, ja?«

Und fort war er.

Auf dem Zimmer ließ sie sich ein Bad ein und entkleidete sich. Sie hatte Sandalen getragen, und selbst unter ihren Strümpfen waren ihre Füße schwarz vom rußigen Staub der Straßen. Wie in New York hatten auch hier die Kinder ihre Freude daran, sich an den viel zu selten geleerten Abfalleimern zu vergreifen und den Müll selbst zu verbrennen. Ein Kohlenbunker war nichts gegen einige Wohnblocks.

Sie stieg in das lauwarme Wasser und tauchte so tief wie möglich ein. Eindeutig falsch hatten sie es heute angefangen. War es ihre Schuld? War ihre falsche Scham der Auslöser für die ganze Misere?

Zwanzig Minuten später lag sie endlich auf der Satin-Steppdecke, aber das Gedankenkarussell drehte sich immer noch. Eigentlich war sie diese Hotelzimmer doch so satt, in denen ihr nicht ein Ding vertraut war wie zu Hause, wo selbst die Schäbigkeiten ein angenehmes Gefühl von Heimeligkeit vermitteln konnten. Wochen waren ohne Nachhall verstrichen, jeden Tag hatte sie ihr Leben praktisch neu in die Hand genommen. Ihr stand der Sinn nach ein bisschen Verbindlichkeit.

Endlich kam der Schlaf, und er war willkommene Flucht. Der restliche Tag würde es entscheiden.

Er wartete schon in der Halle auf sie, ihr Gepäck in den Händen. »Und? Konntest du ein wenig schlafen?«

»Aber ja«, sagte sie, »ich fühle mich schon viel besser.« Sie wusste, sie sah nicht danach aus, ihre Augen hatten vorhin im Spiegel gerötet und verquollen ausgesehen, und die leichte Wüstenbräune, die sich während der Reise auf ihre Haut gelegt hatte, war verwaschenem Grau gewichen. Aber Nelson schien entschlossen, ihr zu glauben. Er wirkte offener als noch beim Abschied.

»Du musst hungrig sein, gehen wir etwas Richtiges essen«, sagte er, nachdem sie den Koffer abgegeben hatten. »Ich kenne da ein uriges deutsches Restaurant in der Randolph Street.«

Nelsons Wortwahl stellte sich als treffend heraus. Das Old Heidelberg klemmte mit der strahlend weißen, blumenkastenverzierten Fassade eines bayerischen Wirtshauses zwischen grauen Hochhäusern, zur Linken das Oriental Theatre, ein Filmpalast, dessen Leuchtreklame das Drama *Die Affäre Macomber*, basierend auf einer Kurzgeschichte Hemingways, anpries, zur Rechten ein Geschäft für Gartenbedarf. Die Front wurde dominiert von einer riesigen Uhr, die eines Kirchturms würdig gewesen wäre. Darüber thronte in einer Nische zwischen Verzierungen eine bemalte Holzfigur mit Krone.

»Wirklich pittoresk«, sagte sie.

Nelson war ihrem Blick gefolgt. »Der da oben heißt Gambrinus, angeblich ist er der Erfinder des Bierbrauens. Er rückt zu jeder vollen Stunde vor und streckt kurz seinen Bauch raus. Edgar Miller hat ihn geschnitzt, einer unserer bekanntesten Künstler. Holzarbeiten sind seine Spezialität.«

Drinnen gingen sie hinunter in den »Rathskeller«, dessen Gestaltung sie an Bilder erinnerte, die sie vom Münchner Hofbräuhaus gesehen hatte. Die Decke wölbte sich kuppelförmig, an den Wänden hingen in Rundbogennischen kreisrunde, emblematische Darstellungen beschaulicher Landschaften, aus dem Putz wuchsen Fanfaren, von denen Blechschilder mit Aufschriften wie »Königssee«, »Heidelberg«, »Wartburg« oder »München« baumelten, und schwarze Königsadler wachten an den Fronten. Auf der Empore spielte unaufdringlich eine kleine Kapelle.

Sie bestellten Braten mit Knödeln und tranken dazu Bier, das vorzüglich schmeckte. Das Wichtigste war jedoch: Endlich kam die Unterhaltung in Gang. Ihre Reise war glücklicherweise ein dankbares Thema. »Los Angeles ist eine unglaubliche Stadt. Die Straßen sind sechsspurig, man kann links und rechts überholen, es gibt keine U-Bahn, und kein Mensch geht zu Fuß! Furchtbar moralisch ist es außerdem, Bars und Nachtclubs machen um Mitternacht zu, Burlesken sind zensiert, und in manchen Vierteln ist Alkohol gänzlich untersagt.«

»Klingt nicht gerade so, als könnte man nach Sonnenuntergang viel Spaß haben«, sagte Nelson zwischen zwei Bissen.

»Vor allem Ende Februar nicht, denn da geisterte der Schatten von ›Black Dahlia‹ noch durch alle Straßen, und die Zeitungen berichteten täglich von neuen Verdächtigen, aber alles ergebnislos. Hast du davon gehört?«

»Machst du Witze? Ich schätze, selbst die Elche in Alaska sind von den grausamen Details dieses Mordfalls nicht verschont geblieben.«

»Die Menschen sind eben fasziniert von solchen Geschichten. Ich kann mich selbst da gar nicht ausnehmen. Aber eigentlich wollte ich dir etwas ganz anderes erzählen.«

»Bin gespannt wie ein Flitzebogen.«

Sie lachte. Langsam wurde er wieder zu dem Mann, den sie kennengelernt hatte. »Ich hatte dir ja schon geschrieben, dass Ivan Moffat, der Mann meiner Freundin, gerade als Drehbuchautor in Hollywood Fuß fasst und er seinem Chef eine Verfilmung meines Romans *Alle Menschen sind sterblich* vorschlagen wollte. Er schrieb ein Treatment, das mir ausnehmend gut gefiel, und dann trafen wir uns mit George Stevens zum Essen im Lucy's, einem Restaurant, das genau mittig zwischen den Warner-, RKO- und Paramount-Studios liegt. Man hatte mir gesagt, Stevens sei oft schlechter Laune und überhaupt nicht gesprächig, doch an dem Tag schien er wirklich interessiert. Leider hatte er nicht viel Zeit, und so mussten wir uns erst einmal vertagen.«

Während sie erzählte, schienen die Ereignisse wieder vor ihren Augen auf. Als Stevens mitbekommen hatte, dass Nathalie und sie ein paar Tage quer durch Kalifornien fahren und dabei auch durch Lone Pine kommen würden, trug er enthusiastisch die Idee vor, dort mit Ivan dazuzustoßen, da er in dem Ort seine frühe Kindheit verbracht und außerdem vor zehn Jahren einen Film dort gedreht hatte. Seither war er nicht mehr da gewesen, obwohl es mit dem Auto nur vier Stunden entfernt lag, er einen ganzen Fuhrpark besaß und Geld obendrein keine Rolle spielte. Es war ihm einfach keine Idee gekommen, wie er so einen Ausflug in seinem Alltag hätte unterbringen können. Dieser Mangel an Initiative und Fantasie war Simone erschreckend vorgekommen angesichts der Tatsache, wie ihn der bloße Gedanke an einen Besuch begeistert hatte, doch Ähnliches war ihr schon bei vielen Amerikanern begegnet. Ihre besondere Freiheit schien gleichzeitig eine rechte Fessel zu sein, und um sich zu zerstreuen, kannten sie nichts anderes als Alkohol.

»Bei der Verabschiedung«, beendete sie den ersten Teil ihres Berichts, »musste ich Stevens noch versprechen, ihm in Lone Pine das kartesische Cogito zu erklären und warum die Existenzialisten es noch erweitern und nicht nur ein ›also bin ich‹ aus dem ›ich denke‹ folgern, sondern auch ein ›also sind die anderen und ich bin durch sie‹. Ich war also erst mal ziemlich guter Dinge.«

Nelson winkte einem Kellner. »Um die Wendung noch ein wenig hinauszuzögern, bestelle ich eben noch einen Nachtisch. Wie wäre es mit Schokoladenpudding?«

Die Verzögerung konnte er haben. Sie wartete mit dem Weiter-
erzählen nicht nur, bis das Dessert auf dem Tisch stand, sondern
genoss zuerst noch ein paar Löffel ganz in Ruhe.

»Jetzt folterst du mich also.« Geschwächt ließ er seinen Löffel
fallen und sank in sich zusammen.

Fast hätte sie den Pudding aufs Tischtuch gespuckt. »Nun, am
vereinbarten Tag tauchten Stevens und Ivan nicht nur viel zu spät,
sondern randvoll mit Whiskey auf. Stevens fing wieder mit dem
Cogito an, aber zuerst wollte er uns den Ort des damaligen Film-
drehs zeigen und dann hielt er abwechselnd prahlerische und sen-
timentale Reden, also kam es nicht mehr dazu. Am nächsten Tag
dann trat seine eigentliche Scheuheit überdeutlich hervor. Wir
machten einen Ausflug zum Death Valley, aber auf dem Rückweg
blieb sein Wagen liegen, und er nutzte die Gelegenheit, die er sich
offenbar heimlich ersehnt hatte, zur Abreise. Nathalie meinte, ich
hätte ihn wohl eingeschüchtert. Wie sie darauf kam, konnte sie
allerdings nicht erklären.«

Nelson räusperte sich. »Na ja, allein deine Vita ist ja schon sehr
beeindruckend. Und dein Auftreten ziemlich ... selbstbewusst. Wäre
jedenfalls schade, wenn nichts aus der Verfilmung wird.«

»Das wäre es wirklich, ja. Danke für die Einladung zum Essen, jetzt fühle ich mich für den Abend gestärkt.«

»Wunderbar. Dann lass uns aufbrechen.«

Sie kamen nicht weit. Eine dezent elegante Bar, ganz gehüllt in
violettes Licht, das den Augen guttat, verlockte sie zum Eintreten. Zu drei Vierteln leer und von gediegenem Publikum besucht,
hatte sie nichts von dem brodelnden Leben der Etablissements,
in die Nelson sie bei ihrem ersten Besuch geführt hatte, aber sie
eignete sich gut für eine intime Unterhaltung. Während sie tranken, saß er nah bei ihr, manchmal streifte sein Atem ihr Gesicht.
Sicher würde er sie gleich fragen, ob sie später nicht mit zu ihm
kommen wolle, statt ins Hotel zu gehen. Sie hoffte darauf und

würde Ja sagen. Doch als sie gerade ihre Hand auf seine legen wollte, erhob er sich plötzlich.

»Komm, spielen wir eine Runde Twenty-six!«

Enttäuscht folgte sie ihm. Warum entzog er sich ihr erneut, kaum dass sie sich annähernd wiedergefunden hatten?

Die Twenty-six-Girls standen mit ihren kleinen, grün bezogenen Würfeltischen in so gut wie jedem Lokal Chicagos, im Palmer House hatte sie gleich mehrere von ihnen entdeckt. Sie waren so etwas wie eine örtliche Attraktion und in anderen Städten gänzlich unbekannt. Für den Einsatz eines Quarters konnte der Spieler je nach Etablissement entweder ein Freigetränk oder einen Dollar gewinnen. Dazu musste er nur zehn Würfel dreizehnmal rollen lassen und seine zuvor gewählte Zahl mindestens sechsundzwanzigmal auf dem Tisch zu liegen kommen.

Nelson nahm schon den Würfelbecher von einer molligen Blonden mit toten Augen entgegen. »Ich wähle die Sechs!«

Simone wandte das Gesicht zum Tisch, verfolgte die Würfe jedoch nicht, sondern konnte den Augenwinkelblick nicht von Nelson lassen. Seine Züge changierten zwischen Härte und Verletzlichkeit. Sie wurde einfach nicht schlau aus ihm.

»Gewonnen!«, freute er sich. »Du bist dran.«

Mit einem Mal war ihr Mund wie mit Pergament ausgekleidet. Sie nahm den Becher entgegen. Insgeheim würde sie auf diese Nacht, auf die nächsten Tage setzen. Die Würfel sollten das Omen sein und ihr endlich die Ungewissheit nehmen.

»Die Fünf«, krächzte sie und räusperte sich. Alle Feuchtigkeit aus ihrem Körper hatte sich in ihre Handflächen gelegt. In den ersten sieben Würfen kam die Fünf dreizehnmal, dann nur noch dreimal. Da hatte sie ihre Gewissheit. »Ein dummes Spiel«, sagte sie und ging wieder zu ihrem Platz.

Nelson folgte ihr mit neuen Drinks. »Spielst du denn nicht gern?«

»Nicht wenn ich verliere.«

Sein Lachen war unbekümmert, er hatte ja keine Ahnung.

»Ich spiele unheimlich gern Poker, obwohl ich immer verliere. Glücksspiel um richtige Beträge ist natürlich illegal, aber dafür wurden schließlich Hinterzimmer erfunden. Bloß kann man mir offenbar jede Regung am Gesicht ablesen.«

»Oh, das würde ich nicht gerade behaupten«, sagte sie herausfordernd, plötzlich von einer Erregung erfüllt, die Mut glich. Sie würde die Entscheidung nicht den dummen Würfeln überlassen. Sie würde sie selbst in die Hand nehmen.

Nelson sah sie an, verlegen, als wüsste er bereits genau, was sie sagen wollte, hielt ihrem Blick aber stand.

»Wenn ich ehrlich bin, frage ich mich seit heute Morgen ununterbrochen, ob es dir überhaupt recht ist, dass ich wiedergekommen bin. Aber ich finde keine Antwort darauf.« Von Wort zu Wort war ihr Ton harscher geworden, was ihr sofort leidtat, weil Nelson, ohne zu zögern, antwortete, das Gesicht so ernst, wie sie es bei ihm noch nie gesehen hatte.

»Aber natürlich ist es mir recht. Ich hatte mich auf dich gefreut.«

»Dann ist es ja gut.«

Plötzlich war eine Brücke zwischen ihnen geschlagen. Behutsam setzte jeder von ihnen einen Fuß darauf.

»Wollen wir wieder in die Bar vom ersten Abend?«

Draußen entspannte sie sich, als er ihren Arm nahm. War der Bann jetzt ...? Bevor sie den Gedanken zu Ende denken konnte, ließ Nelson sie auch schon wieder los.

»Richie!«

Von der anderen Straßenseite winkte ein Mann in Begleitung zweier Frauen hinüber, und ehe sie sichs versah, hatte Nelson sie alle in eine schwach beleuchtete kleine Cafeteria gelotst.

Bald war er in ein angeregtes Gespräch mit seinen Bekannten vertieft; sie sprachen schnell und mit Emphase, sodass sie wieder kaum ein Wort verstand. War Nelson insgeheim froh, dem Tête-à-Tête mit ihr auf diese zufällige Weise entkommen zu sein? War es nicht auch natürlich, dass er sich über die Gesellschaft dieser Leute freute? Mit ihnen hatte er sich viel mehr zu erzählen als mit ihr, sie teilten gemeinsame Geschichten, die sie immer wieder aufwärmen konnten. Sie beide kannten sich doch kaum.

In was für kindische Gedanken sie sich doch wieder erging! Aber es wurde noch schlimmer, denn jetzt betrachtete sie die beiden Frauen genauer. Sie waren jung und hübsch, und Frauen wie sie spielten in Nelsons Leben sicher eine Rolle. Warum sollte also ausgerechnet ihr Besuch etwas Besonderes für ihn sein?

Als sie endlich aufbrachen und Nelson sich wieder bei ihr einhakte, war sie kurz davor, ihm zu sagen, dass sie ins Hotel und schlafen wolle.

»Das war Richard Majewski, der Taschendieb, von dem ich dir im Februar erzählt habe«, sagte Nelson verschwörerisch. »Der, der Schriftsteller werden wollte. Ich bin so froh, dass du ihn jetzt mal in Person erlebt hast!«

Darum war es ihm gegangen? »Ach so. Und wer waren die Frauen?«

»Keine Ahnung.« Er steuerte auf die Bahnhaltestelle zu. »Wenn jetzt nicht gleich eine kommt, nehmen wir ein Taxi.«

Taxi oder Bahn? Sie schloss die Augen. Die Chance war größer als beim Würfeln. Wenn sie wieder in einem rüttelnden Waggon landeten, würde sie definitiv ins Hotel gehen.

»Komm, steig ein!« Nelson hatte ein Taxi herangewunken.

Drinnen küsste er sie endlich, zaghaft zuerst, dann so, dass ihr ganzer Körper kribbelte, als sie ausstiegen.

In der Bar, in die sie nun am liebsten gar nicht mehr gegangen wäre, war alles beim Alten. Das gleiche Personal tanzte genauso verzweifelt wie beim letzten Mal, neu war nur ein Schild neben dem, dass Tanzen strengstens verbot. Auf zehn witzige Arten erklärte es, wieso hier nicht angeschrieben wurde. Einige Bekannte kamen für Stippvisiten an den Tisch, und Nelson machte Späße, aber sie selbst konnte sich weder darauf noch auf die Musik konzentrieren. Ihr Körper war nach diesem furchtbaren Tag soeben von den Toten auferstanden und ließ ihr keine Ruhe mehr. Endlich merkte Nelson etwas.

»Willst du gehen?«

»Ja.« Nun käme die entscheidende Frage.

»Soll ich dich ins Hotel bringen?«

Sie schüttelte den Kopf. »Ich will nicht von dir gehen.«

»Das ist gut, denn das will ich auch nicht. Aber dein Koffer!«

»Egal. Ich brauche ihn nicht.«

Im Taxi fanden ihre Münder sich wieder, und als sie in seiner gelben Küche stand, als sie sah, dass er für sie aufgeräumt und eine Vase mit Blumen auf den Tisch gestellt hatte, fiel die Last des Tages endgültig von ihren Schultern. Wie im Tanz umschlangen sie sich, befreiten sich nach und nach von Kleidungsstücken, und mit einem Mal presste Nelson sich fest an sie. »Mein Gott, Simone, ich bin so froh! Den ganzen Tag ging es mir furchtbar.«

Sie lachte. »Dir? Dabei hast du doch mich gequält. Du warst so kalt, hast mich gar nicht geküsst.«

»Hab ich doch, aber du hast mich so abgestraft, dass ich mir dumm vorkam.«

Sie nahm sein Gesicht in beide Hände. »Aber doch nicht morgens in einer Flughalle, darum ging es nur. Hierher hättest du mich bringen sollen, da hättest du mich küssen können, so viel du wolltest.«

»Aber du wolltest doch unbedingt ein Zimmer haben!« Er wirbelte sie herum und hob sie in seine Arme. »Ich hatte alles so schön geplant, hatte aufgeräumt, ein Beefsteak gekauft, das ich uns zum Abendessen zubereiten wollte, die Zeit wäre nur so verflogen, und dann wäre es ganz plötzlich dummerweise zu spät gewesen, um noch ein Hotel zu finden.«

»Ein wirklich guter Plan«, hauchte sie an seinem Mund.

»Ja. Und dann war er gleich am Morgen schon hin.«

Sein heißer Atem machte sie verrückt. Sie krallte die Hände in sein Haar. »Ich sag dir, wenn die Bahn gekommen wäre, wären wir jetzt nicht hier.«

»Ha!« Er warf sich mit ihr aufs Bett. »Ich war fest entschlossen, ein Taxi zu rufen.«

Sie liebten sich kurz, aber heftig, und währenddessen passierte etwas, das sie noch nie zuvor erlebt hatte. Sie spürte, wie es sich anbahnte, und ein Teil von ihr trat ungläubig aus ihr heraus und beobachtete analytisch genau, wie das Gefühl sich immer weiter hochschaukelte, bis die Spannung sich endlich, ganz tief in ihr, löste.

Danach lagen sie nebeneinander und rauchten.

»Ich glaube, ich habe gerade einen gehabt«, sagte sie nach einem Zug und gab die Zigarette an Nelson weiter.

Er hob den Kopf. »Einen was gehabt?«

Sie lächelte. »Einen vaginalen Orgasmus. Die Wissenschaft ist sich nicht darüber einig, ob es ihn überhaupt gibt oder ob die weibliche Lust nur an die Klitoris gebunden ist. Aber das gerade war ganz eindeutig anders.«

»Oh.« Dann Schweigen.

Sie drehte sich zu ihm. »Ist es dir etwa peinlich, wenn ich darüber spreche?«

Er war tatsächlich ein wenig errötet, aber wie üblich überspielte er Unsicherheit mit Humor. »Ich überlege vielmehr, ob ich mir darauf wohl etwas einbilden kann. Vielleicht kann ich damit Werbung machen.«

»Krokodile haben eben besonderen Appeal.« Sie setzte sich auf. »Weißt du was? Ich habe Hunger, lass uns jetzt das Beefsteak essen.«

»Da ist er ja wieder, mein verrückter Frosch. Aber warum nicht?«

Er gab ihr seinen weißen Bademantel, und sie sah ihm am Küchentisch sitzend dabei zu, wie er das Steak briet. Als hätte der Kater es gerochen, stand er plötzlich vor der Tür und miaute um Einlass.

So saßen sie wenig später zufrieden da, drei Lebewesen, zwei am Tisch und eines auf dem Boden, und genossen das Nachtmahl wie eine lang geheim gehaltene Überraschung.

Und später, als sie schon im Bett lag und er noch in der Küche mit Geschirr klapperte – ein heimeliges Geräusch – und sie ihr blaues Wollkleid betrachtete, das inzwischen über einem Stuhl in den Armen seines Jacketts lag, da wusste sie, alles war gut.

NELSON

Stur wie ein alter Packesel, so hatte ihn schon seine Ma immer genannt. Das war sein erster Gedanke, als er nach dem kurzen Schlaf, in den er beim Morgengrauen doch noch gesunken war, wieder erwachte. Dass seine Bockigkeit aus dem Gefühl heraus erwachsen war, ungerecht behandelt worden zu sein, hatte sie nie sehen wollen. Natürlich hatte er auch nie den Mund aufgemacht. Und was der Junge nicht lernte ...

Glücklicherweise lag Simone jetzt trotzdem neben ihm, wunderschön mit ihrem auf dem Kissen ausgebreiteten Haar und noch tief schlafend. Selbsthass stach ihn in den Magen, als er daran dachte, wie er sich benommen hatte. Am schlimmsten in solchen Momenten: Die Dämlichkeit seines Verhaltens war ihm die ganze Zeit bewusst, und dennoch konnte er dann nicht aus seiner Haut. Der Vorwurf, er sei zu spät gekommen, hatte ihn schwer getroffen. Vermutlich hing es auch mit der missglückten Begrüßung zusammen. Er war sich unsicher gewesen, ob er Simone gleich küssen sollte, und nach ihrer Zurechtweisung hatte er sich wie ein kleiner Junge gefühlt. Dass sie dann auch noch nach dem Zimmer fragte, hatte ihm den Rest gegeben. Im Traum hatte er doch nach dem Telefonat nicht daran gedacht, dass sie das womöglich ernst gemeint haben konnte. So sehr er sich über ihre Entscheidung, seinetwegen nach Chicago zu kommen, gefreut hatte, so sehr vermutete er ab diesem Moment, dass sie sie auf dem Flug bereits bereut hatte. Und wie immer, wenn er sich zurückgewiesen fühlte, hatte er es mit doppelter Münze heimgezahlt und den Tag beinahe vollständig ruiniert.

Beim Abholen ihrer Koffer aus der Aufbewahrung hatte er sich gedanklich eine Ohrfeige nach der anderen gegeben und sich beschworen, den Rest des Tages freundlicher und lockerer zu sein. Und dann hatte der Abend doch tatsächlich eine erstaunliche Wendung genommen. Keine seiner bisherigen Frauen war scharf darauf gewesen, über das, was im Bett passierte, zu sprechen, und so fühlte er sich ganz schön überrumpelt. Aber etwas wie das ließ er sich natürlich gerne sagen. Nun hatte er die Latte hochgelegt und fest vor, beim nächsten Mal noch etwas draufzulegen. Über seinen Vergleich lächelnd zog er Simone vorsichtig das Plumeau bis über die Schultern.

Nach ihrem Mitternachtsmahl erzählte sie ihm von ihrer lustfeindlichen Erziehung. Ihre Mutter hatte sogar ihre Lektüre vorsondiert und jede auch nur im Ansatz anstößige Szene vor ihr verborgen, indem sie die Seiten mit Stecknadeln zusammenheftete. Es war ihr wohl nicht in den Sinn gekommen, dass es der Tochter irgendwann einfallen könnte, die Nadeln zu entfernen. Und erstaunlicherweise hatte auch er selbst vom Gebot seiner Mutter, stets die Hände auf der Bettdecke zu lassen, berichtet und ebenso von seinem ersten linkischen Besuch bei einer Prostituierten.

»Ich hoffe doch, das frühe Krokodil fängt keine Frösche und schaut mich deshalb so verträumt an?« Simone war wach, von einem Moment zum anderen hellwach, wie es schien. »Woran denkst du?«, stellte sie die Frage, die mit dem weiblichen Geschlecht so eng verbunden war wie die Vorliebe für Nagellack.

Aber nein, das würde er ihr jetzt nicht offenbaren. »Ich frage mich, was du heute wohl unternehmen willst. Pass auf, ich mache Frühstück, und du überlegst dir derweil was.«

Sie strich ihm durchs Haar und verursachte damit eine wohlige Gänsehaut. »Da muss ich gar nicht lange nachdenken. Meine Freunde würden es mir verübeln, wenn ich nach Paris zurückkehrte, ohne die berühmten Schlachthöfe gesehen zu haben.«

»Gut, dann wollen wir sie nicht enttäuschen. Aber zuerst: Frühstück! Pancakes?«

»Liebend gern!«

Weit außerhalb des Zentrums fuhr ein Sonderzug der El minutenlang über Viehpferche hinweg. Jeden Tag füllten sie sich aufs Neue, unaufhörlich brachten Güterzüge Nachschub, um den Hunger des Tiers Mensch nach Fleisch zu stillen. »Schweineschlachter für die Welt« hatte Sandburg Chicago in seinem Gedicht genannt, und das stimmte noch immer, auch wenn »die Welt« jenem Größenwahn geschuldet war, der außer den Vereinigten Staaten nichts anderes kennen wollte. An diesem Ort wurden, seit die Stadt zum Eisenbahnknotenpunkt geworden war, Rinder, Schweine und Schafe aus ganz Amerika konzentriert und im Akkord geschlachtet, um dann, ein für alle Mal verändert, wieder den Rückweg anzutreten: zerteilt, verwurstet, eingefroren oder konserviert, zu Lederwaren, Bürsten, Knöpfen, Dünger und Schmierseife verarbeitet – Triumph des Kapitalismus. Ford hatte die Montagebänder, die *assembly lines*, nicht erfunden. Sie basierten auf den schon Jahrzehnte vorher hier in Betrieb gegangenen *disassembly lines*.

»Es nimmt kein Ende«, sagte Simone, die Stirn an die Scheibe gedrückt. Er hatte ihr geraten, ihr Herz gut zu panzern, aber er glaubte nicht wirklich daran, dass es möglich war, sich vor Tod am Fließband zu verschließen. Das gelang nur den Arbeitern, und für sie war es pure Notwendigkeit, denn sie mussten auch morgen wiederkommen, und morgen, und morgen, bis ihnen alle Finger fehlten oder sie auf andere Weise verschlissen waren. »Aber die Zustände sind doch nicht mehr mit *Der Dschungel* vergleichbar, oder?«

Er schnaubte. Upton Sinclair hatte seinen Skandalroman über die Ausbeutung der Arbeiter und die hygienischen Missstände in den Yards 1905 nach Wochen der Recherche unter den Arbeitern veröffentlicht und den Amerikanern einschließlich des Präsidenten gehörig den Appetit auf Fleisch verdorben. Für kurze Zeit zumindest. Weder er noch Simone waren damals schon auf der Welt gewesen, aber hatte sich die Menschheit bis heute etwa geändert?

»Tja, das kommt ganz darauf an, wie man es betrachtet«, sagte er. »Sinclair ist Vegetarier, wir essen immer noch Fleisch. Er wollte die Bedingungen für die Arbeiter verbessern, aber es sind immer noch die Ärmsten unter den Immigranten, die sich für Niedrigstlöhne kaputtschuften. Er wollte den Sozialismus vorantreiben, aber nun ja, sieh dir an, wo wir sind.« Einzig die Schilderungen von Tierkadavern, die knöcheltief in Dreck und Rattenkot lagen, und die des Wursttrichters, in dem alles landete, was wegmusste, ob es nun verdorbenes Fleisch, vergiftete Ratten, abgetrennte Finger, Nägel oder fauliges Wasser waren, hatten das Publikum empfindlich angerührt. Roosevelt hatte Inspektoren in die Yards geschickt, die alles bestätigten – bis auf den Mann, der angeblich in den Brühkessel gefallen und weiterverarbeitet worden war. Bald darauf war ein Bundesgesetz zur Hygiene in Schlachthöfen verabschiedet worden. »Weißt du, was Sinclair später gesagt hat? ›Ich habe auf das Herz der Amerikaner gezielt und nur ihren Magen getroffen.‹«

Die El hielt an, sie waren da. Simone stand auf. »Klingt nach einer treffenden Zusammenfassung.« Nach dem Aussteigen rieb sie sich die Nase. Der Geruch verriet sofort, was hier geschah, obwohl sie noch nicht einmal in der Nähe der Schlachtbetriebe waren.

»Gleich hast du dich daran gewöhnt. Am besten ein paarmal tief durchatmen, dann geht es schneller. Übrigens sagt man, die Familien der Arbeiter in den Baracken ringsum könnten die Tageszeit an der Zusammensetzung des Gestanks erkennen.«

An der Fassade über dem Eingangstor prangte steinern der Kopf von Sherman, einem nach dem Gründer benannten Preisbullen. In den Anfängen war hier noch nicht geschlachtet, sondern nur mit Vieh gehandelt worden, aber seit 1865 hatte viel Blut den Boden getränkt.

Die Union Stock Yards waren eine Stadt für sich, die Tötung der am schnellsten erledigte Teil. Ihr voran gingen Ankunft und Verwahrung; ihr folgten die Verarbeitung, für die zwei Millionen Liter Wasser täglich aus dem Chicago River gepumpt wurden, und schließlich der Abtransport. Über allem schwebte die Verwaltung. Vierzigtausend Menschen arbeiteten hier, und so fanden sich auf dem Gelände neben Bürogebäuden, den Schlacht- und Verarbeitungsfabriken sowie dem Wasserwerk auch Saloons, Hotels, Banken und Restaurants.

In dem Büro, in dem sie mit einer Handvoll anderer Besucher auf den Beginn der Führung warteten, hingen paarweise bunte Bilder von vor Gesundheit nur so strotzendem Vieh und, es an satten Farben noch übertreffend, Fotografien der Endprodukte: herrliches Roastbeef, saftiger Schinken, glänzende Würstchen.

»Ein wenig makaber«, knurrte Simone.

Der Guide brachte sie zu einem der Schlachthäuser von Armour and Company, einem der drei größten fleischverarbeitenden Unternehmen, und wies mit theatralischer Geste auf das Schild am Eingang: »Empfindliche Gemüter warten besser hier.« Aber niemand blieb zurück.

Rund um die einzelnen Hallen verliefen in einiger Entfernung zum Geschehen die speziell für die Führungen errichteten hölzernen Plattformen. Der Startpunkt lag in der obersten Etage.

»Beruhigende Distanz bei gleichzeitig bestem Überblick«, raunte Nelson Simone zu, die gegen den Gestank noch einmal tief Luft holte und dann die erste Informationstafel studierte.

Sie würden hier Zeuge des mittleren Teils des Dramas werden. In der Halle wurden Schweine geschlachtet, direkt vor ihnen standen sie dicht an dicht im Auffangstall, aufgeregt grunzend, als ahnten sie, was ihnen bevorstand. In das obere Stockwerk des Gebäudes waren sie über eine schräge Rampe gelangt, die, wie ein Bekannter ihm einmal erzählt hatte, von den Arbeitern nur »Seufzerbrücke« geschimpft wurde. Ihr letzter Gang führte die Tiere durch eine schmale Gasse zu einem riesigen speichenlosen Rad, an dessen Felgen Ketten hingen.

»Sieh dir das an«, flüsterte Simone und wies mit dem Finger auf die Tafel. »Sie nennen es doch tatsächlich ›Glücksrad‹.«

»Immerhin haben sie es in Anführungszeichen gesetzt.«

»Tägliche Kapazität, alle Räder zusammengenommen: fünfzigtausend«, las sie vor. »Das ist doch unglaublich!«

»Nein. Unglaublich ist, dass du vergisst, die Zahl zu verdreifachen. Armour and Company sind ja nicht die Einzigen auf dem Gelände.«

Aber Simone lächelte nicht. Stattdessen heftete sie ihren Blick jetzt auf das Rad, und einen Moment später tat er es ihr gleich. Dafür waren sie hier.

Immer wenn eine Kette eben über den Boden schleifte, wurde das Rad für ein, zwei, drei Sekunden gestoppt, und ein Arbeiter griff routiniert nach dem Hinterbein eines Schweins und befestigte die Kette daran. Das Rad drehte sich weiter, und noch während das Tier in die Luft gerissen wurde, jetzt nicht mehr grunzend, sondern schreiend, um sich tretend und in die Luft beißend, wurde unten schon das nächste festgemacht. Die Bewegung trug die Tiere zu einer Schiene an der Decke, die sie in sanftem Winkel eine Etage tiefer transportierte. Dort wartete ihr Henker.

»Die sind im wahrsten Sinne des Wortes auf dem absteigenden Ast«, raunte er Simone zu, einfach um etwas zu sagen, während die Gruppe sich ebenfalls abwärts zur nächsten Station begab, doch sie drückte nur seine Hand, und ihre Wärme kam ihm nicht ungelegen. Unten tat ein rotköpfiger Hüne mit schnellen Messerstichen seine Arbeit. Schwarz spritzte das Blut in armdicken Fontänen aus den Hälsen der Tiere und zeigte sein charakteristisches Rot erst, als sich der erste Schwall als neue Farbschicht – die wievielte es wohl heute sein mochte? – auf die Schürze und das Gesicht des Mannes legte, der nur halbherzig ausweichen konnte. Und aus dem Schreien wurde ein Kreischen, und zu den unbehaglichen Räusperern um ihn herum gesellte sich jetzt leises Stöhnen. Das Blut wich nicht nur aus den Schweinen, sondern auch aus den Gesichtern der Besucher.

Tier für Tier sackte nun weiter nach unten und blutete in ein Auffangbecken. Nichts wurde vergeudet. Die Informationstafel verriet, dass das Blut zusammen mit Fleischabfällen der Düngergewinnung dienen würde. Nicht mehr schreiend, aber immer noch zuckend und vielleicht noch lebend verschwanden die Schweine schließlich mit gewaltigen Spritzern in einem länglichen Bottich mit kochendem Wasser. Ein Aufatmen schien durch die Gruppe zu gehen. Das Leiden war nun vorbei, und man konnte sich wieder etwas behaglicher fühlen.

Das Wasser weichte die Borsten auf, die im nächsten Schritt entfernt wurden. Eine harkenähnliche Vorrichtung schöpfte die Tiere aus der Wanne und hob sie auf einen Tisch, wo ein Arbeiter eine schier endlose Kette mit einem Ring an deren Nasen befestigte. Nun ging es durch die Schabemaschine, und was diese übrig ließ, wurde von fliegenden Händen zu beiden Seiten des Tisches entfernt. Ein Mann war dafür zuständig, die Köpfe abzutrennen, aber nur beinahe, sodass sie wie am seidenen Faden baumelten, während die Kadaver wieder in die Führungsschiene gehängt und in die nächstniedrigere Ebene der Anlage getragen wurden.

Hier wurden sie ausgenommen, während sie über einen Tisch glitten, der auf jeder Seite von sechs Männern gesäumt war. Hoch spezialisierte Arbeit wurde hier getan; jeder einzelne der Männer führte genau vorgeschriebene Teilschritte aus; einer trennte den Kopf vollends ab, einer schlitzte den Bauch auf, der nächste erweiterte die Öffnung. Sie schnitten hier, schabten da, entfernten dort, wischten sauber, und das alles in einer Windeseile, dass Eingeweide und Fleischfetzen nur so flogen. Tausende Male am Tag machten diese Männer die gleiche Handbewegung in einer Geschwindigkeit, die auch ihre eigene Haut nicht schonte. Aus der Entfernung konnte man es nicht erkennen, aber Nelson wusste, dass ihre Hände von Schnittnarben gezeichnet und ihre Fingernägel oft gänzlich abgeschabt waren.

Die letzten Meter der Bahn brachten die toten Tiere, jetzt wieder kopfüber hängend, zu den Spaltern, den Männern, die sie fachkundig der Länge nach halbierten. Gleich würden sie in die riesige Kühlhalle geschoben werden, wo sie für vierundzwanzig Stunden bis zur Weiterverarbeitung ruhen konnten. Nelson schaute auf die Uhr. Der Weg eines Tieres vom Rad bis hierher hatte nicht einmal zehn Minuten gedauert.

»Fünf dieser Informationstafeln, mehr hat es nicht gebraucht«, stellte Simone ihr eigenes Fazit an.

»Ja«, sagte er und reichte ihr den Arm. »Aber drüben bei den Rindern kriegst du noch mehr davon zu lesen.«

Auf dem Rückweg schwiegen sie, während die El die Yards hinter sich ließ. Simone starrte hinaus, ihre Kiefer mahlten. Es arbeitete in ihr. »Es ist ganz furchtbar«, sagte sie schließlich. »Als wir zum Schluss nach der Verarbeitungsfabrik noch durch die Lager geführt wurden und ich den verpackten Schinken gesehen habe, dunkelgelb wie reifes Korn, fast golden, da war der Horror des Bluts schon wieder fort, und ich hätte bedenkenlos ein Stück davon essen können.«

Er fand nicht, dass sie sich schämen musste, und griff nach ihrer Hand. »Das ist nur menschlich, Simone. So sind wir. Wenigstens die allermeisten von uns.«

»Hm.« Nachdenklich ging ihr Blick wieder aus dem Fenster, die Stirn an der Scheibe vibrierend. »Und dabei ist diese gigantische Massenschlächterei doch nur der sichtbare Teil des Dramas, darunter liegt eine noch viel größere Tragödie. Um unsere Gier zu stillen, löschen wir nicht nur das Leben dieser Tiere aus, wir ernähren uns auch vom Leben unserer Mitmenschen. Die Arbeit in den Schlachthöfen muss eine der schwersten sein, die es gibt, aber gleichzeitig wird sie geächtet und getan von den Schwächsten, denen, die sich am leichtesten ausbeuten lassen. Es wundert mich nicht, dass so viele Schwarze unter den Arbeitern sind.«

Das hatte sie gut erkannt. »Na klar, die Bosse profitieren ungemein von ihrer traurigen Lage. Den Schwarzen steht sowieso nur eine begrenzte Zahl von Berufen offen, und überhaupt hat das Ganze eine lange Geschichte. Die meisten Gewerkschaften haben zu den Zeiten, als sie noch über eine gewisse Macht verfügten, keine Schwarzen aufgenommen. Also wurden sie systematisch als Streikbrecher eingesetzt, nicht nur hier. Die Arbeiter konnten ihre Forderungen daraufhin nicht durchsetzen, und zack, wurde der Hass immer größer. Den Höhepunkt bildeten 1919 die Lynchmobs während des Red Summer. Im Großen und Ganzen hat sich bis heute nicht viel geändert, jedenfalls nicht in den Köpfen.«

»Und so feindet sich die Arbeiterklasse lieber weiter untereinander an, als sich gegen die Ausbeuter zu verschwören.«

Es war eindeutig an der Zeit, einen gewissen französischen Frosch auf andere Gedanken zu bringen. Ein Blick nach draußen, und er wusste, was zu tun war.

»Hey, lass uns an der nächsten aussteigen. Wir könnten Greek-town und Little Italy unsicher machen.«

Lächelnd griff sie nach der hingehaltenen Hand. »Ich weiß genau, was du vorhast.«

Er zog sie zu sich heran. »Na, umso besser.«

Jeder Schritt löste die Anspannung des Erlebten ein wenig mehr. Zuerst kamen sie durch ein mexikanisches Viertel, wo Simone sich über einen Souvenirladen entzückte. »Liebe Güte, das erinnert mich so an die kleinen Läden in Santa Fe! Im März war ich für drei Tage dort, im schönsten Hotel der ganzen Reise. Und die Stadt war so malerisch verträumt, ein Ort, an dem man gleich leben wollte.«

»Willst du vielleicht hineingehen?«, fragte er, doch sie hatte schon in Santa Fe Mitbringsel für ihre Freunde besorgt, und so gingen sie weiter.

»Der Direktor des ethnografischen Museums hat uns gleich über die Reservate ›aufgeklärt‹. So nannte er es, obwohl er natürlich die Tatsache, dass man die Ureinwohner allen fruchtbaren Landes beraubt und sie in dürre Steinwüsten verwiesen hat, nur beschönigend gestreift hat.« Sie seufzte. »Wir haben einige Pueblos besucht. Die Menschen leben ungefähr wie gut gehaltene Tiere im Zoo. Und sie sind zu friedfertig und anspruchslos, um etwas an ihrer Lage ändern zu wollen.«

Bevor die Stimmung sich wieder trübte, wechselte er lieber das Thema. Glücklicherweise erspähte er in der Ferne über den Dächern den Kreisbogen eines Riesenrads. »Sieh mal! Chicago mag vielleicht nicht so pittoresk sein wie Santa Fe, aber dafür haben wir hier den besten Rummel.«

Neben der mittig platzierten Hauptattraktion säumten Schießstände, Losbuden und Imbisswagen den Festplatz; dazwischen drängten sich alle, die ein wenig Spaß und Ablenkung gebrauchen konnten. Er schoss einen kleinen Plüschaffen für Simone, sie revanchierte sich mit Zuckerwatte.

Die Dämmerung kündigte sich schon an, als sie schließlich durch Little Italy flanierten. Simone hatte sich bei ihm eingehakt und blieb plötzlich stehen. Mit skeptischer Stirn blickte sie in ein grell erleuchtetes Schaufenster.

»Was gibt's zu sehen?«, fragte er.

»Ich habe keine Ahnung, um ehrlich zu sein.«

Drinnen sangen zwei Frauen, eine in einem blassblauen, die andere in einem rosafarbenen Kleid, vor einem andächtig auf Stühlen sitzenden Publikum von etwa fünfzig Personen und begleiteten sich dabei auf dem Harmonium. Er wusste, was das hier war. »Ein religiöses Meeting.«

»Ein was?«

Er lachte. »Gehen wir rein, und finden wir's raus.«

Gleich am Eingang drückte jemand Simone ein Gesangbuch in die Hand. »Für Sie beide. Der Herr sei mit Ihnen.«

Drinnen hatte sich das Publikum erhoben und sang bereits mit. An den Wänden prangten Bibelverse und Mutmachsprüche ebenso wie ins Gewissen schneidende Fragen: »Wann hast du deiner Mutter zum letzten Mal geschrieben?«

»Um Himmels willen«, flüsterte der plötzlich gar nicht mehr so neugierige Frosch dicht an seinem Ohr. »Lieber wieder raus hier!«

Er nickte und ignorierte die wohlige Gänsehaut, die ihm über den Rücken fuhr und das Bild von Simone in seinem Bett in seinen Kopf pflanzte. Sie wollte das Gesangbuch an den Mann neben sich weiterreichen, doch der schüttelte nur verschwörerisch zwinkernd den Kopf.

»Was hat er denn?«, fragte sie verwundert.

Nelson zeigte ihr, was ihm schon die ganze Zeit klar gewesen war. An einer Wand hing eine kleine Tafel: »Nach dem Gottesdienst wird Essen ausgegeben.«

»So, so«, meinte Simone. »Daher kommt der Glaube!«

»Tja, jeder will essen. Ich übrigens auch, aber nicht hier. Wie wäre es mit Pizza?«

Sie mussten nur den großen Platz überqueren, an dem es zur Hochzeit der Mafia etliche Morde gegeben hatte; Messerstechereien, aber auch Feuerwaffen waren zum Einsatz gekommen. Er unterließ es nicht, Simone davon zu erzählen, denn er wusste inzwischen, wie gern sie solche Geschichten hörte.

Das Restaurant war gleichzeitig auch ein Spirituosengeschäft; beim Betreten lockte gleich eine ganze Kollektion von Chianti in Korbflaschen. Der Speiseraum versetzte sie mit seinen Tischen aus rohem Holz und den in Flaschenhälse gesteckten Kerzen, dem Steinfußboden und vor allem den Italienisch sprechenden Familien, allesamt schwarzhaarig und heftig gestikulierend, ohne Umwege direkt nach Rom. Chianti floss, die Pizzen waren groß wie Wagenräder und das Gespräch endlich ganz unbeschwert.

Als er Simone nach einem Dessert fragte, sah sie ihn auf eine Weise an, die mehr Hitze in ihm aufsteigen ließ, als der Wein es vermocht hatte.

»Ich hätte sehr gern eines, Spumoni am liebsten. Am meisten freue ich mich aber auf den Nachtisch, den ich später noch in unserem Wabansia-Nest zu mir zu nehmen gedenke.«

Er winkte dem Kellner so übertrieben theatralisch, dass Simone hinter vorgehaltener Hand zu prusten begann. »Gut, in dem Fall sollten wir schnell essen. Sehr schnell. Und du musst mir hinterher sagen, welchen Nachtisch du lieber mochtest.«

Für den Rückweg wählte er ruhige Straßen, keine Wagen fuhren dort, kaum Fußgänger waren zu sehen, und sie konnten den Wind in den Bäumen rauschen hören. Ein Hauch von Wehmut keimte in seinem Magen. Es war schön, so zu gehen, ihre Hand auf seinem Unterarm zu spüren, sie zum Lachen zu bringen und sich auf zu Hause zu freuen. Aber sie hatten bloß noch einen Tag.

Simone mussten ähnliche Gedanken durch den Kopf gegangen sein, denn plötzlich fasste sie ihn beim Kragen und sah ihn entschlossen an. »Nelson, du musst mit nach New York kommen! Ich will nicht schon übermorgen wieder ohne dich sein. Du hast doch diesen Preis bekommen, du kannst es dir problemlos leisten!«

Er hatte so darum gerungen, aus dieser kleinen Geschichte nicht mehr werden zu lassen. Aber jetzt wollte er, dass es mehr wurde. Dafür seine Flugangst zu überwinden, wäre ein Klacks.

»Ums Geld ging es nie, sondern um meine Arbeit.« Simone öffnete schon den Mund, um etwas zu erwidern, aber er legte ihr rasch zwei Finger auf die Lippen. »Nur wird die Arbeit mir nicht weglaufen, sondern brav auf mich warten. Meine Zeit gehört mir allein. Ich buche gleich morgen früh.«

»Nelson!« Sie fiel ihm um den Hals. Offenbar hatte sie mit mehr Widerstand gerechnet. Das hatte er eigentlich auch.

Ein paar Straßen weiter, in einer Gasse, in der nicht einmal ein Kandelaber brannte, konnte er nicht anders und küsste sie.

SIMONE

Am nächsten Morgen erwachte sie als junges Mädchen in Nelsons Bett, das flaue Gefühl frischer Verliebtheit im Magen und Pläne für sie beide im Kopf. Nelson brachte ihr ein Glas Orangensaft ans Bett, und er schmeckte wie ein Zaubertrank, der sie von langer Krankheit genesen ließ. Ihre eigenen Gedanken amüsierten sie. Hätte ein anderer sie geäußert, sie hätte sie als albern abgetan. »Geben Sie bloß acht«, hatte ihr der Künstler Alberto Giacometti noch nachgerufen, als sie sich im Dezember auf dem Boulevard du Montparnasse getroffen hatten, »dass keiner dieser großen amerikanischen Kerle Sie uns wegstibitzt!« Damals waren ein Lachen und eine wegwerfende Geste ihre Antwort darauf gewesen.

Ihr letzter Tag in Chicago verging wie ein Windhauch, doch das tat nicht weh, weil jetzt etwas vor ihnen lag. Das Wichtigste kam zuerst, und nachdem der Flug gebucht war, besuchten sie das Art Institute, nicht gehetzt, wie sie an ihrem allerersten Tag, sondern langsam durch die Räume mäandernd, als hätten sie alle Zeit der Welt. Wieder unter freiem Himmel, war der Tag inzwischen golden geworden, wärmer, also setzten sie sich ins Gras am Seeufer, wurden ein Paar von vielen und genossen die Anwesenheit des anderen, wie es eben zwei taten, für die das Gegenüber noch so neu war, dass es zu allen möglichen Wundern fähig schien.

Nelson machte sich lang und bettete den Kopf in ihren Schoß. »Ich kann's immer noch nicht glauben. Für dich lasse ich doch tat-

sächlich alles stehen und liegen und setze mich in so eine Klapperkiste.«

Sie strich ihm durch sein Weizenhaar. »Und ich bin sehr froh,
dass du das tust.«

»Aber ich bin doch bloß ein Junge aus der Provinz«, witzelte er.
»Vielleicht verdirbt mich dieses ganze New-York-Chichi.«

»Das würde ich niemals zulassen.« Sie küsste ihn auf die Stirn.
So rasch konnte man seine Prinzipien über Bord werfen.

»Lass uns heute zu Hause essen«, sagte Nelson, als die Sonne sich
auf den Rückweg machte. »Etwas Schnelles am besten, dann bleibt
uns mehr Zeit zum Packen. Und für andere Dinge natürlich.«

Sie knuffte ihn in die Seite, musste aber gleichzeitig Tränen der
Rührung unterdrücken, die in ihr aufsteigen wollten. Sein erster
Satz hatte sie angefasst. »Zu Hause« – wie warm diese Worte doch
klangen. »Ja. Gehen wir nach Hause.«

Unterwegs kauften sie Salami, Schinken, Rumkuchen und eine Flasche Wein. Hier würde sie sich immer noch nicht allein zu-
rechtfinden, dachte sie. New York City war zwar riesig, besaß aber
eine klare Gliederung, die sich schon durch die geografischen Not-
wendigkeiten ergeben hatte. Chicago, nur an einer Seite vom See
begrenzt, erschien ihr selbst auf dem Stadtplan ungeordnet. Wenn
sie lange mit dem Zug oder der Hochbahn gefahren waren, hatte
sie den Druck der endlosen Steppen zur Expansion gespürt. Immer mal wieder wurden die Häuser spärlicher, doch man verließ
die Stadt nicht, sondern passierte nur eine alte Stadtgrenze, und
dahinter gab es weitere, später entstandene Viertel. Dabei war
Chicago aber nicht locker aufgegangen wie Los Angeles, sondern
wie aus einem dichten, zähen Teig gebacken, weil die Hefe aus war.

Keine andere Stadt hatte so sehr nach Mensch gerochen wie
diese, ihre Atmosphäre war tragisch und erstickend, ihr Klang
das brutal metallische Getöse der El, der Züge und Trams, aber

ihre Farbe war ein Schwarz, das Stolz atmete. Sie fühlte eine tiefe Sympathie für Chicago, das schließlich auch den angenehmsten Ort ihrer ganzen Reisen beherbergte: eine Zweizimmerwohnung in der West Wabansia Avenue 1523.

An der Treppe wartete eine Überraschung auf sie. Nicht der Kater sann auf Einlass, sondern eine desolat wirkende, füllige Frau in einem hellblauen, ärmellosen Kittel. Dunkler und mit Blut unterlaufen war das Blau, das einen ihrer weißen Arme verunzierte; das Haar war glanzlos und nur lose zusammengebunden. Nelson begrüßte sie, als hätte er sich nichts Schöneres für diesen Abend vorstellen können. »Liza, wie schön, dich zu sehen!« Er schloss auf und bat sie herein. »Simone, Liza ist eine langjährige Freundin von mir.«

Sie wollte der Frau die Hand geben, doch diese folgte Nelson auf dem Fuße in die kleine gelbe Küche. »Ich muss dich echt sprechen, Nelson.«

»Aber ja doch, setz dich.« Nelson stellte den Einkauf nachlässig zur Seite, holte den Scotch und Gläser. »Ich hoffe doch, du musstest nicht zu lange warten?«

»Ach, so zwei oder drei Stunden«, meinte Liza unbekümmert. »Deine Nachbarn sind spitze, die von oben wie die von unten. Haben nur lobend über dich gesprochen. Ich hab Kaffee getrunken und ein Käsebrot bekommen.« Sie nahm den Scotch entgegen und stürzte ihn in einem Zug hinunter. »Ich muss dich wirklich dringend sprechen. Es ist persönlich.«

Eine Schwere legte sich plötzlich über die bisherige Leichtigkeit des Tages. Diese Liza hatte Nelsons Namen so vertraulich ausgesprochen. Und was überhaupt sollte sie unter »langjährige Freundin« verstehen?

Aber Nelson goss der Frau einfach nach und sagte freundlich und bestimmt: »Du kannst vor Simone ganz offen reden, glaub mir, das ist kein Problem.«

Aus Lizas Blick sprach pure Skepsis, dann zog sie eine Schnute. »Na gut.«

Während sie in unzusammenhängenden Sätzen von ihrer gescheiterten Ehe, der Schlammschlacht der Scheidung und ihrer Berufung zur Schriftstellerin berichtete, der nachzugehen man sie gerade hinderte, hörte Nelson, dieser liebdumme Kerl, ihr zu, als gäbe es keinen anderen Menschen mehr auf der Welt. Warum versuchte er nicht, sie unter einem Vorwand loszuwerden? Es war doch ihr letzter Abend im Wabansia-Nest. Verärgert goss Simone sich ebenfalls ein Glas ein und ließ sich auf den noch freien Stuhl fallen. Unterdessen lief Liza zur Höchstform auf. »Darum bin ich hergekommen. Du bist der Einzige, der mir jetzt noch helfen kann. Du musst.«

»Aber was ist denn mit deiner Familie?«, fragte Nelson.

»Meine Familie? Komm mir bloß nicht damit, Mann!« Erbost raffte Liza einige Prospekte zusammen, die noch auf dem Tisch lagen, knüllte das Papier mit übertriebener Geste zusammen und warf es so heftig in Richtung Mülleimer, dass sie beim Baseball vermutlich eine gute Figur abgegeben hätte. »Ich hasse Unordnung!« Und dann, säuselnd, als wäre nichts gewesen: »Bloß noch auf dich kann ich zählen.«

»Nun gut«, sagte Nelson ungerührt. »Magst du vielleicht etwas essen? Und wo willst du heute Nacht überhaupt schlafen?«

Was war nur in diesen Mann gefahren?

Liza lachte übertrieben. »Ich muss nicht schlafen, ich hab bestimmt zehn Tassen Kaffee intus. Und satt bin ich auch noch.«

»Na ja, aber du musst doch irgendwo bleiben.«

»Ich bleib bei dir, wo sonst, du hast mich doch eingeladen, oder etwa nicht?« Ihr Kopf ruckte in Simones Richtung, Augen und Lippen wurden schmal. »Aber die da musst du vor die Tür setzen. Ich mag's nicht, wenn sich noch andere Weiber im Haus rumtreiben.«

Simone blieb die Spucke weg. Entsetzt sah sie Nelson an, aber er lächelte nur und machte mit der Hand eine beschwichtigende Geste unter der Tischplatte. Plötzlich wurde ihr klar, was offensichtlich hätte sein müssen: Die Frau war verrückt, sie musste aus einer Irrenanstalt entlaufen sein! Aber sie in ihrer verletzlich frischen Verliebtheit hatte es nicht erkannt, weil sofort die Eifersucht in ihr hochgekrochen war.

»Da gibt es nur ein Problem, meine Liebe«, sagte Nelson leise und nahm Lizas Hand. »Ich kann Simone nicht wegschicken. Wir sind nämlich verheiratet.«

»Oh.« Mit einem Mal war das Gesicht der Frau eine steinerne Maske. Sie stürzte ihr Glas hinunter und knallte es auf den Tisch. »Hättest du vielleicht ein Rasiermesser für mich?«

Nelson lehnte sich zur Seite, um zu verbergen, was hinter seinem Rücken auf dem Rand des Ausgusses lag. »Ich hab leider keins.«

Doch es war zu spät, die Irre sprang auf und schnappte sich das Messer, bevor einer von ihnen sie davon abhalten konnte. Angst legte sich auf Simones Brust, doch Nelson warf ihr mit geschürzten Lippen einen Blick zu, der ihr bedeutete, Ruhe zu bewahren. Liza setzte sich ungerührt wieder hin, legte ein Bein auf die Tischplatte und begann, es konzentriert zu rasieren. »Ein gutes Messer, sehr gut. Wenn das mal kein Unterschied ist!« Zufrieden fuhr sie sich über die glatte Haut, dann war das andere Bein dran. »Dann heirate ich eben den Doktor, der wartet nämlich schon auf mich, da hast du Pech gehabt, Nelson!«

Die Spannung in Simones Brust löste sich und stieg als Lachen die Kehle hinauf. Durch ihren Versuch, es zu unterdrücken, schwoll es so sehr an, dass es sich schließlich Bahn brach. Rasch schlug sie sich die Hände vor den Mund, konnte aber nicht aufhören.

»Unmöglich, wie die da sich benimmt«, sagte Liza und strich ihren Kittel glatt. »Da hast du keine gute Wahl getroffen, Nelson.«

Das gab Simone endgültig den Rest. Ihr Oberkörper schüttelte und krümmte sich wie im Krampf. Offenbar war sie nun selbst irre geworden, aber sie konnte einfach nicht anders. Nelson hatte weiterhin alles im Griff.

»Wie wäre es, wenn ich dir ein Hotelzimmer besorge, Liza? Dann kannst du dich ein bisschen ausruhen.«

»Warum hast du mich dann überhaupt erst herbestellt, hm?«

»Komm schon, Liza, es ist spät.« Nelsons Stimme war sanft wie die eines Hypnotiseurs, und tatsächlich gab sie nach und stand auf.

»Also gut.« Auf halbem Weg zur Tür blieb sie jedoch abrupt stehen. »Nun sieh dir an, wie viel schmutziges Geschirr da im Becken liegt. Lass es mich eben noch spülen. Ich kann Dreck einfach nicht ausstehen!«

Diese Frau war einfach zu köstlich! Von ihrem erneuten Losprusten zeigte sie sich allerdings nicht sehr erfreut.

»Macht die da sich etwa über mich lustig, Nelson?«

»I wo, Liza«, sagte er. »Komm, ich setz dir einen Kessel Wasser auf.«

Flott, aber konzentriert spülte die Verrückte das Geschirr, während sie beide am Tisch saßen und sich versteckt per Zeichensprache verständigten.

Endlich war sie fertig und wischte sich die Hände am Kittel ab. »So, ich gehe. Dann viel Spaß noch mit diesem Weib, Nelson.«

»Ich komme mit, Liza, und setz dich in ein Taxi.«

Die Tür schlug zu. Stille. Simone atmete durch und schüttelte den Kopf. Was dieser Mann für Gestalten kannte! Aber er hatte zu keinem Zeitpunkt die Geduld verloren. Sie zündete sich eine Zigarette an und deckte den Tisch. Nelson kam herein, verriegelte das Schloss hinter sich und wischte sich dann mit übertriebener Geste imaginären Schweiß ab. »Das wäre erledigt.« Er setzte sich und machte sich am Chianti zu schaffen. »Sie ist aus der Psychiatrie abgehauen, ist seit vier Jahren schon dort. Jetzt will sie wieder zurück. Nur zum Schlafen, versteht sich.«

»Woher kennst du sie?«

Nelson goss den Wein ein und nahm sich ein Stück Salami. »Das war vor vielen Jahren, bei der Arbeitsbeschaffungsmaßnahme für Schriftsteller. Sie war ein vielversprechendes Talent, aber dann ist ihr Wahnsinn in die falsche Richtung gekippt. Kurz nachdem ich hier eingezogen war, kam ein alter Freund vorbei, der sie in der Anstalt besucht hatte, mit einem Brief von ihr. Sie bat mich um meinen zweiten Roman. Ich hab den Fehler gemacht, meine Adresse auf den Umschlag zu schreiben, als ich ihn ihr schickte.« Er zog sie zu sich auf den Schoß, umschlang sie und vergrub den Kopf in ihrer Halsbeuge, sodass sie kichern musste. »Dieser Ort zieht offenbar Verrückte an, Frösche wie Menschen«, sagte er mit den Lippen an ihrer Haut.

Spielerisch befreite sie sich von ihm. »Mal abwarten, ob das Krokodil aus der Provinz in meinem New York immer noch so vorlaut sein wird!«

Sie aßen und tranken, dann packten sie, jeder in seine eigenen Gedanken versunken. Nelson hatte Liza gegenüber behauptet, sie beide wären verheiratet, sie würde hier wohnen. Ein Trick war das gewesen, und sowieso hielt sie nichts von Heirat, aber der Gedanke daran hinterließ plötzlich ein warmes Gefühl. Zwei ganz neue Seiten von ihm hatte sie in drei Tagen Chicago kennengelernt. Einmal die, vor der die anderen sie gewarnt hatten, und dann die, die er vor ihnen allen vermutlich gut verborgen hielt, ihr aber gezeigt hatte – seine Güte und Menschenliebe. Und zwischendrin war er der liebenswürdige, virile Mann gewesen, in den sie sich schon am allerersten Tag ein wenig verliebt hatte, wenn sie ehrlich zu sich war. Wie freute sie sich darauf, ihm ihr New York zu zeigen und seine restlichen Seiten aufzublättern!

New York City,
1. bis 17. Mai 1947

NELSON

Er war nicht zum ersten Mal in New York, war der Stadt bislang aber nur bei Besuchen von Schriftstellerkongressen oder sonstigen Stippvisiten begegnet. 1934 hatte er hier mit dem Chef der Vanguard Press den Vertrag für seinen ersten Roman verhandelt; damals allerdings war er per Anhalter hergekommen, nicht mit dem Flugzeug. Auch wenn er für Simone gern den überwältigten Provinzjungen spielte, die Architektur bewunderte, sich von ihr an die Orte führen ließ, die ungefähr denen entsprachen, die sie in Chicago besucht hatten, und er einmal vor einem von Salvador Dalí gestalteten Schaufenster, in dem Handschuhe wie Vögel herumflogen, Schuhe in einer Algenlandschaft standen und Mannequins die neueste Mode mit Köpfen aus etwas präsentierten, das wie Blumenkohl aussah, einen Schwächeanfall markiert hatte, konnte er der Stadt nicht viel Aufregendes abgewinnen.

Der Flug allerdings, das Abheben, das Durchbrechen der Wolkendecke, das Schweben darüber, all diese ersten Male hatten gemacht, dass er für eine Weile nur noch aus Augen und Staunen bestand. Das Beste war sowieso die Frau, die ihn seine Flugangst hatte vergessen lassen, und mit ihr hätte er ohnehin überall sein mögen. Ihre Neugierde war überschäumend und machte nicht halt, bloß weil etwas als unanständig oder unangemessen hätte gelten können. Das gefiel ihm.

Gleich nachdem sie sich im Brevoort Hotel eingemietet hatten, schleppte sie ihn in den Horn & Hardart Automat in der 6th Avenue, ein Selbstbedienungsrestaurant, in dem an den Wänden entlang die verschiedensten Speisen fertig zubereitet in unzähligen Fächern hinter Glas auf hungrige Mäuler warteten.

»Ist das nicht unglaublich?«, fragte Simone und zog ihn zur Kuchenabteilung. »Käsekuchen für dich, ja? Sieh her, du wirfst je nachdem einfach einen oder mehrere Nickel in den Schlitz am entsprechenden Fach, drehst an dem Knauf hier, die Glastür wird entriegelt, *et voilà*, kannst du den Teller herausnehmen.«

»Tja«, sagte er, »hier gibt's vermutlich mehr Münzschlitze als in ganz Vegas, aber immerhin ist die Auszahlung garantiert.«

Am Tisch erzählte sie ihm, warum sie im Februar ganz allein hier gewesen war. »Natürlich wollte ich mir diese Kuriosität unbedingt anschauen. Mary McCarthy und ein paar andere Damen, mit denen ich unterwegs war, fanden aber, das könnte den unangebrachten Eindruck erwecken, wir würden uns unter die Armen mischen. Also bin ich allein rein und habe eine Portion köstlicher Makkaroni gegessen.«

Zwei Tage später verschob sie ihre Abreise nach Paris bei Pan Am vom 10. auf den 17. Mai. »Um noch ein wenig mehr Zeit mit dir verbringen zu können«, sagte sie mit ungewohnt schüchtern gesenkten Lidern. Er liebte es, dass er sie glücklich machte.

Der Sex war gut und häufig, nicht zu vergleichen mit den One-Night-Stands, die er für gewöhnlich hatte, aber ähnlich ungewohnt für ihn waren die ebenso innigen wie offenen Gespräche. Er verstand jetzt besser, warum sie nicht so abgehoben war wie viele andere Intellektuelle.

Simone war 1908 – er zog sie gern damit auf, dass sie ein Jahr älter war als er – in bourgeoise Verhältnisse hineingeboren worden, doch zum Ende des Ersten Weltkriegs hatte die Familie praktisch ihr ganzes Vermögen verloren. Vor allem die Mutter unternahm alles, um weiterhin den Schein zu wahren, doch schließlich mussten sie in eine kleine Wohnung ziehen und die Angestellten entlassen. Eine von Simones Aufgaben war es dann gewesen, Zeitungspapier für die Nutzung auf dem Abort in Rechtecke zu schneiden und auf eine Schnur zu fädeln.

»Schließlich eröffnete Vater mir und meiner Schwester Hélène«, erzählte sie ihm eines Morgens im Bett, »dass wir der fehlenden Mitgift wegen niemals heiraten könnten und einen Beruf ergreifen müssten. Mir kam das nur entgegen.« Ihr Wissensdurst war unersättlich gewesen, und sie hatte hart für die Schule gearbeitet. »Als kleines Kind wollte ich noch Nonne werden. Der Einfluss meiner Mutter, sie war furchtbar religiös. Aber ich schlug mich schon bald auf die atheistische Seite meines Vaters. Er weckte in mir die Liebe zur Literatur. Ich wollte unbedingt studieren.«

Doch sosehr ihr Vater sie als kleines Mädchen gefördert hatte, so sehr hatte er sie dann mitten in der Pubertät verletzt, indem er ihr sagte, wie hässlich sie sei. »Er erinnerte sich später nicht einmal mehr daran«, sagte sie und zwirbelte nachdenklich ein paar seiner Brusthaare zwischen zwei Fingern, »aber ich habe den Satz immer noch im Ohr.«

»In welchem denn?«, fragte er, weil er das keinesfalls so stehen lassen konnte, und küsste erst ihr eines, dann ihr anderes Ohr. »Mag vielleicht sein, dass die Pubertät dir nicht geschmeichelt hat, aber heute bist du wunderschön. Und das sage ich nicht nur, weil ich mir heute noch so einiges erhoffe.«

Sie kicherte und küsste seine Brust. Dann wurde sie wieder ernst. »Was aus deiner Kindheit hat sich in dich eingebrannt?«

Plötzlich hatte er das Gefühl, Kälte kröche in seine Glieder, und vor seinem inneren Auge wurde es dunkel, eine unvollkommene Schwärze, die von schmalen senkrechten und horizontalen Linien aus Licht durchschnitten wurde. »Tja, ich sage es mal so, meine Mutter hatte zwei Töchter geboren und hätte auf einen Nachzügler sieben Jahre später gut verzichten können. Aber immerhin eignete ich mich gut als Sündenbock.« Er setzte sich auf und zündete sich eine Zigarette an. »Sie wurde schnell wütend, dann gab's was mit dem Besen drüber. Überhaupt mochte sie es nicht, wenn ich tagsüber im Haus war. Ich versteckte mich oft vor ihr in einer großen Holzkiste, die auf der Veranda stand.

So auch an einem Tag im Winter, als ich wieder mal zu früh nach Haus gekommen war. Sie drückte mir die Kufen in die Hand, ich sollte zum See gehen und mit den anderen Kindern Schlittschuh laufen, aber ich hatte dazu keine Lust. Und so habe ich stundenlang in der Kiste darauf gewartet, dass mein Vater endlich heimkam, denn dann wäre es sicher gewesen. Es war unglaublich kalt.« Er zupfte sich ein paar Tabakkrümel von der Zungenspitze, bevor er weitersprach. »Schließlich hörte ich, wie mein Vater die Stufen zur Veranda hochging, ich hörte die Tür zuschlagen und wie meine Mutter zum Essen rief, aber ich konnte nicht aufstehen, so steif vor Kälte war ich inzwischen. Ich bekam Panik und glaubte schon, man würde mich erst Tage später finden, zu einem Eisklotz gefroren, aber das Adrenalin kam mir zur Hilfe. Es ging millimeterweise voran, irgendwann war ich aus der Kiste raus.«

»Du liebe Güte.« Simone langte nach dem Aschenbecher, der auf dem Nachttisch stand, und stellte ihn zwischen sie. Er gab ihr die Zigarette, und sie nahm einen tiefen Zug. »Beinahe hättest du dich also mit deiner Sturheit umgebracht.«

»Ich empfand das alles einfach als so unfair. Wahrscheinlich bin ich genau deswegen schließlich Schriftsteller geworden. Ich erkenne Ungerechtigkeit, wenn ich sie sehe, und ich kann es nicht lassen, sie zu thematisieren.«

»Wusstest du denn schon als Junge, dass du schreiben wolltest?«

»I wo, ich hatte nicht einen Gedanken in der Richtung. Auf der Uni habe ich mich zuerst für Soziologie interessiert, und dann kam der Journalismus. Aber Schriftsteller bin ich praktisch aus Versehen geworden, weil eben während der Großen Depression nichts war mit Journalismus, nirgends. Ist nicht viel mehr als eine Laune gewesen, dass ich angefangen habe zu schreiben. Den Rest kennst du ja. Ich wette, die Europäer wissen schon mit fünfzehn genau, was sie werden wollen. Wie war es bei dir, Fröschlein?«

»Wahrscheinlich sogar früher. Mein Vater hat einen regelrechten Kult um Intellektuelle gemacht und mir erzählt, es gäbe kein schöneres Leben als das eines Schriftstellers. Ich liebte Bücher, und mit zwanzig wurde mir bewusst, dass Schreiben wohl der einzige Weg wäre, sich als Frau einen Namen zu machen, also war es beschlossene Sache. Ungelenke Schreibversuche habe ich sogar schon mit sieben oder acht gemacht. Meine erste vollendete Geschichte hieß *Die Familie Cornichon.*« Sie sah ihn erwartungsvoll an, und er schmunzelte brav. »Sie war einerseits inspiriert von dem illustrierten Kinderbuch *Die Familie Fenouillard*, in dem ein Elternpaar mit zwei Töchtern unfreiwillig eine Weltreise macht, andererseits von meiner eigenen Familie. Die Ärmsten gehen bankrott, der Krieg bricht aus, und schließlich reisen sie nach Amerika ab. An der Stelle habe ich aufgehört, mit den Worten, dass es nun ja nichts mehr zu berichten gäbe.«

Sie lachten. »Jetzt hättest du natürlich einiges über Amerika zu erzählen«, sagte er.

»Oh ja, und es wird noch vieles hinzukommen.« Sie schlug die Decke zurück und stand auf. »Auf dem Empfang heute wird zum Beispiel Chaplin sein. Ich weiß nicht, ob man mich ihm vorstellen wird, aber ich sollte mir die Nägel neu lackieren.«

In gespieltem Entsetzen griff er sich an den Kopf. »Aber dann wirst du ja für Stunden nichts anfassen können!«

Sie streckte ihm die Zunge heraus, was umso entzückender aussah, weil sie immer noch vollkommen nackt war. »Ein bisschen Erholung wird dir nicht schaden.«

Damit verschwand sie ins Bad. »*Quod esset demonstrandum!*«, rief er ihr hinterher und ließ sich dann wieder tiefer in die Kissen sinken.

Wenn Simone Termine wahrnehmen musste oder zu einer Party eingeladen war, blieb er auf dem Zimmer und arbeitete ein wenig an seinem Roman oder spazierte durch die Straßen. Nach der ersten Woche in New York erstand er in einem Schreibwarengeschäft einen roten Parker-Füllfederhalter für Simone, der wie mit Speck poliert glänzte. Die Worte, mit denen er ihn ihr überreichen wollte, hatte er sich schon zurechtgelegt: »Damit das Fröschlein nicht vergisst, mir jeden Tag zu schreiben, wenn es erst wieder im heimatlichen Teich schwimmt.« Aber es fiel ihm schwer, den richtigen Zeitpunkt dafür zu finden. Wenn er etwas wie das tat, hatte er schnell das Gefühl, sich eine Blöße zu geben, angreifbar zu werden. Manchmal überwand er diese Sorge. Meistens nicht. Doch Simone hatte ihn schon erstaunlich oft aus der Deckung gelockt. Er war gelöst wie lange nicht mehr.

Sie trafen sich kaum mit Simones Freunden, sie wollte ihn ganz für sich haben, und ihm war es recht. An diesem Morgen aber waren sie mit Richard Wright verabredet, um einem Gottesdienst in Harlem beizuwohnen. Nach zwei Stunden Schlaf standen sie also frisch gestriegelt und bestgekleidet – er trug seinen neuen Ledergürtel, denn Simone hasste die Hosenträger, die er eigentlich bevorzugte – vor der Abyssinian Baptist Church in der West 138th Street, einer großen Armenkirche, die seit der Harlem-Renaissance in den Zwanzigern bekannt für ihre Spirituals war.

Die Begrüßung fiel auf allen Seiten überschwänglich aus. Er hatte Dick nicht mehr gesehen, seit er 1944 in Camp Maxey stationiert gewesen war, aber sie umarmten sich als die guten Freunde, die sie vor langer Zeit einmal gewesen waren.

Dick hatte Chicago 1937 endgültig verlassen, um sein Glück in New York zu machen, und das war ihm mehr als gelungen. Drei Jahre später wurde sein erster Roman ein Bombenerfolg. Dass Dick ihn überflügelt hatte, obwohl doch er selbst als das aufstrebende Talent mit Erfolgsgarantie gegolten hatte, schmerzte manchmal immer noch, aber er gönnte es ihm ohne Wenn und Aber, denn *Sohn dieses Landes* war herausragend und hatte alle Aufmerksamkeit verdient.

Dick hatte ihm das fertige Werk zugeschickt, und die persönliche Widmung hatte ihn umgehauen wie das Buch selbst: »Für meinen alten Freund Nelson, von dem ich immer noch glaube, dass er der beste Prosaautor in den Vereinigten Staaten ist.« Manchmal konnten Worte Wunder wirken. Damals hatten sie ihm den Mut gegeben, weiterzuschreiben. Das würde er Dick nicht vergessen.

»Wird man die Anwesenheit von Weißen nicht vielleicht als störend empfinden?«, fragte Simone Dick, als sie in die Kirche hineingingen.

»Keine Sorge, ich habe mich vorhin schon zu erkennen gegeben und außerdem erzählt, dass du eine Freundin aus Frankreich bist.«

Drinnen ließ man sie in der zweiten Reihe Platz nehmen, gleich neben einigen grau gewandeten Choristinnen. Drei weitere Gruppen, jede in einer anderen Farbe gekleidet und nur eine männlich, waren in der gesamten Kirche verteilt. Mal sangen sie einzeln, mal gemeinsam, und ihre Stimmung strahlte unweigerlich auf die Gottesdienstbesucher aus, die sich in ihren besten Sonntagsstaat geworfen hatten. Zwischendurch gingen ältere Damen aus der Gemeinde nach vorn und berichteten von anstehenden Aktivitäten oder baten um Geld für verschiedene wohltätige Zwecke. Dann trat Reverend Adam Clayton Powell Jr. ans Podium.

»Er sieht gar nicht schwarz aus«, sagte Simone. »Er erinnert mich ein bisschen an Errol Flynn.«

Dick nickte. »Beinahe klassische Gesichtszüge, was? Er hat viele europäische Vorfahren, aber ein einziger Tropfen schwarzen Bluts im Stammbaum reicht, um hier als Schwarzer zu gelten.«

»Er ist auch politisch unterwegs, der erste Afroamerikaner, der für New York in den Kongress gewählt wurde«, raunte Nelson Simone ergänzend zu.

Die mit Humor und vertraulichen privaten Anekdoten gespickte Predigt sorgte für eine Atmosphäre der Gemütlichkeit, die die Sammelteller, mit denen Frauen in weißen Kleidern bald darauf durch die Reihen gingen, gut füllte. Die Bezahlung der Reverends war ein Hohn und die sonntägliche Kollekte ihre größte Einnahmequelle.

Nun ließ Powell die Gemeinde wissen, dass der große Richard Wright anwesend sei, und rief ihn nach vorn.

»Ich bin stolz und glücklich«, sagte Dick nach ein paar Dankesworten, »heute mit zwei Schriftstellern hier zu sein, die ich gleichzeitig auch meine Freunde nennen darf. Der eine widmet sich allen, für die sich sonst niemand interessiert, die andere kommt aus Frankreich, dem großartigen Land, das keine Rassenunterschiede kennt, dafür aber die existenzialistische Philosophie geboren hat.«

Nun drehten sich alle Köpfe zu ihnen und lauter lächelnde Gesichter blickten sie an.

»Wir sollten ein paar Worte sagen«, flüsterte Simone.

»Oh, mach du nur.« Er wollte die Bühne gern ihr überlassen.

Simone erhob sich. »Mein lieber Freund Richard hat ganz recht, aber auch in Frankreich wird es noch lange dauern, bis wirklich alle Menschen die gleichen Möglichkeiten haben. Doch jeder Einzelne von uns trägt nicht nur die Verantwortung für sein eigenes Leben, sondern auch für andere. Darum ist es wichtig, zusammenzuhalten.« Zustimmende Rufe aus allen Richtungen. »Ich bin sehr froh, heute hier sein zu dürfen. Haben Sie vielen Dank.«

Sie setzte sich wieder, und er flüsterte ihr zu: »Nicht zu wenig, nicht zu viel. Gut gemacht.«

Vorn trat nun ein anderer Prediger ans Podium, wo es ihn jedoch nicht lange hielt. Er unterschied sich von seinem Vorredner nicht nur, was das Alter anging, sondern auch in Temperament, Auftreten, Thema und Tonlage. Sein Gesicht glühte vor Leidenschaft, die Haut glänzte bald vor Schweiß. Feuereifer lag in seiner Stimme und trieb auch seine Arme, Beine, den ganzen Körper an, seinen Worten noch mehr Gewicht zu verleihen. »In allen Dingen«, singsangte er, während er auf und ab schritt und sich mit einem Taschentuch mal die Stirn, mal den Mund abwischte, »in allen Taten und Gedanken müsst ihr, müssen wir danach trachten, dem Heiland zu begegnen, Jesu ansichtig zu werden, Jesu Worten zu lauschen und spirituell aus seinem unendlichen Reichtum zu schöpfen. Wenn wir das versäumen, wenn wir das tun, dann kann kein Ding, keine Tat und kein Gedanke je gelingen. Denn der Heiland vermag den Menschen mehr zu geben als jeder Schatz der Erde, als alle Ozeane, Berge, alle Schönheit der Natur, als alle technischen Errungenschaften und sogar, ja sogar mehr als jeder Drugstore!« Er wiederholte und variierte seine Ausführungen, bis nur noch Fetzen übrig waren, seine Stimme schwoll an und ab, überschlug sich, erstarb und erstand wieder auf: Er legte eine Hot-Jazz-Improvisation allererster Güte aufs kirchliche Parkett.

Sein Feuer griff auf die Gemeinde über, sie bestätigte jedes seiner Worte mit Klatschen, Stampfen, Rufen und bisweilen spitzen Aufschreien, ihre Körper wogten, manche weinten. Schließlich begann der Prediger zu zittern, seine Beine gaben nach, und er fiel hintenüber, doch zwei bereitstehende Männer fingen ihn auf und setzten ihn auf einen Sessel. Ein Spiritual wurde angestimmt, und nach und nach standen die Menschen auf und zerstreuten sich, einige gingen ergriffen nach vorn, um dem Prediger die Hand zu geben.

»Ich habe gelesen«, sagte Simone, während sie die Treppe zur U-Bahn hinabgingen, »dass die afroamerikanischen Gottesdienste oft mit Trance- und Hysteriezuständen einhergehen; die Bilder zeigten sich auf dem Boden wälzende Menschen und so weiter. Aber davon habe ich hier nicht viel gesehen, auch wenn es natürlich sehr emotional war.«

»Solche Bilder verbreiten die Weißen gern, weil sie uns so wunderbar alle intellektuellen Fähigkeiten absprechen können«, erklärte Dick. »Die jüngere Generation und besonders die reichen Kirchen hüten sich darum davor, als Antithese für die amerikanische Zivilisation herzuhalten. Teilweise werden nicht einmal mehr Spirituals gesungen.«

»Aber immer noch ist die Religion bloß Mittel zur Ablenkung«, sagte Nelson. »Wer sein Schicksal in Gottes Hand legt, wird doch kaum versuchen, etwas an seiner Situation zu verändern.«

»Das stimmt«, pflichtete Simone ihm bei. »Wäre es nicht viel hilfreicher, wenn diese Predigten die Menschen dem irdischen Leben zuführen würden statt dem Jenseits?«

Dick war anzusehen, dass er innerlich mit den Augen rollte, aber die Bahn fuhr gerade ein, und er wartete mit seiner Antwort, bis sie eingestiegen waren. »Ihr dürft das nicht so verkürzt betrachten. Das irdische Leben spielt sehr wohl eine Rolle. Die Kirche organisiert Wohlfahrtseinrichtungen, Ausflüge zu Konzerten und Vorträgen, sie gibt vielen erst die Möglichkeit, ein wenig am sozialen Leben teilzuhaben. Und sie verdeutlicht die Kraft, die Gemeinschaft haben kann.«

Für den Rest der Fahrt wandten sie sich leichteren Themen zu. Nelson fielen die skeptischen, bisweilen offen feindseligen Blicke auf, die ihre Dreiergruppe immer zahlreicher trafen, je weiter sie fuhren. Die Wrights wohnten in Greenwich, gar nicht weit von ihrem Hotel entfernt, und Dick hatte sie zu einem späten Frühstück eingeladen.

Als sie an der 14th Street ausgestiegen waren, keifte ein altes Mütterchen sie unvermittelt an. »Was gebt ihr euch mit so einem ab?« Sie spuckte aus. »Pfui Deibel!«

Simone holte erbost Luft, um etwas zu erwidern, aber Dick griff nach ihrem Arm und zog sie weiter. »Lass gut sein.«

Mit einem Ruck befreite sie sich. »Ich verstehe wirklich nicht, wie du so ruhig bleiben kannst, Richard.«

»Ach, das war doch nichts«, sagte Dick unbekümmert. »In Brooklyn war es viel schlimmer. Was schwerer auszuhalten ist, ist die Diskrepanz. Auf der Straße werde ich angefeindet und von den Taxis stehen gelassen, die mich eigentlich zu den Partys der High Society bringen sollen, wo man mich dann als Schriftsteller feiert. Meist werde ich übrigens zusammen mit anderen Exoten wie Indern oder Japanern eingeladen.«

»Ist eben ein Abwasch«, warf Nelson ein und beide lachten.

Simone schüttelte heftig den Kopf. »Dass ihr euch noch darüber amüsieren könnt!« Er hätte ihr die Empörung wirklich sehr gern von den Lippen geküsst.

Dicks Haus war innen wie außen beeindruckend. Seine zweite Frau Ellen, die Nelson heute erst kennenlernte, war ein Zuckerstück und hatte ein opulentes Mahl vorbereitet, bei dem es von Rührei mit Speck über selbst gebackenes Brot mit diversen Belägen bis hin zu einem köstlichen Obstsalat an nichts fehlte. Unermüdlich lief sie hin und her, um nachzuholen oder das fünfjährige Töchterchen Julia im Zaum zu halten, das krähend um den Tisch herumsprang und einen Narren an Simone gefressen hatte. Die Kleine war fasziniert von dem Turban, den sie trug, kletterte ihr ständig auf den Schoß und versuchte, danach zu greifen. Simone wusste mit ihr offensichtlich nicht so recht etwas anzufangen, dabei stand das Kind ihr doch ziemlich gut zu Gesicht. Aber seine Gedanken glitten in eine merkwürdige Richtung ab, also zwang er sie zurück zum Tischgespräch.

Dick griff gerade hinter sich ins Bücherregal, zog einen dicken Wälzer hervor und legte ihn auf den Tisch. »*An American Dilemma. The Negro Problem and Modern Democracy.* Wenn du die Situation der Schwarzen hier von Grund auf verstehen willst, kann ich dir Gunnar Myrdals Analyse nur empfehlen. Er zeigt wunderbar die Widersprüche zwischen der amerikanischen Demokratie und dem Glaubensbekenntnis mit seinen Grundsätzen der Gleichheit und Gerechtigkeit einerseits und der Rassendiskriminierung andererseits auf. Myrdal sieht es als einen Teufelskreis: Die Weißen halten ein Zehntel der Bevölkerung von Bildung und Teilhabe an der Gesellschaft fern und nehmen fehlende Leistungen der Schwarzen auf diesen Gebieten dann als Bestätigung dafür her, mit der Unterdrückung weiterzumachen.«

»Ich werde es auf jeden Fall lesen«, sagte Simone. »Ihr müsst wirklich nach Paris kommen, Richard. Du hast im letzten Jahr doch gesehen, dass es wirklich anders bei uns ist.«

»Ob du es glaubst oder nicht, es ist schon beschlossene Sache. Wir regeln hier nur noch ein paar Angelegenheiten.«

Simone schlug mit der flachen Hand auf den Tisch. »Das ist ja wunderbar! Ellen, was sagst du dazu?«

Ellen hatte gerade ihre Tochter wieder eingefangen, die aus Protest sofort jeglichen Muskeltonus aus ihrem Körper weichen ließ und zu Boden sank. »Vor allem wegen Julia ist es richtig, sie soll nicht so aufwachsen.« Sie hob das Kind hoch, das weiterhin und wirklich gut die Rolle eines nassen Sacks spielte. »Entschuldigt mich, ich werde versuchen, sie hinzulegen, sie war heute früh schon um vier wach und wollte einfach nicht mehr einschlafen.« Jetzt kam wieder Leben in das Kind, doch weder Strampeln noch Schimpfen hielten Ellen davon ab, ihren Plan weiterzuverfolgen.

»Es ist wirklich eine Schande«, sagte Nelson. »Ich verstehe euch absolut, aber für Amerika ist es ein schwerer Schlag, einen Schriftsteller wie dich zu verlieren. Es fehlt nicht viel, und ich werde hier und jetzt sentimental.«

»Ach ja. Das waren noch Zeiten, als wir damals zusammen für die *Left Front* geschrieben haben, was? Der John Reed Club hat mich aus der völligen geistigen Isolation geholt.«

Nelson schnaubte. »Damit hatte ich nichts zu tun. Abe hat dich angeschleppt.« Er wandte sich zu Simone. »Abraham Aaron war in den Dreißigern ein guter Freund und auch ein proletarischer Autor. Er schrieb über die Minenarbeiter in North Butler, seiner Heimatstadt. Inzwischen haben wir uns aus den Augen verloren.«

»Wir waren ein praktisch unveröffentlichtes Trio, aber nicht für lange«, fiel Dick ein. »Wir haben uns immer zum Essen im Pixley and Ehlers getroffen und bei einem Teller Bohnen unsere Storys auseinandergepflückt.«

»Wie schön, das zu hören«, sagte Simone. Sie zog zufrieden an der Zigarette, die sie sich eben angezündet hatte, und reichte die Schachtel weiter. »Bisher habe ich hier nämlich den Eindruck gewonnen, die Schriftsteller schrieben jeder für sich im stillen Kämmerlein. Keine Kaffeehauskultur, kein Austausch! Und niemand hier schreibt mit der Hand, jeder hackt in seine Schreibmaschine.«

»Dann weißt du jetzt ja auch, warum wir nicht in Cafés schreiben«, sagte Nelson und zog eine Grimasse. »Wäre ein bisschen umständlich mit der Maschine.« Sie lachten. »Jedenfalls haben wir uns gegenseitig sehr geholfen. Durch das, was ich von Dick über die Lage der Schwarzen gelernt habe, traute ich mich überhaupt erst, dem Protagonisten in meinem ersten Roman zwei schwarze Freunde zur Seite zu stellen. Eigentlich hat er auch eine afroamerikanische Frau geheiratet, aber das musste ich auf Wunsch des Verlegers rückgängig machen.«

»Glücklicherweise musstest du auch den Titel ändern«, sagte Dick. »Wusstest du, Simone, dass *Sohn dieses Landes* eigentlich Nelsons Titel war? Ich habe ihn gefragt, und er hat ihn mir vererbt.«

Sie schüttelte den Kopf. »Bescheiden, wie er ist, hat er mir das bisher natürlich verschwiegen. Für euch beide ist es seitdem stetig bergauf gegangen, das ist großartig.«

Ihm wurde heiß. Nach dem Misserfolg von *Der Gestiefelte* hatte er in Wahrheit einige Jahre lang die gegenteilige Richtung eingeschlagen, und er hoffte, dass Dick ihn jetzt nicht verraten würde.

Anfang April 1935 hatte er den Kopf in den Gasherd gesteckt, aber seine damalige Freundin fand ihn gerade noch rechtzeitig. Ein kurzer Klinikaufenthalt brachte nichts, und auf dem First American Writers Congress leistete er sich Ende April dann einen Nervenzusammenbruch. Dick hatte daraufhin James T. Farrell um Rat gefragt, und dieser wiederum brachte seine Ex-Frau Dorothy dazu, ihn in der Yaddo-Künstlerkolonie in Saratoga Springs unterzubringen, wo er in Ruhe wieder hätte zu sich kommen sollen. Aber er war dort nur eine Nacht geblieben, abgehauen und wieder bei seinen Eltern eingezogen.

»Da spricht doch jemand aus Erfahrung«, grinste Dick nur. Natürlich haute er ihn nicht in die Pfanne, auf ihn war Verlass.

In dem Moment kam Ellen wieder herein, und das Thema war vom Tisch. Wenig später lobte er noch einmal das gute Essen und die wunderbare Gastgeberin, dann machten sie sich auf den Weg ins Brevoort. Die Mittagssonne stand im wolkenlos himmelblauen Zenit. Es war fast schon heiß, doch in den Straßen wimmelte es von Menschen. New York City kannte keine Siesta.

»Lass uns gleich ins Bett gehen, ja?«, sagte Simone. Schweißperlen glänzten auf ihrer Oberlippe. »Ich liebe es, warme Nachmittage im Bett zu verbringen.«

»Nichts dagegen.« Er nahm ihre Hand. »Aber vorher habe ich noch etwas für dich.«

SIMONE

Ihre Wunschvorstellung vom Zusammensein mit einem Mann war immer die gewesen: gemeinsam arbeiten, aber niemals zusammen wohnen, denn damit wäre die Ablehnung der bürgerlichen Ehe wertlos gewesen. Ein Leben unter ähnlichen Bedingungen, in dem es etwa einen Haushalt zu führen gab, würde am Ende doch nur wieder die traditionelle Rollenverteilung zur Folge haben. Darum hatten Sartre und sie immer in verschiedenen Hotelzimmern gewohnt und waren zum Essen ausgegangen.

Sie hatte nie gekocht, nicht einmal für sich selbst – abgesehen natürlich von den härtesten Jahren des Zweiten Weltkriegs und der Besatzung. Bald waren Lebensmittel nicht mehr nur rationiert, sondern vor allem im Winter äußerst knapp gewesen. Damals hatte sie gelernt, Eintopf aus allem zu machen, was zu bekommen war. Man durfte nicht zimperlich sein: Wie oft hatte sie heimlich Maden von einem Stück Fleisch abgekratzt, weil Sartre sich sonst geekelt hätte?

Dank ihrer Eintöpfe war auch der Kreis der männlichen und weiblichen Freunde und Liebhaber, der *la petite famille* geworden war – im Wesentlichen Olga, Wanda, Nathalie, Bost und Merleau-Ponty, dazu einige, die kamen und wieder gingen –, durchgefüttert worden. Sartre und sie hatten für die überwiegend Jüngeren nicht nur die Mentoren-, sondern auch eine Art Elternrolle übernommen. Aber je mehr Körper ihr eiskaltes Hotelzimmer ein wenig aufgeheizt hatten, umso besser.

Doch Krieg war Krieg, und auch wenn die Lebensmittel jetzt immer noch rationiert waren, hatte sie ihr altes Leben weitgehend wieder aufgenommen. Was sie vermisste, war das geliebte Idealbild: Sartre und sie gemeinsam im Café oder im Hotel bei der Arbeit, immer im Austausch, gegenlesend und redigierend, woran der andere gerade schrieb. Vor allem im letzten Jahr eine Seltenheit.

Aber nun saß sie in einem Hotelzimmer und fand ihre Vorstellung wiederbelebt, allerdings mit einem anderen Mann und unter anderen Vorzeichen. Doch wie schön war diese geschäftige Stille, nur durchbrochen vom Kratzen der Feder auf Papier und dem Anschlagen der Typen von Nelsons Maschine! Er arbeitete neben ihr am Schreibtisch an seinem Manuskript, sie notierte im Sessel stichwortartig Nennenswertes der vergangenen Tage und Wochen in ein Heft auf ihren Knien und benutzte dazu den schönen roten Füller, den er ihr geschenkt hatte. Zu Beginn der Reise hatte sie keine Notizen gemacht, was sie jetzt ärgerte, denn natürlich hatte sie vor, über ihre Beobachtungen Artikel für *Les Temps Modernes* zu schreiben. Nach dem Besuch des Gottesdiensts vor zwei Tagen wollte sie nun eigentlich ihre Erkenntnisse zur Situation der Schwarzen zusammenfassen, doch etwas anderes ging ihr nicht aus dem Kopf.

Sie stand auf, um ihnen beiden Wasser nachzuschenken, und schnitt einen Apfel in Scheiben. Den Teller stellte sie Nelson hin. »Hier, du musst doch was essen. Sag, kannst du eine Pause machen? Mir brennt etwas unter den Nägeln.«

Nelson sah auf und schob die Brille hoch, die ihm auf die Nasenspitze gerutscht war. »Natürlich.«

»Als wir bei den Wrights waren ...« Sie seufzte. »Ellen scheint sich für ihren Mann und ihr Kind völlig aufgegeben zu haben. Für Richard hat sie mit ihrer Familie gebrochen, das war mutig, aber hat sie das getan, um dann als Hausmütterchen zu enden? Sie ist intelligent, hatte vorher in der kommunistischen Partei eine Position und hat Reden gehalten. Warum verfolgt sie keine eigene Karriere?«

»Na ja, vielleicht will sie es einfach so. Ich fand, sie war eine sehr gute Gastgeberin.« Nelson drehte sich mit dem Stuhl in ihre Richtung. »Du weißt ja, dass ich schon mal verheiratet war. Ich sagte Amanda gleich zu Beginn, dass Kinder für mich nicht infrage kämen. Und ich wollte eine echte Partnerin, keine Hausfrau. Ich bestand darauf, dass sie arbeiten ging und wir uns alle Kosten teilten, wir waren schließlich bettelarm, als wir uns Ende 1935 kennenlernten. Aber sie hatte Mittelklasseambitionen, wollte alles, was zum Klischee dazugehört: ein Haus, Kinder, versorgt sein von ihrem Ehemann, während sie für ein ebenso gemütliches wie präsentables Heim verantwortlich ist und Mann und Nachwuchs nach Strich und Faden verwöhnt.« Nachdenklich steckte er sich einen Apfelschnitz in den Mund. »War klar, dass alles ganz furchtbar den Bach runtergehen würde, als ich ihr das verweigerte. Ich war ein echt mieser Ehemann.«

»Ach was, ihr habt bloß nicht zueinandergepasst«, sagte sie und lehnte sich vor. »Aber ich verstehe einfach nicht, warum so viele Frauen diese Rolle ganz freiwillig übernehmen. Zu meinen Vorträgen an den Unis kamen so viele patente junge Frauen, aber aus Angst, als Blaustrumpf zu gelten, machen sie sich andernorts klein und halten den Mund.«

Es war wirklich erschreckend gewesen, was sie auf ihrer Tournee erlebt hatte. In den Colleges von Smith und Wellesley berichteten die Mädchen ihr, sich durchaus für die wichtigen Dinge wie Wirtschaft und Soziales zu interessieren, doch da das nicht gut ankäme, würden sie es verbergen. Wenigstens hatten sie gewisse Ambitionen gehabt, doch das war längst nicht überall so gewesen. Am Vassar College trugen die jungen Frauen üblicherweise eine praktische Kluft aus aufgekrempelten Trainingshosen mit weiten Männerhemden und flachen Schuhen. Doch wenn sie übers Wochenende in die Stadt fuhren, kleideten sie sich wieder für die Männer, beschwerten sich mit Federhüten, Schleiern, Blumen und Pelzen und quälten sich in den Gang lähmenden Absatzschuhen, um zu gefallen. Am Randolph-Macon College hatten die Mädchen ihr im Plauderton erzählt, dass es schon in Ordnung sei, für ein oder zwei Jahre einer Arbeit nachzugehen. So könnten sie ihre

Unabhängigkeit beweisen und verschiedene Männer kennenlernen, denn das höchste Ziel, die Bestimmung, war für sie dann doch die Ehe. Mit allem, was daraus folgte.

»Was für eine Befriedigung finden sie immer noch darin, durch andere zu leben, was für eine Erfüllung? Ich dachte, hier wären die Frauen schon viel weiter, obwohl sich in Europa in den letzten Jahren auch einiges geändert hat. Seit inzwischen drei Jahren dürfen Frauen in Frankreich wählen.«

Nelson verschluckte sich fast an einem Apfelstück. »Seit drei Jahren erst? Das kann ich fast nicht glauben.«

»Aber selbst dreißig Jahre hier plus siebzig Jahre Frauenrechtskampf davor haben ganz offensichtlich noch nicht allzu viel verändert.«

Natürlich hatte sie eine Ahnung, woran das liegen konnte. Ihre Gedanken dazu hatte sie im Februar in ihrem Artikel für die *France-Amérique* in Worte gefasst: Das Problem der von Frauen geschriebenen Literatur und deren geringerer Erfolg war mitnichten ein Problem mangelnden Talents, und das galt natürlich ebenso für andere Bereiche. Jahrhundertelang waren es ausschließlich Männer gewesen, die die Welt gestalteten. Frauen hatten einen Platz darin gehabt, doch ohne die selbstverständliche Ermächtigung, diese zu erforschen, zu dominieren und letztlich auch künstlerisch zu formen. Frauen hatten es noch nicht gelernt, sich Raum dafür zu nehmen, es fehlte ihnen die Dreistigkeit dazu. Schließlich wurde ihnen von klein auf Bescheidenheit als größte Tugend eingeimpft. Und dass sie diesen Raum überhaupt ausfüllen konnten, mochten die meisten Männer kaum glauben, ein Blick in die Geschichte bezeugte schließlich anderes. Ein Teufelskreis ganz ähnlich dem, mit dem die Schwarzen zu kämpfen hatten.

»Weißt du«, sprach sie weiter, »in Frankreich ist mir all das gar nicht so aufgefallen, weil ich selbst immer anders gelebt habe. Alle meine Freunde lehnen wie ich ein bürgerliches Leben ab. Für meine Artikelserie über die Frau werde ich tiefer graben müssen, als ich eigentlich gedacht hatte, um bis an die Wurzeln des Übels zu gelangen.«

»Vielleicht solltest du dann sogar ein ganzes Buch daraus machen?«

Sie sah ihn überrascht an. »Daran habe ich tatsächlich auch schon gedacht.«

Nelson reichte ihr ein Stück Apfel, dann senkten sie die Köpfe wieder auf ihre Arbeit. Doch schon wenig später bemerkte sie, dass er sie amüsiert lächelnd betrachtete.

»Was ist?«

»Tja, nicht dass ich etwas dagegen hätte, aber ich glaube, du umsorgst und verwöhnst mich mindestens ebenso sehr wie diese Frauen ihre Ehemänner.« Er wies auf den kleinen Teller. »Der beste Beweis, und du machst das dauernd!« Sie wollte protestieren, aber er legte ihr rasch den Finger auf die Lippen. »Du räumst mir hinterher – ich weiß, ich bin chaotisch, aber das bräuchtest du nicht tun –, und einmal hab ich dich sogar dabei erwischt, wie du mir nachts die Decke bis übers Kinn gezogen hast!«

Einen Moment lang war sie wie vor den Kopf geschlagen. Er hatte recht! Hier, mit ihm, *für ihn*, tat sie all das, was sie eigentlich verachtete, und fand sogar großen Gefallen daran. »Das kommt vermutlich daher, dass ich dich liebe.« Ein wenig erschrocken schloss sie den Mund. Sie hatte die besonderen Worte schon im Geiste zu ihm gesagt; jetzt waren sie ausgesprochen.

Nelson schien ähnlich erschrocken wie sie selbst. Er schluckte schwer und brauchte einen Moment, seine Fassung wiederzufinden. »Na gut«, sagte er schließlich, »dann will ich es dir natürlich gern durchgehen lassen.«

Am 10. Mai, dem Tag, an dem sie eigentlich zurückgeflogen wäre, wollte Nelson unbedingt ausgehen. »Ich lade dich ein. Zur Feier deines Nicht-Abschieds. Lass uns ins Kino und dann schick essen gehen. Ich ziehe auch das neue Hemd an, das du mir ausgesucht hast!«

Sie hatte ihren Abflug verschoben, weil Sartre sie darum gebeten hatte. Offenbar gab es Probleme mit Dolores, die er in Ruhe regeln wollte, und natürlich hatte das ihre anfängliche Sorge neu entfacht. Inzwischen war sie mehr als dankbar für die zusätzliche Zeit mit Nelson, also warum nicht ein bisschen feiern?

Am Broadway wurde der neueste Chaplin gegeben – *Monsieur Verdoux*, eine tiefschwarze Komödie über einen ehemaligen Bankangestellten, der während der Weltwirtschaftskrise zum Heiratsschwindler und Serienmörder wurde, um den Lebensunterhalt für Frau und Kind zu sichern. Die Kritiken bezeichneten den Film als antiamerikanisch und unmoralisch, einen Skandal. Folglich wollten ihn nun alle sehen, darum besuchten sie die Nachmittagsvorstellung, um dem größten Andrang zu entgehen.

Unter den gegebenen Umständen hätte sie den Film wirklich gern gut gefunden, doch leider bot er wenig Anlass dazu. Auf dem Weg zum Restaurant diskutierten sie ein wenig darüber. »Die Dialoge waren so unglaubwürdig wie der Kerl auf der Party, der mir weismachen wollte, Chaplin sei ein Existenzialist«, befand sie. »Hölzern wie der Hammer, mit dem man uns die Botschaft einprügeln wollte.«

»Du meinst, weil Verdoux später erkennt, dass er als Rüstungsfabrikant leichter und mehr Geld hätte machen können?«, fragte Nelson zerstreut. Seit sie aus dem Kino gekommen waren, wirkte er seltsam fahrig und nervös.

»Unter anderem. Was ist denn mit dir?«

Er nahm ihre Hand von seinem Arm und drückte sie. »Warte hier, ich bin gleich wieder zurück.«

Und schon war er umgekehrt und im Getümmel bald nicht mehr auszumachen. Erinnerungen an den verpfuschten Tag in

Chicago wurden wach. Es würde doch nicht wieder so eine seltsame Episode folgen? Sie wischte den Gedanken fort und wandte sich der Auslage eines Hutgeschäfts zu.

Drei Schaufenster weiter war er immer noch nicht zurück, und sie überlegte schon, ihm nachzugehen. Doch dann endlich sah sie ihn, und als er sie vor dem Antiquitätenladen entdeckte, winkte er ihr zu.

»Was ...?« begann sie, als er vor ihr stand, doch er verschloss ihr den Mund mit einem kurzen Kuss. Mittlerweile musste er deswegen keine Rüge mehr fürchten.

»Schließ die Augen«, sagte er, und sein zugleich ernster und bewegter Blick machte, dass sie nicht nachfragte, sondern es einfach tat. Er nahm ihre Hand. »Seit ich dein ›ich liebe dich‹ nicht erwidert habe, fühle ich mich schlecht. Ich wollte dir das Gleiche sagen, aber irgendwas hat meinen Mund verklebt. Dabei bist du für mich sicher wichtiger als ich für dich.« Ihr Herz begann, heftig zu schlagen. Dann spürte sie, wie er ihr etwas über den Mittelfinger schob. »Das hier soll es dir zeigen.«

Sie öffnete die Augen. Ein silberner Ring, ein flaches, kunstvoll verziertes Band, das ihr bis zum Mittelgelenk reichte, steckte an ihrem Finger. »Nelson«, sagte sie. »Er ist wunderschön.«

Er lachte ein wenig zittrig. »Im Kino habe ich mir den Kopf zermartert, was ich unternehmen kann. Dann habe ich den Ring im Schaufenster gesehen und dachte, er würde dir gefallen.«

Sie fiel ihm um den Hals, der Strom der Vorübergehenden war ihr einerlei. »Ich werde ihn nie mehr ablegen.«

Später, in der Dunkelheit des Hotelzimmers, flüsterte sie ihm zu: »Wie du mir den Ring übergestreift hast, kam ich mir beinahe vor wie eine Braut.«

Nelson küsste ihr Haar und zog sie dichter an sich. »Ich hätte nichts dagegen gehabt, wäre es so gewesen.«

Sie brauchte einen Moment, bevor sie etwas entgegnen konnte. »Dann soll der heutige Tag so etwas wie unsere heimliche Vermählung sein. Wir tun einfach so als ob.«

Und da, geschützt von der schwarzen Decke der Nacht, sagte er es: »Ich liebe dich.«

Von nun an befanden sie sich im Honeymoon.

Am Tag vor ihrer Abreise standen sie spät auf und beschlossen, einen letzten Spaziergang zu machen und dann essen zu gehen. »Einen besonderen Ort habe ich noch, den ich dir zeigen kann«, versprach sie Nelson.

Sie folgten der 5th Avenue in Richtung Broadway bis zum Times Square. Natürlich kamen sie unterwegs schon an zahlreichen Diners vorbei, auf die ihr liebster Spaßvogel im Vorbeigehen prompt mit hängender Zunge zeigte, aber sie hatte anderes im Sinn. Nach dreißig Blocks blieb sie vor genau dem Drugstore stehen, in dem sie vor Monaten gelernt hatte, wie man ein Sandwich aß.

»Und hier sind wir«, sagte sie mit präsentierend ausgestreckten Armen.

»Wie bitte? Also, das ist ja wirklich mal ein außergewöhnlicher Ort. Im Leben habe ich so was noch nicht gesehen!«

Sie lachte und schob ihn hinein. »Hier habe ich gegessen, als ich zum ersten Mal allein unterwegs war. Das BLT-Sandwich mit Orangensaft war gleich ein Grund, Amerika zu lieben.«

»Pah, ich dachte, der Grund wäre ich.«

Sein empört zerknautschtes Gesicht war köstlich. »Du musst das verstehen, es war eben vor dir da.«

Sie bestellten an der Sandwich-Theke und setzten sich dann an einen der Tische am Fenster. Nelson hatte ein Reuben on Rye gewählt und behauptet, das wäre *seine* große Liebe, aber er aß nur halbherzig und starrte die meiste Zeit nach draußen, wo das Leben ungerührt von ihrem nahenden Abschied einfach weiterging. Schon seit gestern war ihm der Kummer deutlich anzusehen, auch wenn er ihn mit seinen Scherzen zu überdecken suchte. Tränen begannen in ihren Augen zu brennen, ihre Finger tasteten nach dem Ring an ihrer Hand.

»Werden wir einander verlieren, wenn du erst weg bist?«, fragte Nelson plötzlich, ohne sie anzusehen. Seine Frage gab ihr einen Stich.

»Nein«, presste sie an einem Kloß in ihrem Hals vorbei. »Ich sage dir: Mich wirst du nicht verlieren, niemals.«

Jetzt blickte er sie an. »Und du wirst mich nicht verlieren.«

Es war zu spät. Sie hatten aus einem Reiseabenteuer tatsächlich Liebe werden lassen. Jetzt mussten sie die Konsequenzen tragen.

Die letzten gemeinsamen Stunden vergingen wie ein Atemzug, und dann war es so weit. Sie lief zwischen Zimmer und Bad hin und her und packte die allerletzten Dinge ein. Bald wäre jeder Hinweis auf ihre Anwesenheit verschwunden. Nelson saß im Sessel und sah ihr mit ernster Miene zu.

»Lass uns hier Lebewohl sagen, du musst nicht mit runterkommen.« Sie würde es nicht aushalten, ihn aus dem Taxi heraus immer kleiner werden zu sehen.

»Kommt nicht infrage, ich will dir doch nachwinken.« Er stand auf und gab ihr ein in braunes Papier eingeschlagenes Päckchen. »Erst im Flugzeug aufmachen.«

Sie hatte keine Kraft, ihm das Mitkommen auszureden. »Also gut.«

Nelson nahm ihr Gepäck, und sie sagte ein stummes *Adieu* zu dem kleinen Zimmer, in dem sie so viel Zeit miteinander verbracht hatten. Einen langen Flur, einen Aufzug, eine Lobby, einen Türsteher, der ein Taxi heranwinkte, einen sich öffnenden Kofferraum: Mehr brauchte es nicht für kein Zurück.

»Auf Wiedersehen, mein verrückter Frosch«, sagte Nelson rau, und sie begann zu schluchzen, bevor er das letzte Wort gesprochen hatte. Er zog sie an sich, sie krallte die Hände in seinen Rücken, und so hielten sie sich für einen Moment gegenseitig.

»Ich komme wieder«, flüsterte sie gegen seine Brust.

»Anders geht es nicht.«

»Nächstes Frühjahr, spätestens.«

Nach einem letzten Kuss stieg sie ein, und das Taxi fuhr los. Man werde blind vor Tränen, so hieß es, aber das war nicht wahr. Da stand Nelson, ihr Krokodil, winkte und wurde kleiner und kleiner. Von einem Weinkrampf regelrecht geschüttelt wandte sie sich ab.

»Sie und ihr Ehemann werden wohl lange getrennt sein, was?« Mitfühlende Augen blickten sie aus dem Rückspiegel heraus an.

Sie wollte dem Fahrer nicht widersprechen, was Nelson anging. Aber vielleicht war es die Gelegenheit, einen ersten Schritt in die Realität zu wagen. Stumm schüttelte sie also den Kopf.

»Dann wohl ein sehr guter Freund? Er sah entsetzlich traurig aus.«

Plötzlich wollte sie dem Fahrer ihr Herz ausschütten. »Wir sind so traurig, weil ich fortgehen muss. Und Paris ist so fern!«

»Paris?« Offenbar wollte der Fahrer sie ablenken, indem er nun sehr nett über die Stadt zu sprechen begann.

Bis sie den Flughafen erreichten, hatte sie sich wieder gefangen und hielt sich gut bis nach dem Boarding. Gleich nachdem sie sich auf ihrem Platz eingerichtet hatte, öffnete sie Nelsons Päckchen. Mehrere Bücher waren darin, darunter das lang erbetene *Nacht ohne Morgen*. Sie wollte sofort darin lesen und begann eben zu bedauern, Nelson nicht gebeten zu haben, ihr ein paar Worte hineinzuschreiben, da sah sie schon, dass sie ihn nicht hätte bitten müssen. Auf der ersten Seite stand in seiner schönen geschwungenen Handschrift ein Gedicht.

»À Simone

Ich gebe dieses Buch dir mit,
damit es gehen kann
wo immer du hingehst:
Durch das murmelnde Abendlicht
der geschichtenumwobenen Straßen
deines ureigenen Frankreichs.

Simone, auch dies Gedicht geb ich dir mit,
mit ihm folgt dir ein Teil von mir auf Schritt und Tritt.«

Nun war die mühsam zurückgewonnene Selbstbeherrschung wieder dahin. Abgewandt vom restlichen Leben in der Flugkabine drückte sie die Stirn ans Fenster und weinte, das Meer blau und unbewegt unter sich. Wie süß doch solche Tränen waren und wie weh sie dennoch taten! Sie liebte ihn tatsächlich, daran bestand kein Zweifel. Im Moment konnte sie sich nicht vorstellen, wieder ohne ihn auskommen zu müssen, und aus seinen Zeilen sprach, dass es ihm genauso ging. Durch sein Gedicht wollte er bei ihr sein, aber dafür brauchte es gar nichts Materielles. In ihrem Geist formten sich die Worte, die sie ihm später, wenn sie ein wenig in dem Buch gelesen hätte, schreiben würde.

»Wenn du zu unserem kleinen Zuhause zurückkommst, werde ich schon dort sein, unter dem Bett versteckt und allgegenwärtig. Ich werde ab jetzt immer bei dir sein, mein Geliebter, wie es eine liebende Frau bei ihrem geliebten Mann ist. Wir werden kein Erwachen erleben, denn dies war kein Traum, sondern eine wunderbare und wahre Geschichte, die gerade erst beginnt.«

ZWEITE ZWISCHEN-ZEIT

(Mai bis August 1947)

Chicago und Paris,
18. Mai bis 23. August 1947

NELSON

Der Kater hatte ihm während seiner Abwesenheit aus Protest ein paar Haufen vor die Tür gesetzt, war aber nicht zu stolz, ihm jetzt den dargebotenen Schinken aus der Hand zu reißen und gierig zu fressen. Er würde Simone davon schreiben, sie hatte sich Sorgen um den kleinen Herumtreiber gemacht. Die Wohnung roch schal – der Hauch von ihrem Parfum, den er wahrzunehmen glaubte, musste Einbildung sein – und kam ihm viel größer vor als früher. Der Tiger folgte ihm auf Schritt und Tritt, stürzte sich dann plötzlich auf etwas und begann, es mit der Pfote durch den Raum zu schieben. Ein dumpfer Stein drehte sich in Nelsons Magen, als er erkannte, dass es eine Haarnadel war.

»Sch, weg da!«, rief er, hob die Nadel auf, wog sie einen Moment in der Hand und legte sie dann in eine Schublade des Nachttischs. Er würde böse Trübsal blasen, wenn er nicht rasch etwas unternahm. Ein Sturz in die Arbeit wäre sicher das Beste.

Ab jetzt gehörten die Tage im Wesentlichen wieder dem Schreiben, und in den Nächten warf er sich in Situationen, aus denen sich interessante Szenen entwickeln ließen. Bald ertappte er sich jedoch auch dabei, wieder öfter am Pokertisch zu sitzen oder sein Geld bei Pferdewetten zu verlieren. Simone ging es noch schlechter als ihm, das tat ihm wohl und weh zugleich. Für jeden Brief, den er ihr schrieb, erhielt er zwei zurück; sie berichtete von Tränen und Niedergedrücktheit, ihrer Flucht aus Paris aufs Land, weg von all ihren Freunden, weil sie lieber allein sein wollte, nannte sich seine Ehefrau und beteuerte ihm immer wieder ihre Liebe, besiegelt mit Lippenstiftküssen oder beigefügten getrockneten Blumen.

Im Frühjahr wollte sie wiederkommen, im Frühjahr sollte auch sein Roman abgegeben sein, doch er hatte immer noch keine klare Linie gefunden. Niemals würde das Manuskript bis zum Termin Veröffentlichungsreife erlangen. Frankie Machine sollte am Ende des Romans sterben, aber er wusste bisher weder wie noch warum. Er informierte Ken McCormick und schickte das bisherige Material an seine Agentin Madeleine Brennan. »Da fehlt ein Haken, an dem sich alles aufhängen lässt«, fasste sie sein eigenes Dauergefühl zusammen.

Ihm war die Idee gekommen, Frankie zu einem Morphinsüchtigen zu machen. Ein bekanntes Problem vieler Veteranen. Anfang des Jahres hatten die Zeitungen genüsslich die Geschichte von Barney Ross breitgetreten, dem Boxer, der mit vernarbten Schrapnellwunden und dem Affen der Sucht auf dem Rücken aus dem Krieg heimgekehrt war und sich selbst für vier Monate in eine Klinik eingewiesen hatte, um ihn wieder loszuwerden. Es sei sein härtester Kampf gewesen, sagte er in einem Interview. Doch noch kein Autor hatte das Thema bisher angefasst. Madeleine hielt es gerade deshalb für eine sehr gute Idee, nur war Nelson außerdem der Meinung, sich noch nicht gut genug in der Sache auszukennen. Doch dann kam ihm der Zufall zu Hilfe.

Als er eines frühen Morgens aus einer Kneipe in der Madison Street stolperte, regnete es so heftig, dass ein Kumpel namens Jack ihm anbot, mit zu ihm zu kommen, da er gleich um die Ecke wohnte. Das winzige Häuschen erinnerte Nelson an einen besseren Kaninchenverschlag, aber er nahm gern an. Drinnen waren alle entweder noch oder schon wieder auf den Beinen. Jack stellte ihm seine Frau und deren Ex-Mann vor, aber es waren noch andere Leute da, zwielichtige Gestalten, die alle auf etwas zu warten schienen.

»So, Zeit fürs Frühstück«, sagte plötzlich einer und verschwand mit einer Zigarrenkiste im Bad, und Nelson wusste gleich, was das zu bedeuten hatte. Wenig später kam der Mann wieder heraus, gab die Kiste weiter, und der Nächste schloss die Tür hinter sich.

»Willst du auch?«, fragte Jack.

Aber so weit würde Nelson für die Recherche nicht gehen. »Danke, ich frühstücke nie.«

Jack lachte. »Weißt du, ich nehm das Zeug nur, weil ich im Moment tierisch nervös bin. Die Bullen suchen mich, ich muss immer 'n Ohr und 'n Auge bei der Tür haben. Aber ich hab's voll unter Kontrolle. Wenn Gras über die Sache gewachsen is, hör ich sofort wieder auf.«

Von diesem Tag an stattete Nelson dem Kaninchenstall häufiger einen Besuch ab, immer ein paar Bier und verschiedene Süßigkeiten in einer Papiertüte dabei. Junkies standen auf Zucker, auch wenn sie sonst kein großes Interesse am Essen hatten.

Eines Abends rief ihn Jacks Frau an. »Er ist krank«, sagte sie weinerlich und setzte mit ihrem Tonfall das letzte Wort in Anführungszeichen. »Er braucht seine Medis, aber er kann ja nich zu nem normalen Arzt gehen!« Die Art, wie sie auch in diesem Satz die Betonung setzte, ließ keine Fragen außer einer mehr offen.

»Was kann ich tun?«

»Wir haben nichts mehr hier, und er is schon voll auf Turkey! Und Kohle haben wir auch nicht. Hilfst du uns?«

»Natürlich.«

Kurz darauf stand ein Taxi mit zwei von Jacks Kumpeln darin vor der Tür. Sie dirigierten den Wagen in eine der zwielichtigsten Seitenstraßen unter der El, und Nelson kaufte Morphium für neun Dollar.

»Deine Medikamente«, sagte er, als er vor Jack stand, der sich schweißgebadet auf dem Sofa krümmte und vor Dankbarkeit auf-heulte. Nichts, gar nichts hatte dieser Kerl mehr unter Kontrolle.

»Guck mich nich so an«, weinte er. »So ergeht's jedem mit dem Teufelszeug!« Einer der Männer half Jack, den Druck zu setzen, und so hatte er bald allen Jammer vergessen.

Es gab tragischere Figuren als Nelsons alten Saufkumpan, näm-lich diejenigen, die noch versuchten, aus diesem Leben auszubre-chen. Da war Paula Bays, eine Prostituierte mit beeindruckender Persönlichkeit und einer besonderen Gabe zum Geschichtener-zählen, die nicht nur für ihre Droge, sondern auch für ihren Mann anschaffte und dennoch nicht aufhören wollte zu träumen. Oder der Taxifahrer, der nachts als Drummer arbeitete und hoffte, ei-nes Tages groß rauszukommen, während er tagsüber öfter auf der Suche nach einem Fix als nach Fahrgästen war.

Aus all diesen Menschen setzte sich Francis Majcinek schließ-lich neu zusammen, und plötzlich erschien Nelson alles stimmig. Er begann, sein Manuskript neu abzutippen, und nahm noch andere Änderungen vor, stellte Frankie einen schwachsinnigen Freund zur Seite, der davon lebte, Hunde zu stehlen und entwe-der den Finderlohn zu kassieren oder sie nach diversen Behand-lungen mit Schere und Färbungsmitteln als Rassetiere zu ver-kaufen.

Frankies Frau Sophie, die nach einem von ihm verursachten Autounfall im Rollstuhl saß, verpasste er einen gewaltigen psy-chischen Knacks und ein mit Zeitungsartikeln gefülltes Heft mit der Aufschrift »Mein Sammelalbum von Tödlichen Unfellen«. Da-mit hatte keines seiner Erlebnisse im Kaninchenstall etwas zu tun; er war darauf gekommen, als er einmal an Simones Freude an Sensationsnachrichten zurückgedacht hatte. Er berichtete ihr in einem Brief davon und war sicher, sie würde diebischen Spaß daran haben.

Entgegen seinen Befürchtungen schien die Trennung ihnen

beiden wirklich nicht zu schaden. Sie schrieben einander regelmäßig und hielten sich über die Ereignisse in ihrem Leben auf dem Laufenden. Er schickte Simone einige seiner Lieblingsromane, die neuen Charakterskizzen für sein Buch und diskutierte Überlegungen für den Titel mit ihr; sie berichtete ihm, wie schwer es ihr fiel, wieder ins Schreiben zu kommen, und dass sie beschlossen hatte, das Buch über die Frauen erst einmal ruhen zu lassen und stattdessen ausführlich ihre Erfahrungen in Amerika zu verschriftlichen. Sie bat ihn um einige Informationen, und er sandte ihr Artikel und Bücher zu, die ihr behilflich sein konnten.

Doch noch mehr als alles andere schrieben sie über ihre Gefühle füreinander, und in ihm reifte der Entschluss, ihr einen Heiratsantrag zu machen, wenn sie wieder in Chicago war – dann hoffentlich ohne eine erneute Rückkehr nach Europa.

Schon bald stellte sich jedoch heraus, dass er so lange nicht warten konnte. Als Simone mit Sartre auf Reisen ging, wurde er unsicher und fragte sie Ende Juli schon per Brief, ob sie beim nächsten Besuch nicht für immer bleiben wolle. An ihrer Antwort allerdings hatte er einige Tage zu kauen.

SIMONE

Sie hatte sich darauf gefreut, Paris wiederzusehen, doch die Stadt kam ihr grau und tot vor, die Menschen im Gegensatz zu den stets freundlichen Amerikanern im Allgemeinen und dem warmen Nelson im Besonderen übellaunig und kalt. Kein Wunder, denn den meisten ging es schlecht. Es fehlte immer noch an vielem, die Brotrationen waren verkleinert worden, und die Arbeiter, die kein Geld für den Schwarzmarkt hatten, hungerten. Aber wann und wo sie ihr liebes Krokodil wiedersehen würde, war das Einzige, woran sie denken konnte.

Um nicht in ihrem Kummer zu ertrinken, nahm sie in den ersten Tagen Orthedrin, von dem Sartre wie von allem einen großen Vorrat besaß, aber es bescherte ihr bloß Angstzustände und Albträume.

Eigentlich hatte sie die ersten zwei Wochen nach ihrer Rückkehr nur mit ihm verbringen wollen, nur befand sich Dolores immer noch in Paris. Das Kennenlernen in New York war letztlich doch bloß Formsache gewesen, sie hatte Simone keineswegs – ebenso wie umgekehrt – ins Herz geschlossen und legte nun keinen Wert auf ein Wiedersehen.

La petite famille war in Aufruhr, wie ein Schwarm aufgeregter Spatzen fiel sie über Simone her, empörte sich wild durcheinanderplappernd über die unverschämte Amerikanerin. Erst hatte Dolores nicht gehen wollen, dann sogar beschlossen, ihren Mann zu verlassen und Sartre zu heiraten. Im Blick von jedem einzelnen ihrer Lieben sah Simone, dass sie hofften, sie würde nun – wie sie es auch sonst immer tat – eine Lösung für das Problem finden, aber sie blieb unbeteiligt und vergrößerte den Aufruhr damit noch.

Bald hatten sie den Ring als mögliche Ursache ausgemacht und zeigten sich verblüfft, als sie ihnen von dem Mann namens Nelson Algren erzählte und davon, dass sie den Ring nie mehr ablegen wollte, da sie ihn als ihren Ehemann betrachtete.

Alle hatten sich Sorgen darum gemacht, *la petite famille* könnte auseinanderfallen, wenn Sartre Dolores tatsächlich heiratete; dass Simone etwas in der Richtung anstellen könnte, war in ihrer Welt nicht einmal als Möglichkeit vorgekommen.

Um den Spannungen zu entgehen, floh sie aus Paris aufs Land nach Saint-Rémy-lès-Chevreuse, in ein blau-gelbes Landhaus, in dessen Garten wunderschöne Rosen blühten. Spazierend ließen sich der Wald und die Ruinen des alten Klosters Port-Royal des Champs erreichen, unterwegs grüßten die Kühe auf der Weide.

Sartre war mit ihr gekommen, einerseits, um sein Versprechen, die erste Zeit allein mit ihr zu verbringen, zu halten, andererseits, um vor Dolores zu fliehen. Abends fuhr er jedoch oft nach Paris zurück, da seine Geliebte sonst am Telefon vollständige Dramen aufführte.

Hier, in der Abgeschiedenheit, wurden sie einander endlich wieder vertrauter, unterhielten sich über alles, und er freute sich für sie wegen Nelson. Beinahe war es wie früher. Dennoch fragte sie sich, ob der Zeitpunkt nahe war, an dem ihr Pakt ein Ende finden würde.

Damals, 1929, erschien es Sartre und ihr nach langen Diskussionen wie die perfekte Idee, die individuelle Freiheit auszukosten, ohne auf die Geborgenheit eines Alter Egos verzichten zu müssen. Es war ein Vorschlag Sartres gewesen, nachdem sie seinen Heiratsantrag abgelehnt hatte. Er hatte sich dazu genötigt gefühlt, damit sie während seines Militärdiensts Anspruch auf eine Lehranstellung in räumlicher Nähe zu ihm erhielt und öfter bei ihm sein konnte. Außerdem wollte er danach ins Ausland gehen und hatte Sorge, sie zu verlieren.

Auf einer Bank in der Nähe des Louvre hatte er ihr eines Tages unterbreitet, was er sich vorstellte: Sie würden sich immer die Freiheit zugestehen, ihren eigenen Zielen zu folgen, und sich auch dem Reichtum an Erfahrungen, der aus der intimen Begegnung mit anderen Wesen erwuchs, nicht verschließen. Diese Zufallslieben, die *amours contingents*, würden jedoch niemals antasten können, was zwischen ihnen beiden war – eine *amour nécessaire*, eine notwendige Liebe. Alle anderen Beziehungen wären dieser immer untergeordnet. Denn nur sie beide ergänzten einander perfekt und waren genau das, was der andere brauchte.

Simone hatte sich immer einen Partner gewünscht, der ihr geistig überlegen war, damit es nicht langweilig wurde, und auch Sartre wollte eine Intellektuelle als Lebenspartnerin. Für sie beide war die Auswahl nicht besonders groß; Simone war die neunte Frau überhaupt gewesen, die an der Sorbonne Philosophie studierte, und ihren Abschluss hatte sie als Zweitbeste gleich nach Sartre gemacht. Im Grunde hatten sie einfach zueinanderfinden müssen, und das tiefe Vertrauen und der geistige Gleichklang hatten die Notwendigkeit ihrer Liebe nur bestätigt.

Der Pakt sollte zunächst für zwei Jahre gelten, und in diesen wollten sie einander auch sexuell treu sein. Simone hatte zugestimmt und als Ergänzung den zweiten Teil des Pakts eingebracht, sich immer alles zu sagen, sich niemals anzulügen. Schon damals war die Ahnung in ihr gewesen, dass die Zufallslieben Schwierigkeiten machen würden; dass dies auch für die radikale Ehrlichkeit galt, hatte sie noch nicht geahnt.

Für Sartre, für den die Jagd, die Eroberung den spannendsten Teil einer Liebesbeziehung darstellte, waren diese Affären wesentlich wichtiger als für Simone, und entgegen allen Vorsätzen hatten sie sie immer emotional mitgenommen. Sartre liebte es, ihr alle intimen Details ausführlich zu schildern, und diese Art der Wahrheit schlug oft genug doppelte Wunden: einmal durch die Untreue selbst, aber auch durch das unbekümmerte, den Partner gleich wieder entlastende Geständnis. Ihren Kummer hatte sie stets vor ihm verborgen und war damit heimlich paktbrüchig geworden. Was sie zunächst als eine gute Alternative zur bürgerlichen Tradition empfunden hatte, besaß also zwar andere, aber ebenso gravierende Schattenseiten. Dennoch hatten sie den Pakt bis heute immer wieder verlängert. Aber was, wenn er für einen von beiden, und das musste nicht unbedingt Sartre sein, einmal nicht mehr haltbar wäre?

Sie wollte das nicht weiter zerdenken und stürzte sich in die Arbeit. Hier draußen, ungestört und im lauschigen Garten, würde ihr das doch sicher nicht schwerfallen. Aber nun, man irrte so leicht. Bei der Durchsicht des Materials, das sie schon im letzten

Jahr für ihr Frauenbuch zusammengestellt hatte, geriet sie in Zweifel. Wieder einmal stellte sich ihr die Frage, wie überhaupt irgendjemand irgendwann auf die Idee gekommen sein konnte, irgendetwas zu schreiben.

Nach Tagen fasste sie den Entschluss, das Vorhaben erst einmal ruhen zu lassen. Stattdessen würde sie einer langen Reportage über ihren Amerikabesuch den Vortritt geben. Das würde ihr leicht von der Hand gehen, abgesehen von der Tatsache, dass sie einen Weg finden musste, darin die Wahrheit zu sagen, ohne die ganze Wahrheit zu sagen. An einigen Schrauben würde sie drehen müssen, um niemanden zu arg vor den Kopf zu stoßen, und die Sache mit Nelson wollte sie keinesfalls in allen Details breittreten. Im Spaß, von dem sie nicht wusste, wie viel Ernst darin enthalten war, hatte er ihr bereits verboten, die Geschichte von Frosch und Krokodil zu erzählen. Auch hatte sie nicht genug Notizen gemacht, sie würde einiges rekonstruieren müssen.

Mit Feuereifer machte sie sich an die Arbeit, ihr *bien-aimé* Nelson und auch ihre Briefe würden ihr dabei schon helfen. Die Briefe an ihn schrieb sie in jeder freien Minute, auch als Dolores endlich fort war und sie wieder in ihr rosa Hotelzimmer zog, weil Sartre sie in Paris brauchte. Sie legte *Nacht ohne Morgen* einigen Verlegern vor und war voller Hoffnung, Nelson bald schreiben zu können, dass einer davon es herausbringen würde. Außerdem schickte sie ihm *Das Blut der anderen*. Bisher hatte er sich jedem ihrer Versuche, ihn dazu zu bringen, sein praktisch nicht existentes Französisch zu verbessern, allerdings verweigert.

Sonst jedoch ließ sie nichts am Ernst seiner Zuneigung zu ihr zweifeln. Im Juli schrieb er ihr, nie und nimmer geglaubt zu haben, jemanden so schmerzlich vermissen zu können, und dass er, könnte er sie in diesem Moment in seinen Armen halten, vor Glück und Schmerz weinen würde. Ihr selbst ginge es ganz genauso, hatte sie geantwortet, und das stimmte auch, doch dann hatte er

sie gefragt, ob sie beim nächsten Mal nicht endgültig bei ihm bleiben könne.

Das wollte sie, ja. Sie wollte aber auch bei Sartre bleiben; sie
hatte es so genossen, wieder gemeinsam mit ihm auf Reisen zu
sein, und hier, in ihrer Stadt, weiter ihre Arbeit tun. Die Zerris-
senheit war ein furchtbares Gefühl, das sich mit Alkohol nur un-
zulänglich bekämpfen ließ.

Nelson gegenüber gab sie sich eindeutiger, er sollte sich keine
falschen Hoffnungen machen. Schon in New York hatte sie ihm
verdeutlicht, wie wichtig ihr ihre Arbeit und wie eng diese mit Paris verbunden war. Sie könne ihm etwas von sich geben, schrieb sie,
viel, aber nicht ihr ganzes Leben, und sie verschwieg auch ihre
Zweifel nicht. Durfte sie ihn lieben und von ihm geliebt werden
wollen, ohne die Absicht zu haben, alles für ihn aufzugeben? Wäre das nicht unfair, würde er sie nicht eines Tages dafür hassen?
Könnte ihre Liebe unter diesen Vorzeichen überhaupt gelingen?

Seine Antwort enthielt ein Geständnis. Er hatte sie während
ihres nächsten Besuchs eigentlich fragen wollen, ob sie seine Frau
werden möge. Glücklicherweise verstand er ihre Einwände. Auch
er selbst wollte Chicago nicht verlassen, gab er zu, denn er überlegte, seinem jetzigen Roman weitere folgen zu lassen. Es solle
ein Zyklus werden, in dem jeder Band ein Chicagoer Viertel be-
ziehungsweise die darin dominierende Ethnie zum Mittelpunkt
machte. Würden sie voneinander verlangen, der andere möge seine Wurzeln ausreißen, würden sie ihn gleichsam zum Verdorren
verdammen, zum geistigen Selbstmord. Sie selbst hätte es nicht
besser in Worte fassen können.

Nelson versprach zu akzeptieren, mit ihr ein gänzlich unkon-
ventionelles Leben zu teilen, und das könne er deshalb tun, weil
er sich schon jetzt enger mit ihr vermählt fühle als mit Amanda
während seiner Ehe. Die Zeit, die sie miteinander haben könnten,
würden sie genießen und aus dem Rest kein Drama machen.

Simone war für eine Weile erleichtert, die klare Sicht auf die Dinge schmälerte ihrer beider Sehnsucht jedoch nicht. Sie konnten und wollten nicht bis zum nächsten Frühjahr warten. Schon im September würde die Froschfrau ihren Krokodilmann wieder besuchen, und so waren die August-Briefe ganz der gemeinsamen Vorfreude und dem Pläneschmieden gewidmet.

DREI (SEPTEMBER 1947)

Ersehntes Wiedersehen

NELSON

»Provinzbursche bereitet sich auf Ankunft von verrücktem Frosch vor«, hatte er Simone telegrafiert, nachdem sie ihm in einem letzten Brief mitgeteilt hatte, wann sie kommen würde. Aber nun, vier Tage nach besagtem Datum, war sie immer noch nicht da. Bange Stunden lang hatte er all seine Befürchtungen, die Sicherheit von Flugzeugen betreffend, in schillerndsten Farben bestätigt gesehen. An einem Berg zerschellt, im Meer versunken, in Flammen aufgegangen oder einfach nur nach einem Ausfall der Motoren abgestürzt: Es gab so viele Möglichkeiten. Glücklicherweise war dann aber nur der Stein auf seinem Herzen den Gesetzen der Gravitation gefolgt, und zwar mit Freuden, denn die Maschine hatte zwar eine Panne gehabt, deswegen aber bloß umkehren müssen.

Trotzdem hätte sie inzwischen längst hier sein müssen. Erneut war er befallen von einer nervösen Unruhe, die jedes Arbeiten unmöglich machte und stattdessen sinnloses Herumtigern erforderte. Er überprüfte den Inhalt des Kühlschranks, mit dessen Anschaffung er Simone überraschen wollte, die Bettwäsche und die Toilette, ohne wirklich hinzusehen, und zwischendurch starrte er aus dem Fenster und lauschte. Einmal durchfuhr ihn ein furchtbarer Schreck: Zwei Männer trugen eine leblose Frau die Straße runter – sie konnte bewusstlos, im Vollrausch oder tot sein –, und für einen kurzen Moment dachte er, es wäre Simone. Weil sie Southern Comfort besonders gern mochte, hatte er eine Flasche gekauft und mit Gläsern auf dem Tisch bereitgestellt, aber danach war er drauf und dran, sie schon zu öffnen.

Es war bereits dunkel geworden, als er draußen ein Auto anhalten und einen Kofferraumdeckel zuklappen hörte. Nun aber! Er eilte zum Fenster. Ja, da stand sie, leibhaftig auf dem Gehweg und mit zwei Koffern in den Händen. In drei Sekunden war er draußen und die Treppe hinunter. »Simone!«

»Nelson!« Sie ließ die Koffer fallen und stürzte in seine geöffneten Arme. Sie war wirklich da, ihr Körper warm und vibrierend, nach den Strapazen riechend, die sie auf sich genommen hatte, ihre Arme so fest um seinen Nacken, dass sie ihn fast erstickten und daran gemahnten, dass auch er selbst seinen Griff vielleicht etwas lockern sollte.

»Herrgott, endlich bist du hier. Ich hab's kaum mehr ausgehalten.«

»Ja, es war so lang, so lang!«

»Komm.« Er hob sie mehr, als dass er sie die Stufen nach oben führte, dann lief er rasch die Koffer holen.

Sie lächelte selig, als er durch die Tür kam. »Es ist alles noch da.«

»Und ob. Nur auf den Kater musst du erst mal verzichten, der ist momentan nachts noch auf Freiersfüßen.« Simone ließ sich auf einen Stuhl fallen, und erst jetzt sah er, in was für einem desolaten Zustand sie sich befand. »Kann ich dir etwas zu essen machen? Willst du Kaffee, Wasser?«

»Nur ein Glas von dem da«, meinte sie und wies auf den Whiskey. »Ich kann dir sagen, in den letzten Tagen war ich mir nicht mehr sicher, ob Chicago, ob Paris, ob überhaupt der Rest der Welt noch existiert oder ich für immer in irgendwelchen Hallen gefangen bleibe.«

Er goss ein, und sie stießen an. »Aber sag, was ist denn bloß unterwegs passiert?«

»Ich bin in einer alten Klapperkiste der TWA geflogen, zusammen mit griechischen Bauern und Geschäftsleuten. Das Ding flog auf zweitausend Metern und hätte auch so schon ewig gebraucht, aber nach ein paar Stunden schreckte mich die Nachricht aus dem Schlaf, dass ein Motor ausgefallen sei und man deshalb in Shannon notlanden müsse. Es waren Stunden bis dorthin, und ich hatte die ganze Zeit Angst. Wenn auch noch der andere Motor ausgefallen wäre, hätten wir uns nie wiedergesehen. Und zum Lesen hatte ich ausgerechnet nur Dystopisches dabei!«

»Ach, Simone!« Ihre Augen hatten sich mit Wasser gefüllt, und er konnte nicht anders, als aufzuspringen, sie von hinten zu umfassen und ihr schönes, müdes Gesicht, das sie ihm zuwandte, mit Küssen zu bedecken. Ein paar Tränen wischte er ihr noch fort, dann ging es wieder.

»So eine Stille habe ich in einem Flugzeug noch nie erlebt. Aber kaum hatten wir in Irland aufgesetzt, ging ein Geschnatter sondergleichen los. Wir wurden dann in ein seltsam künstliches Dorf mit kleinen Häuschen gebracht. Zwei Tage später ging es endlich weiter, nur damit bei einem weiteren Stopp auf den Azoren dann ein Reifen platzte, was uns achtzehn Stunden Pferch in einer winzigen Halle einbrachte. Auf dem letzten Teil der Reise gerieten wir, weil das noch nicht genug war, in einen schrecklichen Sturm. Die Turbulenzen haben mir den Rest gegeben, oder nein, den Rest gab mir dann lächerlicherweise die Warterei am Zoll, weil die Beamten nicht mit den Kilometern von Klöppelspitze fertigwurden, die die Griechen im Gepäck hatten.«

Er musste sich ein Schmunzeln verkneifen. Wie süß sie aussah, wenn sie sich echauffierte! »Mein ärmstes Fröschlein. Du musst wirklich völlig erschöpft sein.«

»Das bin ich. Ich würde mich gern ein bisschen frisch machen und dann ins Bett.« Sie stand auf, drehte sich aber noch einmal um. »Tut mir leid, ich hatte mir meine Ankunft anders vorgestellt.«

»Ach was.« Er räumte die Gläser weg und zog sich um. Was sie meinte, konnte er sich schon denken. In seiner Fantasie hatte er sie nach der ersten Umarmung gar nicht mehr losgelassen und gleich ins Schlafzimmer getragen.

»Ich hatte mich so aufs Vögeln mit dir gefreut«, wurde Simone plötzlich deutlich, als sie nur in Wäsche ans Bett trat. »Aber ich fürchte, heute bin ich zu nichts mehr imstande. Ich habe sicher drei Tage nicht geschlafen.«

»Dafür haben wir noch Zeit«, sagte er, die Stimme rau dank ihrer Wortwahl. »Heute wirst du verwöhnt. Leg dich einfach hin, und lass mich nur machen.«

Elf Stunden später hatte er Simone das Frühstück ans Bett gebracht, und den Rest des Tages holten sie alles nach, was sie am Abend zuvor versäumt hatten. Heute aber würden sie damit beginnen, die Liste mit Orten abzuarbeiten, die er ihr zeigen und über die sie in ihrem Amerikabuch schreiben wollte. Sie wollte unbedingt über mehr als nur das Universitätsleben, die Intellektuellen und irgendwelche Sehenswürdigkeiten berichten, und wenn jemand ihr dazu verhelfen konnte, dann doch wohl er.

Das Cook County Jail beherbergte vor allem Langzeitinsassen, die zum Tode Verurteilten und mit ihnen den elektrischen Stuhl, der seit 1928 den Galgen abgelöst hatte. Nelson war schon ein paarmal der Recherche wegen in dem Gefängnis gewesen und hatte sich mit dem Leiter und auch mit einigen Wärtern angefreundet. Für heute hatte man ihm und seinem Gast eine Führung durch alle Blocks zugesagt.

Unterwegs erzählte er Simone von Julius »Dolly« Weisberg, den er Anfang März in seiner Zelle besucht hatte. Ein vor die Hunde gekommener Spieler, der während der Prohibition erfolgreich Nachtclubs und Speakeasys betrieben hatte und zum Tode verurteilt worden war, weil er bei einem Streit in einer Bar einen Mann erschossen hatte. Als junger Kerl hatte er schon einmal jemanden umgebracht; damals war er mit Notwehr davongekommen, und jetzt beruhte seine Verteidigung ebenfalls darauf. Auch Nelson gegenüber erwies er sich als ein Mann, der die Schuld bei allen anderen außer sich selbst suchte, und zeigte keinerlei Reue. Dollys Weltbild sollte unangetastet bleiben; die Berufung war abgeschmettert worden, aus seiner Sicht natürlich nicht aus gutem Grund, sondern weil sich alle gegen ihn verschworen hatten.

»Am 20. Mai, drei Tage, nachdem du zurück in dein olles Frankreich geflogen bist«, kam er jetzt zum Wesentlichen, »haben sie ihn tot in seiner Zelle gefunden. Sie hatten ihn schon in den Todestrakt gebracht, einen Tag später um Punkt 01.01 Uhr hätte er Old Sparky geritten. ›Herztod aus Angst‹, titelten die Zeitungen sofort. In Wahrheit hatte Dolly ›den Göring gemacht‹ und eine Giftkapsel geschluckt. Das kam eine Woche später bei der toxikologischen Untersuchung raus. Ein inzwischen verlegter Mitinsasse behauptete, Dolly hätte die Kapsel schon seit Wochen bei sich gehabt, aber woher, hat man nicht rausgefunden.«

»Da hat er ihnen also ein Schnippchen geschlagen«, meinte Simone. »Ein zweifelhaftes.«

»Eben. Tot ist tot, und eigentlich wäre der Stuhl wohl die bessere Wahl gewesen. So hat's auf jeden Fall länger gedauert.«

»Aber er hat es selbst in die Hand genommen.«

An der Pforte bat man sie, alles, was sie lose bei sich trugen, ebenso wie Simones Handtasche abzugeben und im Vorraum zu warten. Hinter einem Eisengitter liefen Angestellte der Verwaltung geschäftig hin und her. »Alles Gefangene«, raunte er Simone zu, »die sich besonders gut geführt haben. Die Arbeit hier ist sehr begehrt.«

»Sie sehen nicht eingesperrter aus als jeder Bankbeamte«, stellte Simone fest, und da hatte sie tatsächlich recht.

Die Zwischentür öffnete sich und der Wärter, der sie durchs Gebäude führen würde, ließ sie in den dahinterliegenden Korridor, wo hinter vergitterten Einfriedungen Männer in blauen Hosen an langen Tischen saßen und irgendetwas zusammenschraubten. »Nelson, altes Haus, hat dir schon mal wer gesagt, dass du eine echt komische Vorstellung davon hast, wie man eine Lady ausführt?« Er lupfte seine Mütze. »Ma'am.«

»Ist eine ganz besondere Lady, Johnny. Aus Frankreich.«

Zuerst wurde ihnen das Sprechzimmer gezeigt, in dessen hinterem Teil eine Gitterzelle stand. »Da bringen wir die Insassen rein, wenn sie Besuch kriegen. Sie nennen es den Käfig, aber man kann sie ja nicht einfach auf die Leute loslassen, oder?« Johnny lachte. Über dem Käfig brannte an Besuchstagen eine matte rote Glühbirne, die zu blinken begann, wenn die Zeit abgelaufen war.

Das Fenster am Ende des Flurs zeigte in einen Garten, in dem ein paar junge Männer eher spielerisch mit diversem Gerät werkelten, während andere einen Ball kickten – ein Schulhof zur Pausenzeit, wären da nicht die besonders hohe Mauer und der Wachturm in ihrem Rücken gewesen.

»Da machen sich unsere ganz jungen Delinquenten mit kürzeren Haftstrafen ein bisschen nützlich und lernen was«, erklärte der Wärter. »Ein paar von denen kriegen vielleicht noch die Kurve.«

Um das nicht nur einen frommen Wunsch bleiben, sondern ein bisschen wahrscheinlicher werden zu lassen, gab es eine Etage tiefer – sie nahmen den Lift –, wo sich auch die Quartiere der Jüngsten in Block G und H befanden, eine kleine Bibliothek und einen Unterrichtsraum für Abendkurse. Simone machte Nelson auf einen Zettel aufmerksam, der an der Kopfseite eines Bücherregals hing: »Trainiert euren Verstand. Lest ein gutes Buch!« Dann wandte sie sich zu Johnny. »Warum zeigen denn alle Uhren genau zwölf?« Nelson musste lächeln. Das war ihm auch als eines der ersten Dinge aufgefallen.

»Damit die *Punks* sich nicht verabreden können, zu einem Aufruhr oder sonst was«, erklärte der Wärter. »Wenn mich einer nach der Uhrzeit fragt, sag ich ihm: Vergiss es. Du hast ganz sicher nirgends ne Verabredung.«

Der Speiseraum mit Holztischen und Zinntellern war blank geschrubbt und makellos weiß, ebenso wie die Krankenstation. »Wie sauber hier alles ist, ganz anders, als ich es erwartet hätte«, flüsterte Simone ihm so leise zu, dass Johnny es nicht hören konnte. Doch der größte Knüller wartete noch auf sie: die kleine Kapelle, in der sonntags Messe gehalten wurde. Sie war ganz in zahnpastarosa gehalten, ringsum prangte golden bemalter Stuck.

»Sieht eher aus wie ein Ort für feingeistige Bräute Christi mit unschuldigen Kinderherzen, nicht wie einer für schwere Jungs«, sagte Nelson, und Simone lachte leise.

»Wir haben wunderbare Gottesdienste hier«, warf Johnny ein, unverkennbar stolz auf sein Gefängnis. »Sehen Sie sich die Bilder von den Stationen des Kreuzwegs an, Ma'am. Hat ein Ehemaliger fabriziert.«

In der Großküche dampfte es aus riesigen Töpfen, die direkt aus Gargantuas Haushalt hätten stammen können, in der Wäscherei aus ebensolchen Waschkesseln. Hier säuberten, schälten, schmorten und rührten die Gefangenen, die sich schon eine Weile gut führten, dort wuschen, desinfizierten und plätteten die Neulinge oder Widerspenstigen.

Johnny führte sie zu einem anderen Lift, nun ging es in die zweite Etage, den Frauentrakt. In taillierten blauen Blusen saßen die Insassinnen an Nähmaschinen, besserten Kleidungsstücke aus oder schnitten an großen Tischen Stoff zu.

»Sieh dir ihre roten Lippen an«, meinte Simone. »Und überhaupt: alle hübsch zurechtgemacht und frisiert!«

»Lippenstift ist streng verboten«, sagte Johnny unbeirrt, als könnte nicht sein, was nicht sein durfte.

Nelson zuckte mit den Achseln. »Vorschrift und Wirklichkeit klaffen doch immer auseinander.«

Das scheinbare Idyll wurde mit einem Mal vom dumpfen Geräusch umstürzender Möbelstücke unterbrochen, gefolgt von Mark und Bein erschütterndem Gebrüll.

»Das sind bloß die Morphinistinnen über uns«, meinte Johnny, »zu denen fahren wir jetzt.«

Als sie aus dem Aufzug stiegen, lief eine Aufseherin an ihnen vorbei und schloss die Tür zu einer Zweierzelle auf. Eine junge Schwarze saß auf dem Bettrand, warf sich wie irre herum und schlug mit den Fäusten gegen das Gestell. »Ich kann nicht mehr, ich kann nicht, gebt mir was, ich sterb doch!«, schrie sie in einem fort.

Johnny wechselte unverständliche Worte mit der Aufseherin, die daraufhin zu der Frau ging und ihr über die Arme streichelte. »Ruhig, nur ruhig! Ich rufe den Arzt, er wird dir Erleichterung verschaffen.«

Die Frau klappte den Mund zu und saß plötzlich beinahe still, wippte nur noch kaum merklich mit dem Oberkörper vor und zurück. Die Aufseherin eilte fort, wenig später kam der Arzt, seine Tasche in der Hand.

»Die hat heute ihren Glückstag«, raunte Nelson Simone zu. »Klar setzt man die Süchtigen hier nicht gleich ganz auf null, aber der Entzug ist dennoch ziemlich erbarmungslos. Wären wir nicht gewesen, hätte man sie wahrscheinlich in eine Zwangsjacke gesteckt und sie bis zur Erschöpfung kreischen lassen.«

Nun ging es wieder abwärts, diesmal auch im übertragenen Sinne. Im Keller saßen die schwersten Jungs, diejenigen, die nie mehr rauskommen würden oder auf die der elektrische Stuhl wartete. Ihre Zellen öffneten sich gegenüber auf einen Flur parallel zu dem, auf dem sie jetzt gingen; so konnten die Gefangenen ein wenig umhergehen und sich unterhalten. Die zum Tode Verurteilten wurden, wenn der Zeitpunkt der Vollstreckung nahte und nichts diese mehr aufhalten konnte, weiter in den Todestrakt gebracht. Jetzt gerade befand sich niemand in den wenigen Zellen hier, denen gegenüber sonst ein Wärter Tag und Nacht an einem Tisch wachte. Daneben stand ein Kontrollpult mit allerhand Knöpfen und Hebeln; ein Eisenvorhang schirmte ab, was sich dahinter verbarg.

»Da steht der Stuhl«, sagte Johnny. »Aber von hier aus wird er bedient. Sehen Sie die vier Knöpfe da, Ma'am? Vier verschiedene Aufseher drücken sie gleichzeitig, wenn es so weit ist. Keiner weiß, welcher den Strom fließen lässt.«

»Das muss das Gewissen ungeheuer erleichtern«, warf Simone ein, und Nelson konnte ihren Ton nicht deuten.

Sie gingen nicht den Weg der Verurteilten zu Old Sparky, nicht um den Eisenvorhang herum, sondern durch eine Tür in den Zuschauerraum. Von hier aus konnten Polizei, zugelassene Journalisten und manchmal auch Angehörige von Tätern und Opfern durch eine Glasscheibe abgeschirmt von dem Brandgeruch, der sich unweigerlich ausbreitete, die Hinrichtung beobachten. Und da stand er, wie ein exklusiv präsentierter, zum Verkauf stehender Zahnarztstuhl. Klobiges Holz, schwarz angestrichen und versehen mit diversen Gurten zum Festschnallen, Strombügeln für das rechte Bein und den Nacken. Über dem Kopfteil hing eine lederne Maske. Keine Aussparungen für Augen und Mund, nur die Nase blieb frei.

»*Mon dieu!*«, rief Simone.

»Haben Sie so was noch nie gesehen?«, fragte Johnny. »Wie wird's denn in Frankreich gemacht?«

»Nun, wir haben die Guillotine.«

»Wirklich? Immer noch? Das ist ja barbarisch!« Der arme Johnny wirkte aufrichtig entrüstet.

Simone warf ihm einen amüsierten Blick zu.

»Na, also jedenfalls: Wenn der Verurteile sein letztes Mahl gegessen und mit dem Priester gesprochen hat, werden ihm Kopf und Unterschenkel rasiert, und er wird eingekleidet. Sein letztes Hemd hat nur zwei Knöpfe, damit der Arzt später mit dem Stethoskop leicht darunterkommt. Schuhe kriegt er nicht an, sondern so ein schwarzes Trikot, wie es Akrobaten tragen.«

»Eine Strumpfhose?«, fragte Simone verwundert.

»Nun ja, so können die Wachen später den Stoff schön sauber wegschneiden, da muss ja der Bügel drum. Da und an den Kopf, dazwischen wird ein in Essigwasser getränkter Schwamm platziert, damit der Strom gut fließt.«

»In den Strumpfhosen hält auch die Windel besser«, ergänzte Nelson. »Wenn sie gebraten werden, kommt nämlich alles raus. Und wenn ich alles sage, meine ich auch alles.«

»Oh, verstehe.«

Johnny räusperte sich. »Dann kann der Delinquent noch letzte Worte sprechen, viele kriegen aber keinen Ton mehr raus. Zum Schluss bekommt er die Maske aufgesetzt. Ohne wäre der Anblick für die Zuschauer zu schlimm. Die Beamten drücken das Knöpfchen, und dann fließt der Strom mit acht Ampere für zwanzig Sekunden. Das verursacht Herzversagen. Im zweiten Durchgang gibt's neunhundert Volt für eine halbe Minute, zur Sicherheit und weil das die inneren Organe kaputt macht. Das war's dann in der Regel.«

Und das war es dann auch mit ihrem Besuch. Die Oktoberkühle, die sich in den September geschlichen hatte, fühlte sich jetzt ganz angenehm an. Simone atmete durch. Nelson zündete für sie beide eine Zigarette an. »Eine Sache hat Johnny dir verschwiegen«, sagte er und hielt ihr den Arm hin.

»Was denn?«

»Für Schwarze nehmen sie nur siebeneinhalb Ampere, angeblich um zu sparen. Das macht nicht selten Probleme.«

Sie sah ihn entsetzt an. »Nelson, das ist doch nicht wahr! Bitte, sag, dass es einer deiner Scherze ist!«

Aber damit konnte er ihr nicht dienen. Schweigend gingen sie ein Stück, dann sagte Simone bitter: »Und ich hätte beinahe gedacht, wenigstens im Gefängnis würden keine Unterschiede zwischen Schwarz und Weiß gemacht.«

SIMONE

»Wie viele noch?«, fragte sie Nelson, als sie die nächste geschälte Kartoffel in den Topf warf. Er saß ihr in seinem Bademantel gegenüber und schnitt Lammfleisch in Würfel.

»Zwei, drei noch, wir wollen schließlich ein paar Tage von dem Stew essen. Dann bleibt mehr Zeit fürs Vergnügen.«

Bei seinem letzten Satz fühlte sie einen wohligen Stich im Unterleib. Es war unglaublich, wie sehr sie ihn begehrte. Unwillkürlich fasste sie sich mit der Hand an die Hüfte, dorthin, wo ein blauer Fleck Zeugnis davon ablegte. Die Maschine auf Nelsons Schreibtisch war ein wenig hinderlich gewesen, hatte sie aber nicht abhalten können. Rasch nahm sie die Hand wieder weg und griff nach einer weiteren Kartoffel. Sie sollte jetzt nicht daran denken, sie wollte doch eigentlich etwas ganz anderes besprechen! »Ich habe mir überlegt, dass du unbedingt in meinem Reisebericht vorkommen musst. Es gibt hier nicht viele Schriftsteller, die *littérature engagée* schreiben, zumindest habe ich den Eindruck. Da muss ich doch dich als einen der wenigen erwähnen. Auch wenn ich natürlich nur die Initialen verwenden werde, so wie bei den anderen auch.«

»Solange du nicht die Tür zu unserem Nest öffnest und die Leute reinschauen lässt, bin ich *d'accord*, Mademoiselle.« Nelson gab das Fleisch in den Schmortopf und begann, Zwiebeln zu schneiden.

»Natürlich nicht. Überhaupt werde ich verschleiern, wie viel wir zusammen unternommen haben, indem ich einfach andere Initialen verwende.«

»Gut.« Die Zwiebeln leisteten dem Fleisch Gesellschaft, und alles wurde angebraten. Derweil schnitt Nelson den Weißkohl. Er war sehr viel geübter im Kochen als sie, doch dann war sie mit den Kartoffeln auch so weit.

Während das Stew vor sich hin schmorte, setzten sie sich aufs Bett und begannen, die Zeitungen zu durchforsten, die Nelson für sie gesammelt hatte. Politisches und sonstige Tagesereignisse gehörten in jedem Fall in ihren Bericht, nur hatte sie entweder nicht mehr alle Details im Kopf oder es gar nicht erst mitbekommen. Was auf keinen Fall fehlen durfte, waren die Dinge, die beherrschend sowohl in den Schlagzeilen als auch in den Köpfen der Menschen gewesen waren: die Truman-Doktrin – die Expansion der Sowjetunion aufzuhalten und andere Regierungen im Widerstand gegen den Kommunismus zu unterstützen, schien das höchste Ziel des Präsidenten zu sein – und die Vorkommnisse um die damit zusammenhängende antikommunistische Massenhysterie in den USA, die gerade immer absurdere Formen annahm. Aktuell wurde der Druck auf Künstler immer größer; vor allem Komponisten, Filmregisseure und Drehbuchautoren standen im Verdacht, kommunistische Propaganda zu betreiben, und wurden in der Ausübung ihrer Berufe zunehmend behindert. Während Simones erstem Amerikabesuch waren es noch vornehmlich Beamte gewesen, unter denen man Infiltranten ausfindig zu machen gesucht hatte.

»Hier, ich hab was«, sagte Nelson. »Es geht um Trumans Verfügung zur Aufstellung schwarzer Listen bei den Regierungsbeamten. Entlassung aus dem Dienst beim kleinsten Verdacht, Kommunismussympathisant zu sein.«

»Gut, schneid den Artikel aus, und leg ihn zu meinen, auf diesen Haufen hier. Da habe ich schon einiges aus dem Vorfeld der

Verfügung. Und auf den Stapel dort alles zu Griechenland. ›Außenminister Marshall bereit, den Kommunismus in Griechenland zu bekämpfen – Hilfsaktion selbstverständlich‹ könnte noch Gesellschaft gebrauchen.«

»Da kann ich gleich mit dienen, pass auf: ›Senat bewilligt Hilfsaktion für Griechenland mit 67 gegen 23 Stimmen.‹«

»Mich haben schon im April einige Leute gefragt«, sagte sie, »auf welcher Seite Frankreich kämpfen würde, wenn es zwischen Amerika und Russland zum Krieg käme. Für manche scheint es schon fast beschlossene Sache zu sein.«

»Na logo. Ein Präventivkrieg ist doch viel besser als die Defensive.«

»Ja, die Empfänglichkeit für den Gedanken ist groß. Und wer dagegen ist, verleiht seinem Protest keinen Ausdruck, weil er dann umgehend für einen Roten gehalten würde und mit entsprechenden Repressalien rechnen müsste.«

Plötzlich begann Nelson, leise zu lachen. »Hier ist eine super Story, mal was anderes. Ein Busfahrer in New York, der unter großem Hallo seinen Dienst wieder aufgenommen hat. Eine Woche davor war er einfach an allen Haltestellen vorbeigefahren, sogar an der Endstation, und das mit dem Bus voller Fahrgäste. Er fuhr aus der Stadt raus und ist dann einfach bis nach Florida weitergefahren. Die Fahrgäste hat er glücklicherweise irgendwann noch rausgelassen. Er hat angegeben, ihm sei langweilig gewesen und Florida habe er immer schon mal sehen wollen, also habe er sich gedacht, warum nicht. Bei seiner Rückkehr wurde er festgenommen, aber nicht für lange, der Boss der Busgesellschaft hat ihn eigenhändig rausgeholt. Die Leute feiern ihn als Helden.«

Sie hatte wenig Verständnis dafür. »In Frankreich hätte man diesen Kerl nicht wieder eingestellt. Mir scheint, diese Geschichte ist ein schönes Beispiel für das Hochhalten des Individualismus, der Freiheit des Einzelnen, auf die man hier so stolz ist.«

»Freiheit ist neben Gleichheit nun mal eines der hehrsten Ideale«, sagte Nelson mit ironischem Unterton.

»Aber die allerwenigsten wagen es, davon Gebrauch zu machen. Ich habe das Gefühl, sie nehmen ökonomische Ungleichheiten als gegeben hin; wichtig ist ihnen eher, dass jeder die theoretische Möglichkeit hat, sein Schicksal selbst in die Hand zu nehmen.«

Nelson schnaubte. »Das ist den meisten zu anstrengend.«

»Vielleicht. Aber Amerika steht eben auch nicht mehr am Anfang seiner Geschichte – da mag das alles gegolten haben. Inzwischen ist die Neue Welt doch ebenso erstarrt wie die Alte, die Lebensläufe sind vorgezeichnet, und die Menschen denken, ihre Umgebung sei das bestimmende Maß der Dinge, nicht sie selbst. Also fügen sie sich und feiern die, die es wagen, auszubrechen. Die Story kommt auf den Allerlei-Stapel.«

Im Laufe der Stunden wurden die Stapel immer höher, immer zahlreicher; mehrere Artikel zum Kampf des Kongresses gegen die Gewerkschaften kamen hinzu, zu dem Gesetzesentwurf, der den Gewerkschaften praktisch jede Handhabe nahm, ihre Forderungen durchzusetzen, Berichte über diverse Streiks, aber auch außergewöhnliche Unfälle oder Straftaten.

Dann fiel ihr – sowohl Konzentration als auch Lust hatten inzwischen drastisch nachgelassen – plötzlich etwas ganz anderes ins Auge: die Reklame für ein Deodorant. Ein gepflegter junger Mann mit akkurater Frisur schloss eine reizende junge Frau in einem duftigen Sommerkleid von hinten in die Arme, doch unter dieser schönen Szene stand in drohend düsterer Schrift: »Sind Sie wirklich sicher, keinen schlechten Geruch an sich zu haben?« Eine Seite weiter jagte sich ein Ehepaar in Nachtkleidung um das Bett. »Gefeit vor Peinlichkeit!«, schrie der Slogan den Betrachter an – zu danken war es dem rechts davon abgebildeten Abführmittel. Nachdem ihr das einmal aufgefallen war, waren die Zeitungen plötzlich voll davon.

Werbung, die den Körper mit seinen Ausdünstungen und Ausscheidungen verteufelte, war hier sehr viel penetranter als in Frankreich, nicht nur in den Zeitungen, sondern auch auf den Straßen und in den U-Bahnen. Ein Bekannter von ihr hatte behauptet, alle Amerikaner hassten den Körper und wollten am liebsten bestimmte Körperteile vollständig negieren, das sei der Grund, warum es nirgends Bidets gäbe.

Sie griff zur Schere. Auch das sollte sie in ihrem Bericht erwähnen.

Je weiter die Recherchen in den nächsten Tagen voranschritten, je mehr Ordnung sie in die Ausschnitte und ihre Erinnerungen brachte, desto klarer wurde ihr, dass sie an der tatsächlichen Chronologie einiges würde verändern müssen, um ein stimmiges Gesamtbild zu erhalten. Auch die Orte, die sie erst jetzt mit Nelson besuchte, musste sie irgendwie noch in April und Mai der Reportage unterbringen. Sie erstellte eine neue Gliederung und verschriftlichte die Erlebnisse ihres aktuellen Aufenthalts sofort. Es waren friedliche Stunden, in denen sie gemeinsam arbeiteten und auch Nelson in seinem Roman versank und weiterschrieb. Diese Art des Schreibens, des Beschreibens, war ungewohnt, denn normalerweise bedeutete es Selbsterforschung für sie, den Versuch, sich selbst zu verstehen. Doch es war auch einfacher und ging ihr gut von der Hand. Nelson war allerliebst und half ihr, wo er konnte, besorgte Landkarten und Bücher zur Geschichte Amerikas, wann immer sie tiefer eintauchen wollte.

Irgendwann hatten sie beide eine Abwechslung von der theoretischen Recherche gebraucht und das State Mental Hospital in der West Irving Park Road besucht. Nelson war schon einmal hier gewesen, hatte mit einer Ärztin gesprochen und sie mit seinem Charme überzeugt, sie beide ein wenig herumzuführen. Er hatte vor, eine seiner Figuren in der Anstalt landen zu lassen, und einem recherchierenden Schriftsteller wurden die Türen in der Regel bereitwillig geöffnet.

Die Ärztin, eine spröde Brünette, hatte ihnen erst die kargen Stationen, ein absurd fröhliches, mit bunter Lackfarbe und Papageien bemaltes Gemeinschaftszimmer und dann die Behandlungsräume gezeigt. Die Fiebertherapie zur Behandlung von Paralytikern fand hier nicht mehr per Malariainfektion statt, sondern mittels fortschrittlicher elektrischer Öfen, Elektroschock- und Hydrotherapien wurden durchgeführt, und es gab seltsame Apparaturen, die die Mobilität und damit auch den Geist wiederbeleben sollten. Lobotomien würden hier nicht praktiziert, betonte die Ärztin, doch falls nötig, brächte man die Patienten für den Eingriff in ein anderes Krankenhaus.

Während des Rundgangs hatten sie zwar einige Insassen gesehen, aber nicht mit ihnen sprechen oder Behandlungen beiwohnen dürfen, daher war der Besuch insgesamt enttäuschend ausgefallen. Möglichst nah ran, das war doch das, was sie eigentlich wollten. Aber bei dem, was sie heute vorhatten, würde ihnen das nicht verwehrt bleiben.

Sie kannte polizeiliche Gegenüberstellungen aus Filmen, aber hier, in diesem Revier in seiner Nachbarschaft, gingen sie anders vonstatten, hatte Nelson ihr versprochen. Es war später Nachmittag, und zusammen mit einigen Beamten und vielen weiteren Leuten saßen sie in einem bereits abgedunkelten Saal, blickten auf eine Art Bühne und warteten darauf, dass ihnen die auf frischer Tat Ertappten der letzten Tage vorgeführt wurden. Dreimal in der Woche fand dieses Spektakel statt, denn das Unrecht ging nie aus. Als Zuschauer zugelassen wurden nur diejenigen, die einem Verbrechen zum Opfer gefallen waren, aber bloß Anzeige gegen unbekannt hatten erstatten können. Hier bekamen sie die Gelegenheit, den Übeltäter möglicherweise doch noch zu identifizieren.

Es war schon Jahre her, dass Nelson überfallen und bestohlen worden war, aber das Kärtchen, das man ihm damals gegeben hatte, sicherte ihm immer noch den Zutritt zu diesen Veranstaltungen. Wenn doch einmal ein Beamter nachfragte, weil die Karte schon arg zerfleddert und praktisch unlesbar war, redete Nelson, wie er ihr farbenprächtig berichtete, sich damit heraus, dass es ihm nun einmal sehr, sehr wichtig sei, den Kerl zu finden, der ihn damals um vierzehn Bucks erleichtert hatte.

»Identifiziert wird selten jemand«, sagte er zu ihr. »Die meisten kommen bloß der Unterhaltung wegen. Es ist zum Schießen, was die Leute für Ausreden haben, und an dem Captain – Spitzname Aktenschädel Bednar, weil er nie was vergisst – ist ein Komödiant verloren gegangen. Ich habe schon einiges von all dem in *Nacht ohne Morgen* eingebaut, und diesmal werde ich das sicher auch tun. Eine unerschöpfliche Quelle. Oh, es geht los.«

Captain Bednar hatte den Saal betreten und sich an den Schreibtisch links von der Bühne gesetzt. »Herein, wenn's keine Schneider sind!«, rief er scheinbar ins Nichts, und kurz darauf wurden die ersten neun Verdächtigen in Handschellen auf die Bühne geführt. Die weiße Wand hinter ihnen gab jedem Einzelnen seine Position vor, von links nach rechts waren die Ziffern von eins bis neun an die Wand gepinselt, außerdem verliefen horizontale Linien über die ganze Breite und ermöglichten es so, die Körpergröße abzulesen.

»Alle zwei Schritte vortreten«, befahl der Captain. Von Scheinwerfern angestrahlt, waren die Gesichtszüge der Männer und Frauen nun gut erkennbar. »Mützen ab! Jetzt nach links drehen.« Ein armer Tropf war überfordert. »Das andere Links, Dämlack! Okay, und nach rechts. Zurücktreten!«

Als Nächstes wurden alle einzeln nach vorn an das von der Decke hängende Mikrofon gebeten und befragt, nachdem sie Name und Adresse genannt hatten. »Also, was führt dich her, mein Junge?«

Der Mann mit dem Raubvogelgesicht schluckte. »Ich soll ne Tussi vergewaltigt haben. Aber das issn Missverständnis, sie hat's nämlich freiwillig gemacht.«

»Aha. Dann hat sie dir ihre Uhr und den Ring auch freiwillig gegeben?«

»Jawoll, Sir.«

»Dann musst du ja ein erstklassiger Romeo sein, was? Hab ich dich nicht schon vor ein paar Monaten hier gesehen, weil du deine Frau krankenhausreif geprügelt hast?«

»Na, das war auchn Missverständnis, weil angefangen hat doch sie, hat mir ne Kanne übern Schädel gezogen, dabei is sie gestolpert, und mir is dann vor Schreck der Mülleimerdeckel ganz ungünstig aus der Hand gefallen.«

»Ich seh schon, du bist das größte Missverständnis, das je auf zwei Beinen herummarschiert ist. Der Nächste.«

Das Publikum kicherte, und es hätte Simone kaum gewundert, wenn noch Applaus gefolgt wäre.

Ein Blondschopf mit dunklen Ringen unter den Augen und einem ausgerissenen Jackenärmel trat nach vorn. »Ich hab bloß einkaufen wollen, ein Bügeleisen für meine Frau.«

»Ins Mikro reden, nicht zu mir! Für ein Bügeleisen hättest du aber nicht mit so einer großen Tasche bei Goldblatt's auflaufen müssen.«

»Ich musste doch auch noch zum Metzger.«

»Waren aber keine Steaks, die dir dann rausgefallen sind, sondern Bügeleisen. Sechs Stück, wohlgemerkt.«

»Das is passiert, als ich mich gerade umgesehen hab, wo denn die Kassen sind.«

»Na klar. Ich meine, sechs Stück? Du wolltest die Dinger doch nicht vielleicht verhökern?«

»Türlich nich, Sir. Die warn bloß als Ersatz gedacht. Hält doch alles nich mehr lange heutzutage.«

Wieder amüsierte sich das Publikum köstlich. Die zur Schau gestellte Bauernschläue zog auch sie selbst durchaus in ihren Bann. Sie stieß Nelson leicht in die Seite. »Du hast wieder mal nicht zu viel versprochen.« Er schenkte ihr sein schönstes Krokodillächeln.

Zwei Frauen mit zerzaustem Haar und verwüsteten Gesichtern traten nach vorn, sie waren aneinandergekettet. Simultan senkten sie den Blick und ließen Tränen durch die falschen Wimpern sickern.

»Spart euch das lieber für die Geschworenen, Ladys«, mahnte Bednar. »Ich kenn euch doch. Ihr seid die abgebrühtesten Anschafferinnen im ganzen Staate Illinois. Was habt ihr diesmal verbrochen?«

»Wir solln nen Typen im Palmer House auf seinem Zimmer betäubt und beklaut haben«, sagte die eine.

»Dabei isser bloß bewusstlos geworden. Wir wollten sein Geld für ihn aufbewahren, sonst hätt ihn ja jeder beklauen können«, ergänzte die andere. Ihr Augenaufschlag wurde nur von einer schief hängenden Wimper ein wenig getrübt.

Bednar sah in die Akte. »Sagt mal, warum vergreift ihr euch eigentlich immer nur an braven Ehemännern?«

Die Antwort kam mit selbstverständlichem Spott im Unterton. »Na, weil die normalerweise keine Anzeige erstatten.«

»Ich frage mich wirklich«, sagte Simone zu Nelson, »wozu es im Palmer House diese strengen Damen gibt, die die Korridore überwachen. Und wie es überhaupt sein kann, dass sich einer von zwei so armseligen Kreaturen verführen lässt.«

Ein Mann in der Reihe vor ihr drehte sich um und zwinkerte anzüglich. »Nachts sehen sie besser aus.«

Nach dem letzten Beschuldigten wurden die Verdächtigen von der Bühne geführt und die nächsten neun hereingeholt. Dann ging es wieder von vorne los. Ein Päderast, Diebe, Betrüger, ein falscher Priester und noch mehr Dirnen erzählten ihre kruden

Geschichten. Alle zusammen hätten sie den Gemälden eines Edward Hopper der Unterwelt entsprungen sein können. Simone war seltsam fasziniert und angerührt. Ein wirklich routiniertes Schauspiel wurde hier aufgeführt, obwohl jeder von diesen Menschen doch genau wusste, dass es ein vergebliches war. Möglicherweise, dachte sie, war das ihre Art, ein wenig Würde zu behalten.

Einmal erwischte sie Captain Bednar dabei, wie er in das Publikum schaute, als es sich wieder einmal über eine Aussage amüsierte. Sein Blick war das genaue Gegenteil von seinem Gebaren, seinen Worten. Selbst das Stadium der Resignation hatte seine Miene schon überschritten, seine Augen waren einfach tot. Offenbar war der Captain bereits einen Schritt weiter als die meisten der Kriminellen, die hier vor ihm standen.

NELSON

Die Zeit mit Simone hätte schöner nicht sein können. Alltagsverrichtungen und das Schreiben, die Recherche bereiteten ihm mit ihr gemeinsam ebenso viel Freude wie der vergnügliche Part, der Besuch von Bars und Burlesquen, Kinos und Boxkämpfen. Sie war ein Energiebündel, aber es wurde ihm nie zu viel, er liebte ihren Scharfsinn und Feuereifer. Es schien, als hätte er mit ihr jemanden gefunden, der ihn nie störte. So etwas war verdammt viel wert.

Einmal nahm er sie mit in den Kaninchenstall. Er wollte nun doch dabei zusehen, wie Jack sich einen Schuss setzte. Seit der Army hatte er eine Allergie gegen Nadeln, aber er war es dem Buch schuldig, fand er. Er spürte, dass Simone sich unwohl in der verwahrlosten Wohnung fühlte, aber sie sagte nichts. Er wollte den Besuch kurz halten und ging daher bald mit Jack ins Bad, doch als er wiederkam, unterhielt sie sich angeregt mit Paula Bays. Die Kleine war gerade wieder einmal festen Willens, einen Entzug zu machen. Er wünschte ihr das Beste, glaubte aber kaum, dass es eintreten würde.

Um Simone zu beweisen, dass es auch noch andere Schriftsteller gab, die engagierte Literatur verfassten, trafen sie sich eines Abends, nachdem sie zuvor in einem Restaurant gegessen hatten, dessen Wände mit faustgroßen Wildschwein- und Damhirschköpfen geschmückt waren, die man auf die gleiche Weise geschrumpft hatte wie die Jivaros es mit Menschenköpfen taten, mit Willard Motley in einer Jazzkneipe. Er kannte ihn vom Federal Writers' Project, im Januar war sein erster Roman *Viele finden nicht zurück* erschienen und gleich zum Erfolg geworden. Am Beispiel eines Italoamerikaners zeigte Willard den Kampf um das nackte Überleben und die ethnische Identität, vor allem aber auch die Mängel des Justizsystems und die Zustände in Jugendstrafanstalten auf. Es war ein gutes Buch, seinen Lieblingssatz hatte Nelson herausgeschrieben und zu seinen Notizen gepinnt: *»Live fast, die young, and leave a good-looking corpse«* – lebe schnell, stirb jung und hinterlasse eine gut aussehende Leiche.

Willard war der erste Afroamerikaner, dessen Roman nicht von der Rassendiskriminierung handelte und einen Weißen als Protagonisten hatte, und wie alle anderen war auch Simone verwundert darüber.

»Ich sehe es so«, sagte Willard trocken auf ihre Frage hin, »dass die menschliche Rasse meine Rasse ist.«

»Natürlich, Sie haben recht, aber Ihr Erfolg wird dadurch umso erstaunlicher«, meinte Simone. »Mein Freund Richard Wright wird es nicht leid, immer wieder eine bestimmte Anekdote zu erzählen; es ist eher ein Witz als eine tatsächliche Begebenheit, bringt die Wahrheit aber sehr gut auf den Punkt.«

Dann gab sie die Geschichte, die auch Nelson schon gehört hatte, sehr gut und durchaus witzig zum Besten. Dafür, dass sie ganz zu Anfang mit Humor wenig anzufangen wusste, hatte sie gewaltige Fortschritte gemacht:

»Einmal brachte ein junger Mann seinem Verleger ein Manuskript.

›Hat ein Schwarzer es verfasst?‹, fragte der Verleger.

›Aber nein, es ist doch von mir‹, antwortete der junge Mann.

›Haben Sie denn gar kein schwarzes Blut?‹

›Nein.‹

›Wirklich? Nicht mal einen Tropfen?‹

Der junge Schriftsteller war verunsichert. ›Nein, tut mir leid.‹

›Aber es ist doch ein Roman über die Rassenfrage?‹

›Nein, gar nicht.‹

Der Verleger rang die Hände. ›Dann ist aber der Held ein Schwarzer?‹

›Mitnichten, in dem Buch kommt kein einziger Schwarzer vor.‹

Wutentbrannt hieb der Verleger die Fäuste auf den Tisch. ›Was zum Teufel soll ich dann damit anfangen?‹«

Sie lachten alle, aber Simone wurde sofort wieder ernst. »Die Anekdote hat mich ans Vanguard erinnert, den Jazzclub im Village. Der pure Hass ist bei den aufgeklärteren New Yorkern einer Art gönnerhaftem Snobismus gewichen. Man will teilhaben an den angeblichen Geheimnissen der schwarzen Seele, an ihrer urwüchsigen Gewalt, was eigentlich heißt, das Publikum will das schwarze Musikertrio die Zähne blecken und die Augen rollen sehen.«

»Sensationslust ist ein niederer Trieb und leicht zu befriedigen«, meinte Willard. »Ich wette, die Musiker geben den Leuten, was sie sehen wollen.«

»Und ob«, sagte Simone. »Sie spielen den Hot Jazz mit so gekünstelt übertriebenem Gebaren, dass es den Schaukämpfen der Wrestler gleicht.«

»Die Anekdote zeigt auch den Stellenwert von uns Schriftstellern recht gut«, warf Nelson ein. »Die meisten Verleger suchen den, der am besten amüsiert oder eben die Gier nach Sensationen befriedigt. Denn Bücher brauchen eben auch ein Publikum.« Insgeheim fragte er sich, ob er nicht genau diese Gier anzufachen suchte, indem er Frankie Machine morphinsüchtig hatte werden lassen.

Er wollte Simones Meinung dazu hören und gab ihr darum später zu lesen, was von dem neuen Entwurf bisher stand. Wie erhofft fand sie das »Sammelalbum von Tödlichen Unfellen« einen köstlichen Einfall, und überhaupt hielt sie Sophie für die spannendste Figur. »Der fünfunddreißigpfündige Affe auf Frankies Rücken und wie er ihn immer wieder abzuschütteln versucht, ist eine großartige Metapher für die Sucht«, sagte sie, nachdem sie das letzte Blatt zur Seite gelegt hatte.

Glücklicher hätte sie ihn nicht machen können, und so ließ er sich ein paar Tage vor ihrer Abreise dazu hinreißen, sie noch einmal zu fragen, ob sie nicht für immer bei ihm bleiben wolle. Während eines Abendspaziergangs im Park hatte er sie gebeten, sich auf eine Bank zu setzen, und dann ihre Hand genommen. Ein kühler Wind wehte, und die Dämmerung verwischte bereits Simones Züge, aber ihre Antwort war deutlich.

»All das habe ich dir doch schon einmal gesagt«, endete sie, und ihr mitleidiger Unterton ließ Ärger in ihm aufsteigen. »Ich dachte, wir wären uns darüber einig gewesen.«

»Aber du bist hier doch so gut mit deinem Buch vorangekommen, und wir hatten Spaß dabei!«, beharrte er. »Ich bin mir sicher, dass du auch hier Schriftstellerin und Philosophin sein kannst, sogar hier Fuß fassen kannst, man kennt dich doch schon!«

Doch sie schüttelte nur den Kopf, langsam und entnervt. »Jetzt schreibe ich ein Buch über Amerika, das ist etwas anderes. Eigentlich sind meine Themen andere, und sie betreffen mein Land, mein Paris. Wir stecken in Zeiten des Umbruchs, auch dort, und ich will sie mit meinen Romanen und Essays kommentieren und gestalten.« Sie machte eine kurze Pause. »Und dann ist da noch Sartre.«

Er stieß ihre Hand fort und sprang auf. Was fand sie nur an diesem Gnom? »Ja, am Ende höre ich immer Sartre, den Namen des Mannes, mit dem du seit Jahren schon nicht mehr intim bist und dem du von Anfang an nicht genügt hast. Mir ist es, seit ich dich habe, nicht einmal mehr in den Sinn gekommen, eine Frau mit heimzunehmen!«

Stille. Als sie endlich sprach, war ihre Stimme erstickt. »Du weißt, dass Sartres und meine Verbindung vor allem geistiger Natur ist. Wir brauchen einander.« Noch einmal Stille, dann klang ihre Stimmer wieder fester. »Vor allem wird Sartre mich gerade jetzt brauchen, weil der Kommunismus, wie ihn die Sowjetunion seit der Diktatur Stalins praktiziert, nicht mehr der richtige Weg ist. Wir werden einen anderen finden müssen, das weißt du doch selbst.«

»Kann das dein verehrtes Genie nicht allein?« In Stechschritten rings um die Bank ging er gegen die Hilflosigkeit an, die sich in ihm breitmachen wollte. »Vielleicht wäre es dann besser – und auch ganz praktisch, wenn du eh schon Ausschau hältst –, dass du dir einen anderen Dummen suchst!« Er riss den Hausschlüssel aus seiner Hose und warf ihn Simone auf den Schoß. »Komm mir nicht nach!« Er ging, und sie blieb sitzen. Er schloss die Augen und ließ den Wind für einige Sekunden seine Lider kühlen. Schon nach hundert Metern kam er sich hysterisch vor, aber umkehren konnte er nicht. Die Polonia Bar war ganz in der Nähe, und er war schon länger nicht mehr dort gewesen, aber sowieso tat es in der Not doch jeder Hafen. Einige Bourbon später wurde ihm klar, dass Sartre und er sich eigentlich die Hand reichen konnten. Offenbar kamen sie beide nicht mehr ohne diese Frau aus.

Zu Haus war alles dunkel, Simone lag schon im Bett, aber der Plattenspieler lief, Armstrong aus der guten großen Zeit, was sofort nostalgische Gefühle in ihm weckte. Er zog sich rasch aus und legte sich dann zu ihr, zog sie in seine Arme, fühlte ihre nassen Wangen unter seinen Lippen und entschuldigte sich.

»Jetzt ist alles wieder gut, alles gut«, flüsterte sie, und ihre Küsse gingen ganz beiläufig in ein besonders zärtliches Liebesspiel über.

Danach war ihnen nach Blues, und sie legten Bessie Smith auf. In seinen Armen begann Simone wieder zu weinen. »Es tut mir so leid, Nelson. Ich habe nachgedacht, und glaube mir, ich wäre bereit, das Reisen in Europa, meine Freunde und sicher sogar Sartre aufzugeben, um bei dir zu sein. Aber ich könnte nicht nur für die Liebe leben oder für das Glück. Das wäre zu wenig. Ich will wie du mit meinem Schreiben etwas verändern, das gäbe meinem Leben Bedeutung. Das ist viel schwerer zu erreichen als die Liebe, aber es ist eine Arbeit, die doch getan werden muss. Und ich glaube, wirklich einen Sinn hat das nur dort, wo man verwurzelt ist.«

»Ich weiß.« Mit dem Daumen wischte er ihre Tränen fort. Sie hatte recht mit allem, was sie sagte. Es war zum Verrücktwerden.

»Bitte«, sagte sie, »lass uns an das denken, was wir haben. Lass uns gleich morgen Pläne für das nächste Jahr schmieden, dann können wir uns auf etwas freuen.«

Das machten sie, und sie hielten sich daran fest, bis Simone abreisen musste. Was hätten sie auch sonst tun sollen?

DRITTE ZWISCHEN-ZEIT
(September 1947 bis Mai 1948)

Paris und La Pouëze,
27. September bis 31. Dezember 1947

SIMONE

»Mein geliebter Ehemann,

heute früh, nach vierzehn Stunden erschöpftem Schlaf, sah ich wieder den Mann vor mir, der mir am Flughafen so unerwartet den schönen Strauß weißer Blumen von dir brachte, und musste daran denken, wie meine ganze Tapferkeit dahin war, als ich dich daraufhin noch einmal angerufen habe. So musste ich wieder weinen, und davon sah ich noch eine Stunde später derart scheußlich aus, dass mich Camus, den ich auf der Straße traf, fragte, ob ich schwanger sei; er meinte, ich trüge das typische Gesicht der Schwangeren vor mir her. Das war nun nicht gerade liebenswürdig, aber sonst ist es erstaunlich: Jetzt, wo *Die Pest* ein so großer Erfolg geworden ist, ist er auf einmal ein ganz feiner Kerl und so bescheiden, gar nicht mehr arrogant. Das Buch ist sehr gut, du musst es lesen, wenn es auf Englisch erscheint, da du ja immer noch zu faul bist, Französisch zu lernen.«

Simone hielt inne und legte den roten Füller beiseite. Sie glaubte nicht, dass sie tatsächlich schwanger war, auch wenn die Möglichkeit natürlich bestand. Hier konnte sie im Fall des Falles etwas dagegen tun, aber für das kommende Jahr, wenn sie für viele Wochen mit Nelson auf Reisen wäre, musste sie eine andere Lösung finden. Ganz sicher wollte sie sich nicht in einem fremden, medizinisch unterentwickelten Land mit diesem Problem auseinandersetzen müssen. Aber nun, das hatte noch Zeit. Im immer noch von Streiks und Knappheit gebeutelten Paris – Nelson wollte unbedingt UNRRA spielen, aber sie hatte ihn gebeten, sein Paket mit Reis, Kondensmilch, haltbarer Butter und Fleischkonserven lieber ihrer Mutter zu schicken, sie selbst hatte genug – warteten in den folgenden Wochen ganz andere Herausforderungen auf sie.

Viel an Redaktionsarbeit für *Les Temps Modernes* war liegen geblieben, und so las sie stapelweise eingesandte Texte, musste Zu- und vor allem Absagen schreiben und Abschnitte aus ihrer Reisereportage auswählen und aufpolieren, denn sie sollten im Januar vorab als Artikelserie veröffentlicht werden. Sie hatte außerdem auch Nelson um einen Bericht über Chicago gebeten, doch als dieser im November eintraf, zerbrachen mehrere Köpfe bei dem Versuch, seinen Slang zu übersetzen, also übernahm sie auch das. Das gleiche Hindernis erschwerte die Vermittlung von *Nacht ohne Morgen*, das sie weiteren Verlagen vorgestellt hatte. Schließlich bat sie die Agentin von Richard Wright um Hilfe, die sie engagiert hatte, um ihr neue Artikelaufträge in den USA zu verschaffen. Mit dem Geld dafür wollte sie ihre Reise mit Nelson finanzieren. Nicht zuletzt sollte das Amerikabuch bis Januar fertig werden, also riss sie sich zusammen und bemühte sich um einen geregelten Tagesablauf.

Das gewohnte rosa Hotelzimmer diente ihr nur zum Schlafen, arbeiten ließ sich in dem unbeheizten, feuchten Raum nicht. Wenn sie zwischen acht und neun aufgestanden war, ging sie gleich ins Deux Magots, trank Kaffee und las in Ruhe die Zeitungen, um dann bis etwa ein Uhr zu arbeiten. Zum Mittagessen traf sie sich entweder mit ihrer Mutter oder mit einer Freundin, meist mit Olga Bost oder Bianca Lamblin. Die Nachmittage verbrachte sie mit Sartre in der Wohnung ihrer langjährigen Bekannten Madame Morel, die die meiste Zeit fernab in ihrem Landhaus weilte. Nach wie vor redigierten Sartre und sie sich gegenseitig und besprachen Anstehendes; da seine Abende aber entweder politisch oder amourös verplant waren, nutzten sie diese Stunden nun auch zum Plaudern.

Sartre war immer noch mit Dolores zusammen, die ihn aber erst im kommenden Jahr wieder besuchen würde, genau dann, wenn sie selbst mit Nelson auf Reisen wäre. Sartres Interesse an dieser Frau verebbte glücklicherweise langsam; inzwischen hatte er Gefallen an einer dreiundzwanzigjährigen amerikanischen Journalistin namens Sally Swing Shelley gefunden, die wegen des Besuchs von Prinzessin Elizabeth in Paris war. Folglich wollte er dringend seine neuesten Bettgeschichten bei ihr loswerden. Sie selbst hielt sich vornehm zurück, denn sie wusste, Nelson wäre das gar nicht recht gewesen, und Sartre fragte auch nicht nach. Freie gemeinsame Abende waren selten, in aller Regel waren sie Veranstaltungen und politischen Zusammenkünften vorbehalten.

Sartre wollte der Politik de Gaulles mit aller Macht entgegentreten und Frankreich von der dritten Option, einer Politik jenseits der beiden Pole des amerikanischen Kapitalismus der Bourgeoisie und der Rigidität des sowjetischen Kommunismus, überzeugen, und natürlich unterstützte sie ihn dabei. Es war furchtbar, dass de Gaulle immer noch so viele Anhänger hatte. Die Aufbruchsstimmung der unmittelbaren Nachkriegszeit war verflogen. Im Quartier Latin begannen die Studenten wieder damit, jüdische Kommilitonen zu drangsalieren und antisemitische Artikel gegen Professoren zu verfassen; ehemalige Kollaborateure wurden stillschweigend rehabilitiert. Konnte es denn wirklich sein, dass Frankreich eine Art Faschismus drohte? Dagegen musste etwas unternommen werden, und ihr Mittel zum Zweck war unter anderem eine wöchentliche Sendung beim staatlichen Rundfunk, in der die Redaktionsmitglieder von *Les Temps Modernes* ihre Überlegungen diskutierten. Viel Arbeit und letztlich leider sinnlos, da de Gaulle am 19. Oktober dennoch einen überwältigenden Sieg davontrug. Die Angriffe gegen den General brachten Sartre außerdem nicht nur die Rücksendung seiner Werke durch zahlreiche Buchhandlungen, sondern auch eine Flut von Drohbriefen ein, sodass sie Auftritte in der Öffentlichkeit bald auf ein Minimum reduzieren mussten.

Doch Aufgeben war keine Option. Wenig später schlossen sie sich dem von dem Journalisten und Widerstandskämpfer Georges Altman sowie dem Aktivisten David Rousset, der Buchenwald überlebt und sehr bewegend darüber berichtet hatte, frisch gegründeten *rassemblement démocratique révolutionnaire* an, um ein Manifest zu formulieren, das die Sicherung des Friedens durch einen europäischen Sozialismus forderte. Das Aufsetzen dieser Schrift war ein wahrlich zähes Unterfangen, vermutlich ließ sich so gut wie alles andere leichter bewerkstelligen, als zwanzig Intellektuelle zu einer Einigung zu bringen. Sosehr sie Nelson gegenüber die Wichtigkeit der politischen Arbeit auch verteidigt hatte, so sehr war sie ihrer schon bald überdrüssig.

Neben aller Unbill bereitete es ihr Unbehagen zu registrieren, wie wenig ernst man sie als Frau in diesen Angelegenheiten nahm. Zum ersten Mal fühlte sie sich tatsächlich wie das Anhängsel Sartres, als das sie oft dargestellt wurde. Wirkliche Freude machte ihr die Realpolitik jedoch ohnehin nicht. Vielleicht war ihr Weg eben der, ihre Philosophie der Freiheit über das Schreiben zu verbreiten, mittels Essays für das Fachpublikum – gerade war *Für eine Moral der Doppelsinnigkeit* erschienen, in dem sie das eigentlich von Sartre am Ende von *Das Sein und das Nichts* gegebene, aber noch offene Versprechen einer Ethik des Existenzialismus einzulösen suchte – und Romanen, mit denen sich die große Masse ansprechen ließ.

In diesem nüchternen, oft zermürbenden Arbeitsleben war es eine unglaubliche Wohltat, zwischendurch immer wieder auf den unendlichen Schatz an Gefühlen zurückgreifen zu können, den jeder Gedanke an Nelson mit sich brachte. Das Glück der gemeinsamen Erlebnisse im Kopf, das Brennen der Liebe im Herzen und selbst die Traurigkeit der Trennung im Magen waren ihr wertvolle Anker im Alltag. »Ich habe nie jemanden in der gleichen Art geliebt wie dich«, schrieb sie ihm, »bei dir fühle ich ganz und gar, eine Frau in den Armen eines Mannes zu sein.«

Ende November setzte endlich auch in ihrem direkten Umfeld Entspannung ein; die Früchte der harten Arbeit auf allen Ebenen konnten geerntet werden. Nun ging es mit Sartre zu Madame Morel ins Landhaus in La Pouëze, wo sie schon so viele Urlaube verbracht hatten. Bis zum Ende des Jahres konnte sie in ihrem kleinen Zimmer nichts tun als lesen, in Sartres Arbeitszimmer am Amerikabuch schreiben und es sich gut gehen lassen. Sie verbrachten ihre Tage beide in Morgenmantel und Pantoffeln, genossen die Wärme und den Geruch des brennenden Holzes, tranken Tee und Apfelschnaps und bekamen abends Suppe und herrliche, mit gebratenen Äpfeln gefüllte Crêpes vorgesetzt. So ließ es sich wahrlich leben!

Endlich hatte sie auch die Muße, *An American Dilemma* zu lesen. Wie von Richard versprochen war es großartig, der Autor behandelte nicht nur die Schwarzenfrage, sondern auch viele andere amerikanische Probleme. Vor allem aber wies er auf einige interessante Analogien zwischen dem Status der Afroamerikaner und dem der Frauen hin, was sie an ihr Gespräch darüber mit Nelson erinnerte und den Gedankenfluss zu ihrem anderen Schreibvorhaben wieder in Gang setzte.

Und so machte sich, während sie noch am Chicago-Kapitel ihrer Reportage schrieb, langsam, aber sicher vorfreudige Unruhe in ihr breit. Den Silvesterabend beging sie mit dem festen Vorsatz, ihr Buch über die Frauen sollte ebenso groß und wichtig werden wie das von Myrdal über die Schwarzen.

NELSON

Mitte Oktober bot Nelson Paula Bays an, bei ihm einen kalten Entzug zu machen. »Es mit meinem Alten zu versuchen, is einfach hoffnungslos, der hat mich doch höchstpersönlich an die Nadel und aufn Strich gebracht«, hatte sie geweint, als sie wieder einmal zu ihm gekommen war, um sich in Ruhe einen Schuss zu setzen, und er hatte sich irgendwie verantwortlich für sie gefühlt.

Er berichtete Simone davon, und sie protestierte demonstrativ scherzhaft, sie wolle nicht, dass die unechte Blonde in ihr gemeinsames Nest einfalle, denn dann würde sie *ihren* Whiskey trinken, *ihren* Rumkuchen essen, in *ihrem* Bett schlafen und vielleicht sogar mit *ihrem* Mann. Die Fremde würde den besten Ort der Welt dann sicher nie mehr verlassen wollen, und so bliebe ihr, Simone, nichts anderes übrig, als selbst Morphium zu nehmen. In einem Nachsatz relativierte sie alles, nannte sich selbst furchtbar egoistisch und betonte, ihn in seiner Freiheit nicht einschränken zu wollen; er solle das tun, was er für richtig halte. Ihre Eifersucht schmeichelte ihm, aber er blieb bei seiner Entscheidung.

Paula kam eines Morgens Ende Oktober, blass und dünn, Morphin im Blut, aber nicht in den Taschen, Entschlossenheit im Blick. Er hatte Unmengen von Süßigkeiten in seinem Vorratsschrank eingelagert; damit konnte sie sicher den ersten Tag überstehen, danach würde ein halber Liter Scotch die Entzugserscheinungen mildern. Parallel zur Konzentration der Droge würde aber auch ihr Wille abnehmen, das war klar, darum würde er, so hatten sie es abgemacht, die Schlafzimmertür abschließen, wenn es erst richtig losging.

»Du weißt, ich kann viel erzählen, wenn der Tach lang is, aber lass mich bloß nich raus, hörst du?«, insistierte Paula noch einmal, während sie in die Mitte des Bettes krabbelte und es sich im Schneidersitz bequem machte. »Unter gar keinen Umständen!«

Er warf ihr eine Packung Peppermint Patties und eine Schachtel Zigaretten zu und setzte sich auf den Stuhl neben dem Bett. Eine Weile redeten sie über dies und das. Paula ließ ein paar Storys über ihre Freier vom Stapel. Die beste hob sie sich für den Schluss auf. »Einer wollte es bloß seiner Frau heimzahlen, das war son richtig treudoofes Kerlchen, noch nie bei ner Nutte gewesen. Der Ärmste war schwer gekränkt, weil der Wunderheiler, den er seiner Frau seit Wochen bezahlte, ne ganz spezielle Spielart des Handauflegens praktizierte, wenn du verstehst, was ich mein.« Sie lachte heiser, dann wurde sie ernst. »Hör mal, Nelson, du musst mich nicht die ganze Zeit bemuttern oder so, mir geht's gut, kannst mich ruhig allein lassen. Ich hau mich aufs Ohr, hab Schlaf nachzuholen.«

Er ging nach nebenan und versuchte zu arbeiten. In der Küche lehnte eine alte Matratze an der Spüle, die er von einer Nachbarin bekommen hatte. Je nachdem, wie die Lage sich entwickelte, würde er entweder hier schlafen oder sein Lager, falls er entschied, es wäre besser, Paula nicht aus den Augen zu lassen, neben dem Bett aufschlagen. Der Tiger war auf die Matratze gesprungen, hatte es sich auf der schmalen Kante bequem gemacht und versuchte, ihn jetzt zu hypnotisieren, indem er ihn beständig anstarrte, unterbrochen von kurzen Blicken zum Futternapf. Eine gute Gelegenheit, sich in Standhaftigkeit zu üben. In den Stunden, in denen Paula schlief, würde das Morphin abgebaut und aus ihr eine andere werden. Alles Angenehme, was die Droge bewirkte – Taubheit gegenüber äußerem und innerem Schmerz, Muskelentspannung, vertiefte Atmung, erniedrigter Blutdruck und Puls, vor allem aber das Gefühl vollständiger Glückseligkeit –, würde dann nicht nur rückgängig gemacht, sondern auch ins Gegenteil umschlagen, wenn der Körper nicht wieder bekam, wonach er verlangte.

Doch er erlebte eine angenehme Überraschung, als Paula am späten Nachmittag aus dem Schlafzimmer kam. Auf ihrer Oberlippe stand Schweiß, aber sonst schien sie in Ordnung zu sein. »Ach, das tat gut«, sagte sie und streckte sich. »Ich könnt jetzt ein Snickers und nen Drink gebrauchen.«

Beides konnte sie haben, und für die nächsten Stunden war die Welt noch in Ordnung.

Abends allerdings fiel Paula plötzlich ein, dass sie etwas Wichtiges im Kaninchenstall vergessen hatte. »Ich geh's kurz holen, ja? Dauert nich lang, und ich bin wieder da.« Ihr Kinn bebte bei dem Versuch zu lächeln.

Er sah sie an. »Paula, wem willst du das erzählen, dir oder mir oder nem Typen, der an fortschreitender Verblödung leidet?« Die Wohnungstür hatte er glücklicherweise bereits abgeschlossen, der Schlüssel befand sich in seiner Hosentasche.

Doch noch versuchte sie nicht abzuhauen. Sie setzte sich wieder an den Tisch und fiel in sich zusammen wie ein misslungenes Soufflé. »Schon gut. Möchte dich mal sehen. Soll ich dir erzählen, wie sich der Scheiß anfühlt?«

»Unbedingt.«

»Jetzt gerade isses so, wie wenn da ne Klaue tief in meinem Magen wär, mit nur einer Kralle dran. Und ab und zu zuckt sie, kratzt ganz leicht, kitzelt eher an meinen Eingeweiden. Schon das macht mich kirre. Aber schlimmer is, dass ich weiß, wie's bald weitergeht.« Ihre Beine unter dem Tisch wippten. »Dann kriecht die Klaue nämlich langsam hoch, kratzt sich einen Weg zum Herzen frei, kritzkratz, und das kriegt Schiss und fängt an, zu flattern wie blöd. Gleichzeitig macht sich auch der Magen auf den Weg, und irgendwann biste sicher, dass du ihn gleich auskotzen wirst. Ich brauch Ablenkung, verstehste? Und noch ein Glas.«

Also spielten sie Karten, ein Spiel für Kinder, das wenig Konzentration erforderte, aßen M&M's und tranken, bis Paula gegen zwei Uhr morgens die Augen zufielen. Nelson führte sie zum Bett und war froh, dass sie schon bald darauf leise schnarchte, ihr Gesicht im Mondlicht schimmernd vor Schweiß. Sein Platz war hier bei ihr, das stand fest. Er richtete sich sein Lager neben dem Bett und schlief bald ein. Als Paula das nächste Mal aufwachte, war der Spaß vorbei.

»Mir is furchtbar schlecht, Nelson«, stöhnte sie, aufrecht im Bett sitzend.

In Nullkommanichts war er auf den Beinen. »Willst du ein Glas Wasser?«

Sie verzog nur das Gesicht und krümmte sich, dann stürzte sie zur Toilette. Er lief ihr nach, hielt ihr den Kopf. Bald kam nichts mehr als Galle, aber sie würgte und würgte noch lange weiter. Schließlich trug er sie ins Bett, wo sie erschöpft einschlief. In der Morgendämmerung wachte sie erneut auf, und inzwischen hatte die Sucht ihren Willen niedergerungen. So, wie sie war, sprang sie über seine Matratze, lief in die Küche und zur Wohnungstür, riss an dem Knauf, dass er Angst bekam, die Tür könnte tatsächlich nachgeben.

Er eilte ihr nach. »Paula, hör auf!«

Sie fuhr herum, das Gesicht eine Fratze aus Wut. »Lass mich raus, Nelson. Sofort!«

»Nein, Paula. Stattdessen werde ich tun, was du mir gestern gesagt hast, weißt du noch? Komm wieder ins Schlafzimmer.«

Sie fletschte die Zähne. »Einen Scheiß hab ich gesagt. Lass mich gehen, hörst du! Das ist Freiheitsberaubung!« Wieder rüttelte sie an der Tür.

»Paula.« Er griff sie bei der Hüfte und zog sie zurück.

»Mistkerl!« Sie riss sich los und warf sich gegen ihn, schlug mit der Kraft der Verzweiflung auf ihn ein, versuchte, zu beißen und zu kratzen. Er hielt sie auf Abstand und ließ sie wüten, bis sie sich verausgabt hatte. Er war froh, die Nachbarn vorgewarnt zu haben, sonst hätte sicher schon die Polizei vor der Haustür gestanden. Irgendwann sackte Paula in sich zusammen, und er fing sie auf. »Lass mich doch bitte gehen«, flüsterte sie, den Kopf an seiner Schulter.

»Bald hast du es geschafft, glaub mir«, sagte er, brachte sie ins Schlafzimmer und verschloss nun auch dort die Tür.

Wie sehr er sich verschätzt hatte, zeigte sich im Laufe des Tages, dessen Stunden so zäh und endlos schienen wie die, die er in seiner Kindheit in der Kiste auf der Veranda verbracht hatte. Längst fragte er sich, ob er sich nicht übernommen hatte. Paula schien rapide an Gewicht verloren zu haben, das Weiß ihrer Haut war zu einem durchscheinenden Grau geworden. Krämpfe, Bewusstlosigkeit und Energieschübe, während derer sie ihn entweder um Stoff anbettelte oder körperlich anging, wechselten sich ab, und wenn ihr die Kraft ausging, prasselten endlose Flüche auf ihn ein, bis die Krämpfe wieder die Überhand gewannen. Er hätte sich liebend gern weiter beschimpfen lassen, statt mitansehen zu müssen, wie Paula sich auf dem Bett wand, schweißgebadet, halb wahnsinnig vor Schmerz und immer wieder »ich sterbe« wimmernd.

In der Nacht, wieder einmal aus zwischenzeitlicher Bewusstlosigkeit erwacht, riss Paula plötzlich die Augen weit auf, ließ sie in den Höhlen hin und her rollen und streckte tastend eine Hand vor sich aus, obwohl die Nachttischlampe brannte. »Oh Gott! Ich seh nichts mehr, Nelson. Ich bin …, oh bitte, Gott, mach, dass ich nich blind bin!« Mit jedem Wort wurde sie lauter, panischer. »Ich werd sterben, einfach sterben, ich brauch jetzt was, bitte!«

Er war sofort bei ihr, hielt sie, und mit einem Mal kam es ihm sehr wahrscheinlich vor, dass genau das passieren würde. Und wenn sie nicht starb, würde sie vielleicht wahnsinnig werden. Er selbst war wahnsinnig gewesen, das Ganze überhaupt zuzulassen. Jetzt würde nur eines helfen. »Paula, pass auf. Ich gehe jetzt und besorg dir, was du brauchst, okay? Ich schließe die Türen sowieso ab, aber tu mir den Gefallen und bleib trotzdem einfach ganz ruhig liegen, ja?«

Sofort entspannte sie sich etwas. »Oh danke, Nelson, danke, ich mach, was du sagst. Bin ein braves Mädchen, ganz brav. Komm nur schnell wieder!«

Es war nach drei Uhr morgens, also nahm er ein Taxi zur West Madison Street, wo Paula normalerweise anschaffte. Vielleicht wussten die anderen Nutten ja, wo er ihren Dealer finden konnte. Im Kaninchenstall versuchte er es erst gar nicht, dort sollte niemand wissen, wo Paula zurzeit war. Es nieselte, nur wenige Menschen waren unterwegs, aber in den Eingängen standen immer noch Frauen und versuchten, die Vorübergehenden hineinzulocken. Doch keine von ihnen konnte oder wollte ihm helfen. Sie stellten sich dumm, um nicht ihre eigene Haut zu riskieren, schließlich konnte er wer weiß wer sein. Seine Augen brannten vor Müdigkeit und Verzweiflung. An einer Straßenecke entdeckte er einen White Tower Hamburgers, der noch geöffnet hatte; der erleuchtete Innenraum eine schaurig-schöne Oase inmitten der schwärzesten Stunde der Nacht. Wenn er sich dort ans Fenster setzte, könnte er nach einem Dealer Ausschau halten und wäre gleichzeitig im Trockenen.

Drinnen fiel ihm ein, dass er keine Ahnung hatte, worauf er achten musste, aber er hatte seinen Kaffee noch nicht zur Hälfte ausgetrunken, da war ihm das Glück holder als je am Pokertisch. Ein kleiner Mann kam herein, ein Bein nachziehend, eine doppellinsige Brille im von einer in die Stirn gezogenen Kappe beschatteten Gesicht. Irgendetwas an ihm wirkte so falsch, dass er einfach der Richtige sein musste. Nelson stellte sich zu ihm an die Theke und versuchte, über den Spiegel dahinter Blickkontakt aufzunehmen. »Ich bin ein Freund von Paula Bays, sie braucht Hilfe«, wisperte er ihm schließlich zu.

Der Mann erstarrte für einen Moment, dann betrachtete er ihn mit unverhohlener Skepsis. »Und da schickt sie mir ausgerechnet einen Spießer hinterher?«

Nelson zeigte ihm seine Brieftasche. Wie von Zauberhand war plötzlich Vertrauen zwischen ihnen hergestellt. »Nenn mich Max«, stellte das Hinkebein sich vor. »Gehen wir raus.«

Draußen wollte der Dealer ihm etwas zustecken, aber Nelson erklärte ihm, dass er unbedingt mitkommen müsse, um Paula den Druck zu setzen. Glücklicherweise willigte er sofort ein. Gleich sind wir da, halte durch, beschwor Nelson Paula die ganze Taxifahrt über in Gedanken.

Als sie die Schlafzimmertür öffneten, lag sie gekrümmt auf dem Fußboden, leise vor sich hin jammernd. Sie sah aus wie der blühende Tod.

»Max ist hier, Süße, gleich geht's dir besser.« Er kniete sich zu ihr und drehte sie zu sich herum. Als er nach ihrem Ärmel griff und ihn hochschob, öffnete Paula die blicklosen Augen und begann zu lächeln. Und nicht nur das: Nelson konnte es kaum glauben, aber auf ihren Wangen zeigte sich eine zarte Röte. Mit einem Mal sah er das Bild des pawlowschen Hundes vor sich. So wie die Glocke den Speichelfluss des Tieres in Erwartung des Futters anregte, antizipierte Paulas Gehirn durch die Berührung des Dealers schon die Nadel und das Morphin, das gleich durch sie hindurchfließen würde.

Am folgenden Nachmittag verließ Paula, nachdem sie sich beide gegenseitig ihre Versagensgefühle ausgeredet hatten, seine Wohnung mit dem Versprechen, sich für den nächsten Versuch in eine Klinik zu begeben. Er brauchte einen ganzen Tag, um sich wieder zu fangen. Aber so traurig es war, dass er Paula nicht hatte helfen können, so hilfreich war diese Episode letztlich auch, um seinem Manuskript besondere Würze zu verleihen. In den nächsten Monaten tat er praktisch nichts anderes mehr, als am Schreibtisch zu sitzen, von seiner Teilnahme an einigen Diskussionsrunden einmal abgesehen. Simone zuliebe ließ er von den Pferdewetten und dem Kartenspielen ab, von den Frauen sowieso, auch wenn es ihm nicht leichtfiel, über eine so lange Zeit abstinent zu bleiben. Er schrieb Simone von den beiden Malen, bei denen sein Körper beinahe schwach geworden wäre, hätte nicht sein Geist ihn im Zaum gehalten.

Schon Monate zuvor hatte sie diese Situation gedanklich vorweggenommen und ihm geschrieben, sie könne und wolle während langer Zeiten der Trennung keine Treue von ihm verlangen, wenngleich sie selbst sich nicht vorstellen könne, einen anderen Mann als ihn zu berühren. Damals hatte er das lächerlich gefunden und Simone in seinem nächsten Brief damit aufgezogen, dass er nicht der instinktgesteuerte Höhlenmensch sei, als den sie ihn sich offenbar vorstellte. Prompt brachte sie ihn zum Lachen, indem sie daraufhin alles zurücknahm und schriftlich einen Stacheldrahtzaun um das Wabansia-Nest zog und außerdem seine Haut und seine Lippen vergiftete, damit keine Frau an den ihr ganz allein gehörenden Mann herankommen könne. Das zu lesen, war ihm tatsächlich sehr viel lieber gewesen.

Auch nach seinem Geständnis schrieb sie wieder, er bräuchte sich nicht zurückhalten, sie sei sicher, dies könnte ihrer beider Beziehung nichts anhaben, solange die anderen Frauen ihm nichts bedeuteten. Doch er selbst war froh, der Versuchung standgehalten zu haben.

Sich dazu noch von allen anderen Vergnügungen fernzuhalten,

um bis zur Abreise mit dem Schreiben fertig zu werden, war allerdings durchaus deprimierend. Trotzdem kam er insgesamt besser über den Winter als in den Jahren zuvor, in denen das Gefühl von Niedergeschlagenheit oft erdrückend gewesen war. Die Vorfreude der Reiseplanung erhellte seine Tage. Auch Simone zelebrierte sie ausgiebig. Sie legten eine Route fest und änderten sie wieder, sie einigten sich auf ein Datum und verlegten es, aber währenddessen tat die Zeit, was sie immer tat: Sie schritt unaufhörlich voran und ließ das ersehnte Ereignis damit immer näher rücken.

Im April beendete Nelson vorerst die Überarbeitung seines Manuskripts und schickte es an seinen Verleger. Es war immer noch recht roh, würde McCormick aber eine Vorstellung davon geben, worauf er nun mit dem Buch hinauswollte, sodass dieser mit dem Redigieren beginnen konnte. Als vorläufigen Titel hatte er *Das Herz des Gauners* gewählt, war damit aber ebenso wenig zufrieden wie mit allen anderen Titeln, die er mit Simone schon diskutiert hatte: *Die Toten, die Betrunkenen und die Sterbenden, Das schwächere Schaf, Der Affe stirbt nie, Abstieg zum Rande der Nacht* – das alles verriet zu viel, zu wenig, war einfach nicht gut genug. Doch er beschloss, sich keine Sorgen mehr deswegen zu machen, denn er wollte die nahen Monate mit Simone unbeschwert auskosten. Seine Geldsorgen der bevorstehenden Ausgaben wegen hatten sich schließlich auch schon längst und von ganz allein in Luft aufgelöst. Die Newberry Library hatte ihm ab Februar ein Autorenstipendium in Höhe von zweihundert Dollar monatlich gewährt, das noch bis Oktober lief, und Avon Publications würde *Nacht ohne Morgen* demnächst in gekürzter Fassung als Taschenbuch herausbringen. Die tausend Dollar Vorschuss hatte er schon in der Tasche.

Die Zeit der Entbehrungen fand nun endlich ein Ende. Bald würde er ganz neue Gesichter sehen, fremde Länder, die Überbleibsel untergegangener Kulturen, den Regenwald, und vor allem würde er lachen, trinken, reden und Sex haben mit der Frau, die er liebte.

Paris und New York City,
1. Januar bis 8. Mai 1948

SIMONE

Noch in La Pouëze hatte sie ihre alten Notizen für das Buch über die Frauen durchgearbeitet und eine neue Gliederung erstellt. Kaum zurück in Paris, gab sie die fertige Reisereportage zum Abtippen an ihre Schreibkraft und verbrachte von da an unzählige Stunden in der Bibliothek. Sie wollte die Frau als Mensch und Konstrukt von allen Seiten durchleuchten und erforschen, ob deren spezifische Probleme wirklich damit zu tun hatten, dass sie selbst in besonderer Weise spezifisch wären. Dazu musste sie in zahlreichen Disziplinen recherchieren: Geschichte, Sozialwissenschaften, Biologie, Psychoanalyse, Recht, Mythologie und Literatur. Doch das schreckte sie nicht, ganz im Gegenteil fühlte sie sich in die Zeit ihres Studiums zurückversetzt. Was für eine unbändige, lange nicht gekannte Freude sie plötzlich wieder bei der Arbeit empfand!

Wann immer Sartre sie brauchte, war sie dennoch stets für ihn da. Ende Januar begleitete sie ihn zur Premiere von *Die Fliegen* für eine Woche nach Berlin; vornehmlich sollte er einen Vortrag halten und die anschließende Diskussion leiten, aber auch andere Veranstaltungen wurden organisiert. Zunächst löste der Gedanke, Deutsche zu sehen und mit ihnen sprechen zu müssen, Widerwillen in ihr aus, doch kaum hatte sie ihren Fuß auf den Trümmerboden gesetzt, war die Wut verflogen. Der Alexanderplatz, Unter den Linden: Schutt und Ruinen, es gab nichts anderes mehr. Die Menschen waren bleich und hohlwangig, oft verkrüppelt, und wie überall auf der Welt in Zeiten der Not trugen sie Säcke und Bündel mit sich herum oder schoben kleine Karren vor sich her und lasen, während sie gingen, Dinge von der Straße auf, und wenn es nur Sägespänen waren. Einmal brachte ein französischer Kommandant sie zu den Resten des Ortes, der so einen gigantischen Albtraum über die Welt gebracht hatte: Hitlers Reichskanzlei. Doch der Mörtel unter ihren Füßen fühlte sich nicht anders an als anderswo.

Mit Faszination beobachtete sie, wie sehr die Frage der Schuld und der Reue alle Deutschen beschäftigte, wenigstens in den Kreisen, in denen sie sich bewegten. Ein Student warf die Frage auf, ob man denn als Antinazi schuldig sein könne, nur weil man nichts getan habe. Sartre erläuterte ihm, dass im Grunde ein jeder für alles, was um ihn herum geschah, einen Teil der Verantwortung trug, besonders im eigenen Land. Es war also vollkommen richtig, Schuld zu fühlen und die kollektive Verantwortung zu übernehmen, doch das durfte nicht in Scham und Demütigung resultieren, sondern musste den unbedingten Willen erzeugen, von nun an richtig zu handeln.

Nach der Reise fand sie sich mehr, als ihr lieb war, wieder in Sartres politische Aktivitäten verstrickt. Sie freute sich über seinen und Roussets wachsenden Erfolg – am 16. März kamen viertausend Interessierte zu einer Veranstaltung –, doch die zahlreichen Termine stahlen ihr Zeit für das Buch und die Vorbereitungen ihrer Reise, die ihr doch so wichtig war. Wann immer es zwischendurch ging, durchforstete sie Prospekte und Reiseführer, befragte einen Ethnologen und Bekannte nach lohnenden Destinationen. Richard Wright, der sich inzwischen gut in Paris eingelebt hatte, auch wenn er die Knappheit an Kohle, Benzin und Lebensmitteln beklagte, empfahl Mexiko und besonders Mérida auf Yucatán; René Maheu, der gerade von einer Konferenz der UNESCO in Lateinamerika heimgekehrt war, pries Veracruz und Mexico City an.

Über all das tauschte sie mit Nelson unzählige Briefe aus. Bald schon drängte er sie, sich auf ein Ankunftsdatum festzulegen, aber das war nicht so einfach, denn Sartres Pläne änderten sich ständig. Fest stand, sie wollte mindestens vier Monate in Amerika bleiben. Zwei davon waren fürs gemeinsame Reisen reserviert, und beginnen sollte alles mit einer Fahrt auf dem Raddampfer den Ohio und Mississippi bis nach New Orleans hinab. Nelson wollte auf dem Schiff ihren »Hochzeitstag«, den 10. Mai, feierlich begehen und die Flitterwochen nachholen, und diese romantische Vorstellung gefiel ihr außerordentlich. Nach den beiden Monaten wollte sie Nathalie in Kalifornien besuchen und anschließend noch einige Wochen in Chicago im Wabansia-Nest verbringen. Zwischenzeitlich überfiel sie überraschend Unsicherheit darüber, wie gut sie beide über eine so lange Zeit miteinander auskommen würden. Nelson war der freundlichste, aufrichtigste und lustigste Mann, den sie kannte, aber seine dunkle Seite war nicht zu verleugnen.

Sie selbst hatte sich ihm gegenüber bislang beinahe immer von ihrer besten Seite gezeigt, aber sie war mitunter auch furchtbar neurotisch und gerade auf Reisen – sie hatte ihm schon abgerungen, dass sie die Tage organisieren durfte, während er für die Nächte verantwortlich zeichnete – mit ihrem Aktionismus oft schrecklich anstrengend. Das konnte nicht nur die kleine Zeichnung von Jacques-Laurent Bost bezeugen, Olgas Ehemann, mit dem sie über Jahre eine Affäre gehabt hatte. Sie zeigte Simone, wie sie Bost nach tagelangen Wanderungen in den Bergen der Haute-Savoie immer noch hinter sich herzog, obwohl er inzwischen nur noch kriechen konnte und Bäche an Tränen in der Hoffnung auf Gnade vergoss. Sartre, der sie gern »Kilometerfresserin« nannte, hatte sich damals bestens darüber amüsiert.

Doch auch solche Befürchtungen konnte sie mit Nelson teilen, und wie sich zeigte, war er seinerseits ebenfalls nicht frei davon. Er schlug ihr scherzhaft vor, seine Stimme vorab auf Tonband aufzunehmen, für den Fall, dass es Tage geben würde, an denen er nicht mit ihr spräche. Und er berichtete ihr von einem Albtraum, in dem er wach, aber bewegungsunfähig, wie von etwas Schwerem niedergedrückt, im dunklen Zimmer lag, während er die bedrohliche Präsenz von jemandem fühlte, den er schließlich als sich selbst identifizierte. Laut ihrer Deutung war es die dumme, unausgeglichene, scheue Seite des Krokodils gewesen, die im Bett gelegen hatte, und der kluge, zuvorkommende und mutige Junge aus Chicago war gekommen, um es in die Schranken zu weisen. Im Gegenzug schickte er ihr die »sieben Froschgebote«, mit deren Befolgung sie sicherstellen konnte, dass das Krokodil, sollte es sich doch einmal durchsetzen, sie nicht fressen würde. »Ich werde sie alle befolgen«, antwortete sie ihm, »obwohl es sicher sehr angenehm und warm wäre, als Frosch voller Muße in deinem Krokodilmagen herumzuliegen.«

Beide hatten sie zwei Gesichter, so war es doch, und das war Nelson auch vor ihrem Geständnis nicht völlig entgangen. Er hatte eines ihrer Stücke und viele ihrer englischen Artikel gelesen und konnte die sachlich ernste, bisweilen steife und didaktische Simone, wie er es nannte, nicht mit der gelösten, immer glücklichen und meist lachenden Frau in seiner Wohnung übereinbringen. Sie erklärte ihm, es sei doch kein Wunder, wenn sie ihn stets mit einem fröhlichen Gesicht ansähe, die Welt aber ganz anders, denn die Welt sei einfach nicht so gut wie er. Ihr eigenes, einziges Leben erschien ihr zu wichtig, um manches, vor allem das Unrecht, das geschah, nicht sehr ernst zu nehmen. Solange sie lebte, wollte sie leidenschaftlich sein, und dazu gehörte eben auch, mit den schlechten Menschen zu streiten und sich viele Dinge wirklich zu Herzen zu nehmen.

Es war süß, mit Nelson auf so vertrauensvolle Weise über alles sprechen und einander auch necken zu können; es war der beste Beweis dafür, wie eng sie beide sich schon miteinander verwoben fühlten. Ihre Bedenken machten sich endlich davon und ließen glückliches Fieber zurück. Je weiter die Tage voranschritten, desto greifbarer wurde die bevorstehende Zeit mit Nelson durch die Vorbereitungen, die sie nun traf. Sie ließ sich einige schöne Kleider schneidern, darunter auch ein seidenes Hauskleid, in dem sie beim Geschirrspülen besser aussehen würde als in Nelsons altem Bademantel, und endlich auch den fehlenden Zahn ersetzen. Ihr vierzigster Geburtstag im Januar hatte doch etwas an ihr genagt. Wenn sie schon nicht mehr jung war, wollte sie wenigstens schön für Nelson sein.

Auch das Thema der Verhütung galt es noch zu lösen. Bisher hatte sie immer die Männer gebeten, sich darum zu kümmern, mit Nelson jedoch noch keine Maßnahmen getroffen. Sie fand die Vorstellung befremdlich, gleich nach dem Verkehr aus dem Zimmer eilen zu müssen, um eine Spülung vorzunehmen. Nelson zeigte sich bereit zu den üblichen Vorkehrungen wie Kondomen oder Coitus interruptus, doch beides lehnte sie ab. Er sollte so frei wie möglich sein und solche Vorsicht keinen Platz in ihrer beider Leben einnehmen, nicht im Alltag und schon gar nicht im Bett. Sie suchte nach etwas, das mehr Freiheit garantierte, und glücklicherweise fand sie es schließlich mithilfe ihrer alten Freundin Stépha Gerassi, die einst die Gouvernante ihrer Jugendfreundin Zaza gewesen war und jetzt in Amerika lebte.

Als Simone am 5. Mai endlich in New York ankam, wo sie vier Tage verbringen würde, brachte Stépha sie zu einer fließend Französisch sprechenden Ärztin, die ihr ein Diaphragma anpasste und alles bestens erklärte. Nun stand einer entspannten Zeit eigentlich nichts mehr im Wege – bis auf eines: Kurz vor ihrer Abreise hatten sich Sartres Pläne für den Sommer wieder geändert. Dolores stellte sich quer und wollte nicht nach Paris kommen; nun standen andere Dinge für den Sommer an, und Sartre würde sie brauchen. Nicht zuletzt gab es auch für ihr eigenes Buch noch unendlich viel zu tun, also hatte sie ihre Abreise kurzerhand von September auf Juli vorverlegt. Nelson hatte sie davon nichts erzählt; ihm das beizubringen, stand ihr leider noch bevor.

Den Flieger nach Chicago bestieg sie mit einem mulmigen Gefühl.

VIER (MAI BIS JULI 1948)

Gemeinsam auf Reisen

Chicago, Cincinnati und New Orleans,
08. bis 25. Mai 1948

NELSON

»Ich traf auf eine seltsame Kreatur, offenbar ausländischer Herkunft, die ziellos die Wabansia Avenue hinunterrannte. Ich nahm sie in der Absicht, die Polizei zu rufen, mit nach oben. Aber es war schon spät, und sie brauchte offensichtlich Schlaf und eine warme Mahlzeit. Ich bin netter, als es gut für mich ist.«

»Was für ein Anfang für ein Reisetagebuch!«

Er konnte nicht deuten, ob die Entrüstung in Simones Stimme echt oder gespielt war. Im Gegensatz zum letzten Mal – vielleicht weil die Trennung diesmal von so langer Dauer gewesen war – kam sie ihm nun wieder wie eine Fremde vor. Aber das war doch wohl normal in den ersten Stunden, und darum sollte es ihn auch nicht weiter beunruhigen, dass sie bei ihrer Ankunft einen Zahlendreher fabriziert und dem Taxifahrer eine falsche Adresse genannt hatte. Vom Fenster aus hatte er gesehen, wie sie, schwankend vom Gewicht ihrer Koffer, zu Fuß auf das Haus zukam, und war ihr entgegengeeilt.

»Wieso Anfang? Ich habe oben doch Platz für dich gelassen. Frösche sind bekannt dafür, immer den ersten und den letzten Quak haben zu müssen, und ich hänge zu sehr am Leben, um darauf keine Rücksicht zu nehmen.«

Die Idee zu dem Tagebuch war ihm vor einer Woche gekommen. Auf den Linien eines unscheinbaren Buchhaltungsnotizbuchs würden sie in den nächsten Monaten Erinnerungen sammeln und es so in einen Fundus ihrer Erlebnisse verwandeln. Nelson hatte nicht widerstehen können und es ihr direkt nach dem Essen beim ersten Drink gezeigt. Sie war sofort entflammt und hatte darauf bestanden, gleich den ersten Tag zu dokumentieren, auch wenn er nur wenige Minuten gedauert hatte. Inzwischen war es halb zwei in der Nacht.

»Warte nur ab!« Simone beugte sich mit gezücktem Füller tief über das Heft auf dem Küchentisch und begann zu schreiben. Lächelnd schob sie es ihm hin, als sie fertig war.

»Ankunft in Wabansia um Mitternacht. Während ich noch zu fliehen versuchte, nahm ein Stellvertreter Algrens, der eine Baseballkappe trug, mich in Empfang. Das wunderbare Nest war in Ordnung, aber der Mann schien ein wenig seltsam zu sein.« Er schnaubte. »Was du nur gegen meine Kappe hast!«

»Sie macht dein Gesicht so klein. Und du siehst gar nicht aus wie du selbst damit.«

»Ach, daher!« Simone fremdelte wohl ebenfalls. »Ich schwöre dir, ich bin's, dein einzig wahres und echtes Krokodil.«

Sie lachte, aber in dieser Nacht fanden sie noch nicht wieder zueinander. Neben- statt aneinander war die Devise, schlafen, jeder für sich statt miteinander. Das ließ sich noch der Reiseerschöpfung zuschreiben, aber auch am nächsten Tag stand eine Barriere zwischen ihnen, die er einfach nicht greifen konnte. Simone war schweigsam; das war selten und kaum auszuhalten, also behauptete er, unbedingt noch einmal im Kaninchenstall vorbeischauen zu müssen. In strömendem Regen liefen sie zur Bahnhaltestelle, ein Grillhähnchen und ein paar Dosen Bohnen im Gepäck, damit die *Punks* mal wieder etwas Vernünftiges zwischen die Zähne bekamen.

Die Bude war nach wie vor ein einziges Dreckloch, aber Jacks Stieftochter war gerade zu Besuch, darum waren alle bemüht, sich von ihrer besten Seite zu zeigen. Offenbar war die junge Frau erfolgreich aus dem Sumpf ihres Elternhauses gekrochen und hatte anständig geheiratet. Ihr Vater, der Taxi fahrende Ex von Jacks Frau, verlor allerdings irgendwann die Fassung und verschwand für einen Fix ins Bad. Sein Gesicht war inzwischen zerklüftetes Ödland, aber seine Augen glänzten feucht und glücklich, als er wieder herauskam.

»Ich frage mich wirklich«, sagte Simone auf dem Heimweg, »was ich heute dort zu suchen hatte. Was *wir* dort zu suchen hatten.«

Nelson konnte ihr die Bemerkung weder verübeln noch eine plausible Antwort darauf geben, also zuckte er bloß die Schultern und tat so, als würde er ihren konsternierten Gesichtsausdruck nicht bemerken.

Bis zum Abend blieb die Stimmung wie elektrisch aufgeladen. Dann gingen sie in die Alabama Bar und aßen Rippchen, und während sie die nötigen Vorbereitungen für die nächsten Tage besprachen, begann die Barriere zwischen ihnen endlich zu schrumpfen. Es war schon wieder nach Mitternacht, als sie im Wabansia-Nest nebeneinander auf der Mexikanerdecke saßen. Soeben war der Jahrestag ihrer imaginären Hochzeit angebrochen.

»Auf einen einmalig goldenen Tag«, sagte Nelson, während er zwei Gläser füllte.

Simone hob die Hand und ließ die Finger wackeln. »Besiegelt mit einem silbernen Ring!« Sie stießen an und küssten sich, aber als er von seiner Froschfrau abließ, wirkte sie bekümmert. »Es tut mir wirklich leid, dass wir diesen Tag nicht gebührend feiern können. Ich meine so, wie du es gern wolltest. Auf dem Schiff.«

Er winkte ab. »Das Krokodil war zwar zuerst enttäuscht von der ständigen Umplanerei, aber dem klugen Provinzjungen wurde schnell klar, dass Flitterwochen auf dem Schiff mindestens genauso gut sind. Vor meinen ehelichen Pflichten werde ich mich jedoch selbstverständlich auch jetzt nicht drücken.«

Sie sah ihn herausfordernd an. »Das dachte ich mir, darum habe ich alle nötigen Vorkehrungen bereits getroffen.«

In Nullkommanichts hatten sie die Gläser geleert und beiseitegestellt. Mit einem Mal fanden sie einander ganz ohne Probleme wieder.

In den folgenden drei Tagen frönten sie ihrer Liebe und dem Müßiggang. Sie zogen durch die Stadt wie bei ihren ersten Treffen, allerdings mit Dauerregen als ständigem Begleiter und unterbrochen von einem unerfreulichen Besuch auf dem guatemaltekischen Konsulat wegen ihrer Visa. Simone gegenüber kam der zuständige Beamte ins Schwärmen und erläuterte ihr eine gefühlte Stunde lang, welch großer Fan er von Frankreich war. Als endlich Nelson an die Reihe kam und angab, er sei Amerikaner, schaute der Mann ihn an, als hätte er gerade in etwas Verdorbenes gebissen.

»Sie meinen wohl, Sie sind Bürger der Vereinigten Staaten«, sagte er mit winzigem Mund. »Amerikaner bin ich genauso wie Sie.«

Für den Abend des Elften hatte er etwas Besonderes geplant. Er brachte Simone ins Shangri-La, ein kantonesisches Restaurant, das damit warb, das romantischste seiner Art auf der ganzen Welt zu sein, *holiday feeling* inbegriffen. Man speiste hier in tropischer Kulisse zwischen teils künstlichen, teils echten Palmen, bunten Obstgestecken und kunstvoll geschnitzten Figuren und Ornamenten auf Baststühlen, begleitet von gänzlich fremd klingender Musik. Benannt war das Restaurant nach dem fiktiven mystischen Zufluchtsort aus James Hiltons Roman *Der verlorene Horizont*, einem in Tibet gelegenen Paradies. Sie hatten den Roman beide gelesen, es hätte also eine gelungene Überraschung werden können, doch nach Romantik stand Simone an diesem Abend ganz offensichtlich nicht der Sinn. Dem Essen und besonders den exotischen Cocktails tat das freilich keinen Abbruch. Während Simone ihm noch einen kleinen Vortrag hielt, feilte er in Gedanken schon an seinem Eintrag für das Reisetagebuch.

Wieder zu Hause, war der Restaurantbesuch Simone nur ein zusätzliches Stichwort wert: »Shangri-La – witzige Kapelle.«

Im Gegensatz zu ihm, das hatte er schon begriffen, hangelte sie sich in ihren Einträgen gern aufzählend an den Tagesereignissen entlang, während er lieber einzelne Momente detailliert hervorhob. Für heute wollte er ihre abendlichen Ausführungen festgehalten wissen: »Das Biest erklärte mir, warum das Shangri-La gar kein Shangri-La war, dass wir uns letztlich in so einem Setting zu Tode langweilen würden. Was sie zu sagen versuchte, war, dass paradiesische Zustände durch den Mangel an Kontrast an Wertigkeit verlören, dass Frieden und Kunst und die hohe Philosophie erst dann Bedeutung erlangten, wenn der Suchende zuvor unter einem Mangel an Frieden, Kunst und hoher Philosophie gelitten hätte.«

Am nächsten Tag nahm Simone sich die neueste Fassung seines Manuskripts vor, sie las im Bett, während er am Schreibtisch saß und einige Briefe tippte. Regen prasselte ans Fenster, Blues klang durch den Raum, ab und an summte Simone ein paar Takte mit. Eine sanft melancholische Stimmung machte sich in ihm breit. Sein Blick fiel auf das gerahmte Foto neben der Schreibmaschine. Es zeigte Simone in ihrem Lieblingskleid aus blauer Wolle, das sie auch bei ihrem ersten Treffen getragen hatte. In den letzten Monaten hatte er das Bild oft betrachtet, manchmal sogar mit ihm gesprochen. Der Rahmen hatte seine Jungfräulichkeit lange vor diesem Foto verloren, hatte schon alle seine Verflossenen gehalten, bis er, Nelson, sie dann hatte fallen lassen. Er zog die Schublade auf und nahm eine kleine Schachtel heraus. Da waren sie, die Frauen, mit denen es ernst hätte werden können und die er im Stich gelassen hatte.

Jedes einzelne Bild betrachtete er noch einmal ganz genau. Da war Mary, in graziler Eleganz auf dem Barhocker eines Nachtclubs sitzend und mit spitzen Lippen Rauchringe aus ihrem Mund entlassend. Da war Amanda am Strand, einen breitkrempigen Hut umklammernd und gegen die Sonne blinzelnd. Da waren Lucy, Marita und ein Mädchen, dessen Name ihm nicht einmal mehr einfiel. Und wieder Amanda, diesmal in ihrem Hochzeitskleid. Er hatte es gründlich verbockt. Würde Simones Foto eines Tages auch in der Schachtel landen? Nach einem letzten Blick raffte er die Bilder zusammen. Bitte nicht.

»Was hast du denn da?«

Simone war an ihn herangetreten, aber er hatte es erst bemerkt, als ihre Arme sich von hinten um seine Schultern legten. »Nichts. Meine Vergangenheit.«

Sie beugte sich noch ein wenig weiter herunter und schmiegte ihre Wange an seine. »Liebe Güte, was für eine wunderschöne Frau. Amanda?«

»Stimmt genau. Hab mir die Bilder nur angeschaut, um sicherzugehen, dass mir diesmal bewusst ist, worauf ich mich einlasse.«

»Hm. Im Urlaub musst du mir die Geschichten dazu erzählen.« Ein Kuss kitzelte an seinem Ohrläppchen. »Ich bin mit dem Manuskript noch nicht durch, denke allerdings, du könntest insgesamt noch straffen. Aber eigentlich mag ich es, wie du auch die Nebenhandlungen mit so vielen Details erzählst und noch die nebensächlichste Figur mit deinen Beschreibungen zum Leben erweckst. Und gleichzeitig geschehen die wichtigen Dinge ganz beiläufig, und vieles bleibt unausgesprochen. Das erinnert mich an Faulkner.«

Er löste Simones Hände, drehte sich zu ihr und zog sie auf seinen Schoß. »Faulkner gehört eben neben Hemingway und Dostojewski zu meinem Dreigestirn. Auch George Meredith hat so geschrieben.«

»Aber Faulkner erzählt diese Kleinigkeiten so übertrieben tragisch und emphatisch, zornig regelrecht, jedenfalls war es in *Wilde Palmen* und *Der Strom* so.« Sie küsste ihn auf die Nase.

»Und doch ist alles glaubhaft, alles echt, oder nicht? Mit wenigen Worten lässt er den Leser genau das fühlen, was in den Figuren vorgeht.«

»Oh ja, das stimmt, besonders bei den erotischen Szenen. Es gefällt mir trotzdem besser, wie du es machst.« Sie stand auf. »Bevor ich den Rest lese, gehe ich eben einkaufen, was wir noch brauchen. Mach du einfach weiter.«

Abends las Simone immer noch, er hatte gekocht und rief sie zum Essen, aber sie hörte nicht. Erst als er die Weinflasche öffnete, tauchte sie auf und mimte mit hängender Zunge eine Verdurstende.

Der nächste Tag war der letzte vor der Abreise, gefüllt mit Packen, den letzten notwendigen Besorgungen, alles abends von Simone dezidiert im Tagebuch notiert. Er hatte Bedeutenderes einzutragen: »Heute war jener Tag, an dem ich gegen Pocken geimpft wurde, und zwar ohne Betäubung! Ich fragte den Arzt nur nach einem Dime, auf den ich beißen konnte. Der Arzt schwor später, er hätte noch nie so etwas Mutiges erlebt. Während er das schwor, steckte ich den Dime rasch ein.«

Simone lachte sich beinahe ihren herrlichen Hintern ab, als sie den Eintrag las. Glück flutete seine Brust so überraschend, dass er nach Luft schnappte.

Acht Stunden verbrachten sie im Zug nach Cincinnati, Ohio, hielten sich bei den Händen, sahen hinaus und nickten dann und wann Wange an Wange ein, denn sie hatten kaum geschlafen. Das Beeindruckendste an der Stadt war, wie sich schnell herausstellte, der Bahnhof, das Cincinnati Union Terminal, ein Meisterwerk des Art déco. Was alles andere anging, fasste es der Taxifahrer, der sie spät am nächsten Abend zum Kai brachte, sehr treffend zusammen, nachdem sie auf seine Frage, wie ihnen die Stadt gefallen habe, mit Ausflüchten geantwortet hatten: »Das Beste, was Sie hier machen können, ist, sich ein Hotelzimmer zu nehmen, die Tür dreimal abzuschließen und erst wieder herauszukommen, wenn es Zeit ist abzureisen.«

An der Anlegestelle wartete der Raddampfer schon auf sie, blau und weiß mit einem gigantischen roten Schaufelrad am Heck. »Er ist so schön«, schwärmte Simone, »genau wie du ihn beschrieben hast. So oft habe ich mir diesen Moment vorgestellt, jetzt kommt es mir ganz unwirklich vor.«

Vorwärtsgetrieben vom Strom der übrigen Passagiere, betraten sie das Schiff. »Es ist wirklich, Simone, die Ellbogen der Leute sind es jedenfalls, sagen meine Rippen«, knurrte er.

Die Kabine war bescheiden, zwei Betten, ein Waschbecken unter einem kleinen Fenster, ein paar Ablagen und ein Tisch zum Herunterklappen, doch sein Fröschlein betrachtete jeden Zentimeter so zärtlich lächelnd, als wäre es nun doch im Shangri-La angekommen. »Was ist los?«, fragte er.

»Das hier ist unsere Kabine«, lächelte Simone. »Unsere. Im Wabansia-Nest war ich nur Gast, aber hier wohnen wir zusammen. Sie gehört uns beiden.«

»Da hast du recht.« Plötzlich fühlte er eine leichte Schwingung unter den Füßen. Er griff nach Simones Hand. »Schnell, an Deck, wir legen ab!«

Oben fanden sie noch einen Platz an der Reling und versuchten, alles gleichzeitig zu sehen. Inzwischen war die Nacht hereingebrochen, und die Grenze zwischen dem mit Sternen übersäten Himmel und dem Wasser, auf dem Lichter tanzten, verschwamm. Zum Abschied hatte Cincinnati ein anderes Gesicht aufgesetzt. Scheinwerfer kreisten am Himmel, und am Ufer leuchteten Freudenfeuer, deren Flammen den Ohio River in Brand gesteckt zu haben schienen. Sie bildeten den Höhepunkt des Maifests, einer alten Tradition, die deutsche Einwanderer nach Amerika gebracht hatten, doch zu Simone sagte er: »Nur für uns.«

»Ach du«, flüsterte sie kaum hörbar und legte den Kopf an seine Schulter. Das Schaufelrad wühlte das Wasser zu Sprühnebel auf, das Ufer entfernte sich, bald glitten sie durch dunkle Nacht. »Jetzt geht unsere Reise wirklich los!«

Die Bootsfahrt dauerte sechs Tage. Täglich legten sie für einige Stunden Landgang an, sammelten Eindrücke wie Blitzlichter: Louisville war pure Tristesse an einem verregneten Sonntagmorgen, Paducah Hillbilly-Musik und zechende Farmer in schäbigen Kneipen an einem sonnigen Nachmittag. Memphis war drückende Hitze, Baumwolle überall und zwei angekettete, einander verfluchende Papageien vor einem Laden, außerdem ein Streit mit einem Einheimischen über die Schwarzenfrage. Natchez war Regen und Hitze in einem, Jefferson Davis' Plantage, eine beinahe ebenso verfallen wie das dortige Herrenhaus wirkende Dame, die nicht wollte, dass Nelson ein Foto von dem Gebäude machte, und ihr Fahrer, der emphatisch betonte, wie leicht das Leben hier für die Schwarzen sei, da sie sich zu benehmen wüssten und jeder an seinem Platz bliebe.

Viel schöner als die Ausflüge war der Müßiggang auf dem Schiff, wo alles auf angenehme Art und Weise immer gleich blieb: der Geruch der Maschinen und des Flusses, die Gras- und Wasserlandschaft. Tagsüber sonnten sie sich auf der Brücke und lasen, rauchten oder plauderten bei einem Glas Scotch.

Während Nelson mit seiner neuen deutschen Kamera kämpfte, um ein paar anständige Fotos zu machen – vergeblich, wie sich später herausstellte –, arbeitete Simone an der Übersetzung einer seiner Kurzgeschichten. Abends spielten sie mit Passagieren, die sie beide um die Hälfte jünger wirken ließen, Bingo und amüsierten sich über die Aufregung, die sie beim Ausrufen der Zahlen verspürten.

Ein besonderer Moment für Simone war der, als sich am zweiten Tag die Fluten des Ohio mit dem Hauptstrom des Mississippi mischten. Wieder standen sie im Abendlicht an der Reling, aber diesmal taten es ihnen nur wenige andere Passagiere gleich. Die Augen seiner Geliebten waren feucht vor Rührung. Manchmal wünschte er sich wirklich, er könnte sich den Dingen ebenso offen ergeben wie sie, statt, wie meistens, ironische Distanz zu wahren.

»Von diesem Moment habe ich bei so vielen Gelegenheiten geträumt«, sagte sie. »Als ich vor langer Zeit *Die Abenteuer des Huckleberry Finn* und im letzten Jahr *Leben auf dem Mississippi* von Twain las. Als ich *Alle Menschen sind sterblich* schrieb. Und immer wenn ich *Ol' Man River* hörte. Aber die Realität, den Zauber des altes Mannes in der Dämmerung, seine Sanftheit und den sich auf dem Wasser wiegenden Mond habe ich mir so nicht vorstellen können.«

Der Glanz in ihren Augen machte, dass ihm ein Geständnis die Kehle hochkroch. Er wollte es herunterschlucken. Es gelang nicht. »Ich habe mir auch so einiges nicht vorstellen können.«

Simone sah ihn an. »Was denn?«

»Wirklich zu lieben. Und wirklich geliebt zu werden.« In diesem Moment hätte er das Wort Ironie nicht einmal mehr buchstabieren können.

Simone legte ihm eine Hand auf den Arm. »Aber wieso denn nicht?«

»Ich dachte, so viel könnte ich nicht verlangen. Ein Zimmer, genug zu essen und dann und wann eine Nacht mit einer Frau, das müsste doch genug sein.« Hastig wischte er sich über die Augen und lachte, zittrig, nicht souverän, wie er es sich gewünscht hätte. »Ich meine, ist nicht im Grunde alle Welt allein, für immer? Aber jetzt bist du einfach so da.«

»Ach, Nelson.« Simone fiel ihm in die Arme, küsste sein Haar, seine Lider, seinen Mund. Eine kleine Ewigkeit lagen sie sich in den Armen, dann war das Krokodil wieder da.

»Komm«, sagte er. »Lass uns den Altersdurchschnitt beim Bingo noch mal senken.«

Am Nachmittag des 21. Mai kamen sie bei drückender Hitze in New Orleans an und nahmen ein Hotel im French Quarter, dem historischen Zentrum der Stadt, in dem die höchstens zweistöckigen Häuser im Kolonialstil gleichzeitig an Frankreich und an Spanien erinnerten. Beide waren sie schon hier gewesen, hatten aber nicht dasselbe gesehen. Im letzten Jahr war Simone nicht wesentlich über die Altstadt hinausgekommen, also wollte er ihr in den kommenden Tagen sein New Orleans zeigen, das von 1932, als er während seiner Wanderjahre hier gestrandet war, zerlumpt und mit gerade noch genug Geld in der Tasche, um sich ein Po'-Boy-Sandwich zu kaufen. Er brachte Simone zu den Docks, wo er Bananen gestohlen und tagelang nichts anderes gegessen hatte, in den Park, in dem er auf einer Bank schlief, bis er bei den beiden Luthers unterkam, die Bordellgassen, durch die er mit wildem Herzklopfen und leeren Taschen geschlichen, und die dicht besiedelten Viertel, in denen er als Vertreter für Kaffee von Tür zu Tür gegangen war.

»Ich war so was von am Arsch damals«, erzählte er Simone beinahe ein wenig nostalgisch. »Und jetzt bin ich auf dem Fluss gefahren wie Mark Twain und esse und trinke mit einer französischen Berühmtheit jeden Tag im Restaurant.«

»Na ja, du hast es dir verdient«, meinte sie.

»Vielleicht. Aber erinnerst du dich noch an den verlausten, alten Krüppel in Kentucky, der hereinkam, als wir gerade beim Dessert saßen?«

Simone schüttelte den Kopf.

»Erst hat er minutenlang die Menükarte studiert und dann nach dem Preis für ein Ei gefragt. Dann nach dem Preis für Kaffee. Letztlich hat der Kellner ihm ein Glas Wasser gegeben.«

»Und?«

»Der Mann hätte auch ich sein können.«

Irritiert sah sie ihn an. »Ach was.«

»Doch, ganz leicht. Ein, zwei andere Entscheidungen, ein, zwei zufällige Fügungen mehr oder weniger, und du würdest mit einem anderen diese Reise tun.«

»Du meinst, mit jemandem, der weniger Trübsal bläst wegen etwas, das ihn eigentlich freuen sollte?« Sie seufzte. »Wirklich, Nelson, nimm dir doch nicht immer alles so zu Herzen.«

Sie hatte recht. Er musste aufpassen, dass er ihre gemeinsame Zeit nicht verdarb. »Schon erledigt!«, sagte er. »Gehen wir was trinken. Ich bin ja nicht mehr up to date, aber man hört, in dieser Stadt soll es guten Jazz geben. Weißt du zufällig, wo?«

»Aber ja doch, lass uns ins Old Absinthe House gehen!« Die Erleichterung war seinem Fröschchen deutlich anzusehen.

Nach dem ersten Zombie, einem Cocktail, der angeblich so stark war, dass nicht mehr als zwei pro Gast ausgeschenkt wurden, glitt die Anspannung dann endlich auch von ihm ab.

Insgesamt fünf Tage blieben sie in New Orleans, durchstreiften tags die Stadt und nachts die Bars, besichtigten Sehenswürdigkeiten wie das Napoleon House, in dem nicht, wie vorgesehen, der ehemalige Kaiser, sondern der Freibeuter Jean Lafitte residiert hatte, gingen tanzen und kreolisch essen. Dem Badeausflug zum Lake Pontchartrain widmeten sie der unerträglichen Hitze wegen einen ganzen Tag – leider gab es hier noch mehr Mücken als in der Stadt –; und sie besuchten Gus, einen alten Bekannten, dessen Frau ihnen kein gewöhnliches Essen, sondern die gesamte Palette der Südstaatenküche servierte: Hühnchen, Gumbo, Meeresfrüchte, Mais. Erbsen, Bohnen, Auberginen, Okra, verschiedene Salate, drei Sorten Kartoffeln, Whiskeykuchen, Kekse, Eis, Sahne- und Wackelpudding. Wieder im Hotel konnten sie nichts anderes tun, als sich stöhnend auf dem Bett herumzurollen, den Ventilator auf höchster Stufe.

Insgesamt war er von der Stadt enttäuscht. Sie hatte seit 1932 etwas verloren, notierte er am letzten Tag in das Reisebüchlein, sie war touristischer geworden, reicher, aber auch sehr viel langweiliger. Es gierte ihn nach unbekanntem Terrain: Morgen ging ihr Flug nach Mérida.

Mexiko und Guatemala,
26. Mai bis 18. Juni 1948

SIMONE

Mit beiden Füßen zugleich sprangen sie durch *La Puerta al Mundo Maya*, das Tor zur Welt der Maya. Es war eine Welt, die gänzlich unberührt von Amerika zu sein schien: Yucatán war Dschungel, subtropisch feuchte Hitze, Bananenstauden und bunte Blütenfülle. Auf kaum ausgebauten Straßen fuhren sie vom Flughafen zwischen blauen Agavenfeldern und grellrot blühenden Flammenbäumen in die Hauptstadt der mexikanischen Halbinsel.

Simone fühlte sich nach Spanien versetzt. Häuser im kastilischen Stil säumten die Straßen, weiß gekleidete Männer mit Strohhüten dösten auf Steinbänken, Frauen mit schwarz glänzendem Haar und Gesichtern wie aus Holz geschnitzt gingen in weißen, an Kragen und Saum bunt bestickten Hemdkleidern ihres Weges. Kinder kickten im Wettstreit mit eifrig hechelnden Hunden Stoffbälle durch die Straßen. Kein einziger Drugstore war zu sehen, und in der Hotelhalle spazierten Flamingos umher.

Unter den Arkaden der Plaza Grande nahmen sie ein spätes Mittagessen mit Blick auf die Catedral de San Ildefonso de Yucatán ein, der allerersten auf amerikanischem Festland fertiggestellten Kathedrale, aßen katalanisches Hühnchen und tranken dazu köstliches Schwarzbier. Die Hitze war hier besser zu ertragen als in New Orleans, von der nahen Küste her wehte beständig ein leichter Wind.

»Und? Was machen wir mit dem Rest des Tages?«, fragte Nelson, nachdem er ein paar Fotos gemacht hatte.

»Lass uns doch mit der Kutsche die Stadt erkunden.«

An einem Ende des Platzes standen altmodische schwarze Gefährte aufgereiht, die an die britischen Hansom Cabs aus dem neunzehnten Jahrhundert erinnerten. Nelson ging vor und weckte einen der Fahrer mit seinen paar Brocken Spanisch. Nach einem kurzen Gespräch winkte er sie energisch heran. »Fünf Pesos die Stunde, das ist weniger als ein Dollar, also rein in den Fiaker, *ma chère*!«

Zwei Stunden lang ließen sie sich durch die Viertel kutschieren, betrachteten durch rostige Tore alte, von der Feuchtigkeit angegriffene Villen und Statuen, auf denen große schwarze Vögel hockten, in prächtig verwilderten Gärten. Zurück im Zentrum, stiegen sie am Postamt aus, und wie erhofft war schon ein Brief von Sartre da. Sie las ihn auf den Treppenstufen, während Nelson demonstrativ in die andere Richtung schaute. »Paris zeigt sich in Grau, aber sonst ist alles in Ordnung«, sagte sie, um Nelson teilhaben zu lassen. »Sartre wünscht uns eine wundervolle Reise, er macht sich nur Sorgen wegen der beginnenden Regenzeit. Aber noch ist der Himmel hier ja ganz blau.«

Nelson stand auf und klopfte sich den Staub von der Hose. »Das kann sich ganz schnell ändern. Aber tagsüber sollen es nur kurze Schauer sein, meistens regnet es nachts. Komm, da drüben ist ein Markt.«

Es schien ihm nicht zu passen, dass sie sich gleich Zeit für Sartres Brief genommen hatte. Manchmal war er wirklich furchtbar empfindlich. Kein Wunder, dass sie es immer noch nicht gewagt hatte, ihm von ihrer vorverlegten Abreise zu erzählen. Der richtige Moment schien einfach nicht kommen zu wollen.

Unter schattenspendenden Sonnensegeln, immer begleitet vom herrlichen Geruch von Piment, Pfeffer und anderen Gewürzen, schoben sie sich durch das Gewimmel von Menschen auf dem Markt. Stoffe, Sandalen, Früchte, Fisch und frisch zubereitete Tortillas wurden feilgeboten, die Händler lachten und scherzten, während sie ihre Waren anpriesen, und zeigten strahlend weiße Zähne. Bald stellten sie sich etwas abseits, um in Ruhe himmlisch erfrischende *helados* zu genießen. »Diese Indios sehen ziemlich glücklich aus«, fand Simone.

»Tja, die Sonne lässt alles glänzen«, meinte Nelson. »Diese Leute müssen etwas verkaufen, um zu essen, das sollte mein empathie-unbegabtes Fröschlein sich mal vor Augen führen. Woher sollen wir also wissen, ob der Schein nicht trügt? Für uns ist alles wunderbar, weil es wunderbar ist zu reisen. Aber als Tourist lernt man nichts wirklich kennen.«

Seine Zurechtweisung tat ihr weh, aber sie widerstand dem Impuls, sich zu verteidigen, und ließ sich nichts anmerken. »Weißt du was? Wir bleiben einfach hier, kaufen uns eine Hütte, und dann döst du tagein, tagaus auf der Terrasse in der Hängematte, während ich dir Tortillas backe.«

»Ich hätte nichts dagegen.«

Sie seufzte. »Zu schade, dass man nicht mehrere Leben parallel führen kann.«

Nelson sah sie an, ein spöttisches Lächeln in den Mundwinkeln. »Ach, ich glaube, manche können das ganz gut.«

»Wie meinst du das?«

»Na, du scheinst zumindest mit zwei Leben prima zurechtzukommen.«

»Ach, Nelson.« Sie legte ihm eine Hand an die Wange. »Jetzt gerade bin ich ganz und gar hier, das kannst du mir glauben. Und übrigens, ich könnte nach dem Eis auch eine Abkühlung von außen brauchen. Im Hotel ist ein Pool, gehen wir schwimmen!«

Bald schien Nelson seine trüben Gedanken vergessen zu haben. Abends lebte er vollends auf, sie besuchten einen Boxkampf, bei dem es ganz anders, viel chaotischer und festlicher zuging als bei den Kämpfen, die sie in Chicago und New Orleans gesehen hatten. Nelsons kindliche Freude steckte sie an, und so fielen sie erst um vier Uhr früh in ihr Hotelbett, immer noch albern über die Knallfrösche lachend, die andauernd hochgegangen waren.

Doch als Nelson sich dann auf sie legte, während der Regen ans Fenster prasselte, wog nicht nur seine Begierde schwer auf ihr, sondern auch das Vertrauen, das er trotz allem in sie zu setzen bereit war.

»*No! No!*« Der kleine Mexikaner im Reisebüro von Mérida hob entsetzt die Hände. »Sie können nicht mit dem *autobús* nach Chichén Itzá fahren. Wir stellen Ihnen ein Auto mit Fahrer zur Verfügung, er fährt Sie den ganzen Tag zu den verschiedenen Ruinen. Und wenn Sie unser Kunde sind, bekommen Sie Nachlass im Hotel Mayaland.«

»Wir wollen aber lieber zu Fuß unterwegs sein«, sagte Simone. »Und in das andere Hotel, die Casa Victoria.«

»*No, no, no!* Das können Sie nicht, da wohnen nur Eingeborene, es ist eine winzige Herberge mitten im Dschungel!«

»Und genau das wollen wir.« Die Idee war ihr noch am Vortag gekommen. Auf diese Weise würden sie und Nelson mehr sein als gewöhnliche Touristen und dem wahren Leben hier ein wenig näher kommen.

»Aber alle Touristen nehmen das Auto und gehen ins Mayaland!«

»Nun, wir nicht.«

Der Mann sah sie an, als hätte sie den Verstand verloren. »*Dios mío!* Dann wünsche ich Ihnen viel Vergnügen, aber Sie haben einen sehr harten Tag vor sich!«

In Wahrheit gestaltete sich die hundertzwanzig Kilometer lange Fahrt im Bus sehr bequem, und als sie mit ihrem kleinen Dreitagesgepäck den vom Regen aufgeweichten Pfad zur Herberge einschlugen und dabei an der Rückseite des Mayaland vorbeikamen, wussten sie, dass sie es richtig gemacht hatten.

»Hörst du das?«, fragte Nelson. »Nur amerikanische Stimmen. Ich bin zwar ein Gringo, aber doch nicht hergekommen, um unter den gleichen Menschen wie immer zu sein!«

Es war bereits dunkel, die ersten Leuchtkäfer tanzten zum Krötenkonzert durch die Luft. Von den Bäumen tropfte Wasser auf sie herab, während sie vorsichtig einen Fuß vor den anderen setzten, und vom Boden stieg ein erdiger, leicht fauliger Geruch auf.

»Ob wir wirklich auf dem richtigen Weg sind, Nelson?«

»Na, einen anderen gibt es hier nicht«, lachte er, und dann standen sie plötzlich vor einer Schranke an einem eingezäunten Gelände. Sie hörten spanisches Gemurmel, ein Hund schlug an, woraufhin Schweine zu grunzen begannen und schläfriges Hühnergegacker ertönte, aber es brannte nirgends ein Licht. War das nun eine Hacienda oder ihre Herberge?

»Hallo? Ist das hier die Casa Victoria?«, rief Nelson in Richtung der Stimmen.

Endlich flackerte das Licht einer Kerze auf und näherte sich. Ein alter Mexikaner begrüßte sie gestenreich mit einem freundlichen Wortschwall.

»Er entschuldigt sich, der Strom ist ausgefallen, aber bald wieder da«, übersetzte Nelson. »Und ja, wir sind richtig hier.«

Ihr Zimmer war klein und karg, aber über den Betten hingen Moskitonetze, und die Wäsche war sauber. Nach dem Abendessen, Tortillas mit Huhn, schwarzen Bohnen und einer mundverbrennenden Soße, begleitet von, so versicherte man ihnen, echter mayanischer Musik, machten sie es sich mit einer Flasche Scotch und einem Buch über die alten Maya, das ihnen der Hotelbesitzer ausgeliehen hatte, auf einem der Betten gemütlich.

Sie waren schon fast eingeschlafen, da setzte sich Nelson noch einmal ruckartig auf. »Wo ist unser Tagebuch? Ich muss festhalten, dass deine französische Sturheit dem Reisebüro gegenüber sich als weise erwiesen hat.«

Sie standen früh auf, um die Ruinenstätte, die nur einen halben Kilometer von ihrer Herberge entfernt lag, wenigstens kurz ganz für sich allein zu haben. Die ersten Grabungen waren hier schon 1875 vorgenommen worden, doch erst vor zehn Jahren hatten Archäologen neue Teile der im fünfzehnten Jahrhundert untergegangenen Stadt freigelegt und restauriert. Inmitten von verschiedenen Steinbauten, Tempeln, Altären, einem Badehaus, einer langen Reihe von Säulen, die einmal ein Dach getragen hatten, und einem großen Ballspielplatz erhob sich *el castillo*, die dreißig Meter hohe Pyramide des Kukulcán, des gefiederten Schlangengotts der Elemente und der Reinkarnation.

Es war ein seltsames Gefühl, auf diese Ruinen zu blicken. Antike, das hatte für sie bisher Italien und Griechenland bedeutet, und wenn sie etwa die Akropolis betrachtet hatte, hatte sie zugleich gewissermaßen ihre eigene Vergangenheit vor sich gesehen. Jetzt schaute sie auf eine Vergangenheit, mit der kein Europäer etwas gemein hatte.

»Das Wichtigste zuerst, den Rest sehen wir uns später an«, sagte Nelson, und sie beeilte sich, ihm zur Pyramide zu folgen.

Die Steintreppen, die an allen vier Seiten nach oben zum Tempel führten, waren unglaublich steil und die Stufen nicht sehr breit, doch jetzt hatte die Neugierde sie gepackt. Sie nahm beim Erklimmen einfach die Hände zu Hilfe, ohne je nach unten zu schauen. Eidechsen, die in der Morgensonne badeten, verschwanden in irgendwelchen Ritzen, bevor sie ihnen zu nahe kommen konnte. Bald hatte sie Nelson hinter sich gelassen.

»Ich wusste gar nicht, dass ich eine Bergziege, ich meine, einen

Bergfrosch mit auf die Reise genommen habe«, meinte er amüsiert, als sie ihn überholte.

Oben zeigte der Ausblick jenseits der Ringmauer undurchdringliches Dschungelgrün bis zum Horizont. Der Maisanbau richtete keinen dauerhaften Schaden an, gerodete Flächen wurden nach der Ernte wieder in Ruhe gelassen und konnten sich so erholen, hatte das schlaue Buch des Hotelbesitzers ihnen verraten, in dem Nelson auch jetzt, auf der obersten Stufe sitzend, blätterte. »Einundneunzig Stufen sind es bis nach oben, nur die nördliche Treppe hat zweiundneunzig. Macht zusammen dreihundertfünfundsechzig, die Tage eines Jahres. Und im Frühling und Herbst zur Tagundnachtgleiche wirft die Sonne einen schlangenförmigen Schatten auf die Nordseite der Treppenbalustrade. Dann steigt Kukulcán herab, so heißt es.«

Das Portal des Tempels zierten Reliefs von Schlangen mit aufgerecktem Leib, innen dominierten Darstellungen von bewaffneten Kriegern in toltekischer Tracht. »Kaum vorstellbar, wie solche gewaltigen Gebäude ohne Hilfsmittel wie das Rad, ohne Zugtiere und ohne den Flaschenzug entstehen konnten«, sagte sie. »Sie hatten ja nicht einmal Metallwerkzeuge.«

Nelson spuckte aus. »Hier steht, es ging ganz einfach. Man musste nur viertausend Männer in dreißig Jahren verschleißen. Dagegen sind die religiösen Menschenopfer für mehr Regen und Ernte ja gar nichts. Zum Lasttier gemacht, das ganze Leben lang schleppen, schwitzen, bluten, jeden Tag. Und wofür? Für nicht mehr als das bare Überleben und die Befriedigung der Eitelkeit der Könige!«

Ach, da war es wieder, ihr zorniges Krokodil. Ja, die Maya waren grausam gewesen, doch das Unglück dieser Menschen war eine Ewigkeit her, nichts konnte es mehr ungeschehen machen, jede Aufregung musste fruchtlos bleiben. Aber vielleicht konnte sie sich wirklich nicht so gut einfühlen wie Nelson. Sie hatte nie schwitzen müssen, um essen zu können. »Schau, die ersten Touristengruppen sind da«, sagte sie, um ihn abzulenken. »Wollen wir uns an den Abstieg machen, bevor sie uns überfallen?« Doch das war leichter gesagt als getan. Von oben sah die Treppe noch viel steiler aus, noch dazu blendete die Sonne so, dass sie kaum die Stufen erkannte. »Oje, mir wird schwindlig. Gibst du mir deine Hand?«

Nelson lachte rau. »Das ist wohl der richtige Zeitpunkt, dir ein Geständnis zu machen. Einen Job als Fensterputzer habe ich vor vielen Jahren nach einem Tag hingeschmissen, obwohl ich vor Hunger fast umkam. Ich konnte mich einfach nicht weit genug aus dem Korb herausbeugen.«

»Also irgendwie müssen wir ja runterkommen.«

Nelson fasste sich ein Herz und ging zwei Schritte vor, bot ihr dann die Hand. Vorsichtig arbeiteten sie sich nach unten, oft mit einer Hand als Absicherung auf einer höheren Stufe und manchmal, wenn es ganz arg war, sogar auf dem Hinterteil.

»Wir geben sicher ein hervorragendes Bild ab«, meinte Simone, doch später sahen sie, dass es alle so machten.

Noch stundenlang gingen sie durch die Ruinen und lasen sich zwischendurch aus dem Buch vor. Besonders grausam war die Geschichte des so harmlos aussehenden Ballspielplatzes. Es war bei dem Spiel nicht um ein kindliches Freizeitvergnügen gegangen, sondern hatte sich um eine politische Opferveranstaltung gehandelt. Die Reliefs erzählten, was jeweils mit dem Spielführer des Verliererteams geschah: Ihm wurde der Kopf abgeschlagen, auf dass sein Blut die Erde düngte. Das Spiel hatte offenbar sehr häufig stattgefunden. Unzählige Totenschädel waren aus dem Stein herausgearbeitet.

Am Nachmittag lagen sie faul auf der Terrasse der Herberge in Hängematten und tranken Limonade. Es war sehr heiß geworden, doch davon gänzlich unbeeindruckt saß mitten im Garten zwischen den Schweinen und Hühnern in der prallen Sonne ein anderer Gast, spielte Gitarre und sang dazu.

Den heiligen Cenote von Chichén Itzá hatten sie sich für den nächsten Tag aufgespart. In die mit Wasser gefüllte Doline hatten die Maya Gold, Jade und Jungfrauen als Menschenopfer geworfen, um den Regengott Chaac milde zu stimmen. Doch schon wieder packte sie die Unternehmungslust. Der Dschungel begann direkt hinter dem Haus, und in ihr formte sich eine Idee. »Hätte mein süßes Krokodil vielleicht Lust auf eine kleine Expedition in den Urwald?«

Nelson hob träge den Kopf. »Was hast du vor? Willst du von einer Schlange gebissen werden?«

»Ach was. Aber es gibt doch noch unzählige gar nicht oder nur halb ausgegrabene Ruinen!«

»Du meinst«, sagte er gedehnt, »noch mehr mit Blut und Schweiß getränkte Steine?«

»Ich meine das Abenteuer des Entdeckens!« Sie setzte einen Blick auf, dem er normalerweise nicht widerstehen konnte.

»Also gut.« Er erhob sich. Na bitte!

Der Hotelbesitzer gab ihnen noch ein paar gute Ratschläge und eine Machete mit, dann tauchten sie in das feuchte Grün des Dschungels ein. Es gab schmale Pfade, die an vielen Stellen beinahe zugewachsen waren. Schlangen sahen sie keine, dafür Kolonnen von roten Ameisen, die scharfkantig zurechtgebissene Pflanzenteile transportierten, und Schwärme von Schmetterlingen aller Farben, aufgestört von ihren herannahenden Schritten. Über ihnen schrien ungesehen die Vögel. Wenn kein Vorwärtskommen mehr war, schlug Nelson mit der Machete ein paar Lianen ab, oft rauschte dann ein feuchter Gruß auf sie herunter.

Ihre Mühen wurden belohnt, sie fanden geheimnisvolle Hügel, Überreste von einfachen Behausungen und sogar einen halb ausgegrabenen kleinen Tempel, der von Pflanzen überwuchert war.

Ihr Herz ging auf, weil Nelson nun endlich mit dem gleichen Feuereifer alles untersuchte wie sie selbst. »Komm her, und sieh dir an, was ich gefunden habe!«, rief er einmal in höchster Aufregung, und das zu Recht, denn er stand bei einem noch gut erhaltenen Idol, das eine drachenähnliche Gottheit darstellte.

Am frühen Abend kamen sie schwitzend, mit rot geschwollenen Gesichtern und unendlich durstig, aber ebenso glücklich zum Hotel zurück. »Ich bin dankbar, dass du mich hergebracht hast, ich fühlte mich wie ein Entdecker«, schrieb er in ihr kleines Büchlein und zeigte es ihr.

Sie strich ihm übers Haar. »Und ich bin froh, dass du beschlossen hast, nicht mehr zornig auf die Vergangenheit zu sein.«

Er zog sie an sich und vergrub den Kopf zwischen ihren Brüsten. »Das habe ich, und ich habe auch beschlossen, dass ich dich will, jetzt und hier auf der Stelle!«

Später, als sie Haut an Haut lagen, sagte er verträumt: »Mit dir zu reisen, ist die pure Freude!« Kurz darauf war er eingeschlafen.

Simone starrte noch lange ins Dunkel und lauschte dem Quaken der Frösche. Sie wäre doch verrückt, dieses Glück zu zerstören, indem sie ihm sagte, dass es eher enden würde, als er dachte. Also beschloss sie, die Wahrheit noch ein wenig nach hinten zu schieben.

So vergingen Tage, vergingen fast drei Wochen. Ihr Glück hielt an, während sie die Ruinen von Uxmal besuchten und als sie zwei Tage später nach Guatemala flogen, das insgesamt düsterer und ärmer wirkte als Mexiko, aber die buntesten Märkte besaß. Es hielt an, während sie in einem Bungalow am Lago de Atitlán herrliche Badetage verbrachten, wo sie Nelson einmal nackt vor dem Feuer überraschte, nachdem er unter dem Vorwand, Zigaretten zu holen, fortgegangen war, um sie seinerseits zu überraschen, indem er einer Händlerin mithilfe eines Einheimischen den eigenen in

Chartres-Blau, Rot und Gold bestickten *huipil* abschwatzte, weil er ihr so gut gefallen hatte. Es hielt an in Santiago, in Chichicastenango und auch noch, als sie am 12. Juni nach Mexico City flogen und von dort aus nur noch Tagesausflüge machten.

Sicher hätte es nicht ewig gedauert, das tat kein Glück, auch wenn sie Nelson nie die böse Botschaft hätte überbringen müssen, aber gewiss noch ein wenig länger. Doch mit jedem Tag wurde die Sache dringlicher, und so nahm sie am 18. Juni während einer Fahrt nach Morelia all ihren Mut zusammen, wobei sie sich gleichzeitig um lässige Beiläufigkeit bemühte. »Ach, übrigens, ich habe es dir ja noch gar nicht gesagt: Ich musste in Paris umplanen und werde deshalb etwas eher zurückfliegen als besprochen. Sartre benötigt meine Hilfe, weißt du? Sein neuestes Stück soll zu einem Drehbuch umgearbeitet werden.«

Nelson versteifte sich augenblicklich, sein Blick wurde hart. »Wann?«

Ein Stich der Schuld traf sie im Magen, als ihr bewusst wurde, dass sie Sartre das genaue Datum schon vor zwei Tagen in einem Brief genannt hatte. »Am 13. Juli.«

Für endlose Sekunden blieb seine Miene unbewegt, dann nickte er plötzlich heftig und gab sich betont gleichgültig. »Na schön.«

Auch den Rest des Tages ließ Nelson sich kaum etwas anmerken. Doch es lag etwas in der Luft. Der Ausbruch würde noch kommen, da war sie sich sicher.

NELSON

Dumm, wie er war, hatte er ganz offensichtlich vorgehabt, den Selbstbetrug zu seiner neuen Königsdisziplin zu machen. Wochenlang hatte das ganz hervorragend funktioniert: im Hotel in New Orleans, dessen Matrone von Besitzerin Simone unbeirrbar für eine Russin gehalten hatte und wo er eines betrunkenen Abends in dem weiß-grün gestreiften, samtenen Kaftan, den sie ihm aus Paris mitgebracht hatte, durch die Gänge gerannt war, wohlweislich ohne den Gürtel, den zu tragen Simone ihm befohlen hatte, denn der Kaftan gewährte an den Seiten viel zu tiefe Einblicke, um das Zimmer damit zu verlassen. Leise schimpfend war sie hinter ihm hergerannt, hatte versucht, ihn zurückzuzerren, und schließlich waren sie in so hysterisches Gelächter ausgebrochen, dass sie sich aneinander hatten festhalten müssen.

Auch als sie nachts in dem Vulkansee geschwommen waren, die einzigen Menschen auf der Welt, und ihn eine Sternschnuppe zu einem albernen Wunsch verleitete, hatte es bestens funktioniert.

Oder an dem Abend, an dem Simone ihn nackt vor dem Kamin erwartet hatte, so wunderschön im Feuerschein, und sie zuerst ihr Geschenk ausgepackt und er dann seines ausführlich erforscht hatte. Danach war ihm nach Reden zumute gewesen, und so hatte er ihr zuerst von einigen glücklosen Frauengeschichten, dann von seiner schwarzen Zeit 1935 erzählt und vom Krebstod seiner

Schwester Bernice fünf Jahre später. Vom Tag der Diagnose an hatte er mit tiefem Ernst an seinem zweiten Roman gearbeitet, denn das war er ihr, die immer an ihn geglaubt hatte und ohne deren Einsatz er Mechaniker geworden wäre, doch schuldig gewesen.

All das Schöne der gemeinsamen Zeit, selbst oder vielleicht vor allem die kleinen Dinge – wie sie sich die Münder mit höllisch scharfen Tamales verbrannten und danach Milch um die Wette tranken, wie sie gemeinsam auf einem Markt in Guatemala eine Decke und Vorhänge für das Wabansia-Nest aussuchten, sie plötzlich Gefallen an Tequila fanden und Simone sich mitten in einem kleinen Dorf am Rand der Straße auf ihren Mantel legte und ein Nickerchen machte, umringt von sie beäugenden Kindern –, all das hatte ihn glauben lassen, er könnte Simone wichtig genug sein, ihre Haltung doch noch zu ändern und ganz zu ihm zu ziehen. Immerhin hatten sie sich im Hotel de Cortés in Mexico City als Monsieur und Madame de Beauvoir angemeldet. Doch letztlich hatte es nur weniger Worte bedurft, die Lücke zwischen Hoffnung, Erwartung und Realität wieder aufklaffen zu lassen. Gerade noch rechtzeitig, um ihn davor zu bewahren, seine dummen Gedanken laut auszusprechen.

Er hatte sich nicht viel anmerken lassen, doch Lust am Spazieren konnte er jetzt beim besten Willen nicht heucheln, und so saß er auf der Kaimauer und sah den Fischern zu, die nach und nach mit ihrem Fang heimkamen, während die Sonne sich gemächlich auf den Weg zum Horizont machte. Nach einem kurzen Aufenthalt in Morelia, wo sie Quartier bezogen hatten, waren sie weiter nach Pátzcuaro gefahren, einem kleinen Fischerdorf, das berühmt war für seine Freitagsmärkte, für die unzählige Indigene aus dem Umland herbeiströmten. Er hatte dem Treiben den Rücken gekehrt. Sollte Simone, die gänzlich unbekümmert schien, doch allein von Stand zu Stand hetzen.

Später fuhren sie mit dem Boot zur Insel Janitzio. Simone entzückte sich über die traditionellen Schmetterlingsnetze, mit denen dort der Weißfisch gefangen wurde, aber er reagierte nicht darauf und ließ sie auch hier allein herumgehen. Auf dem Rückweg zum Hotel begann sie dann, gedankenlos Pläne für den nächsten Tag zu machen. Jetzt hatte er die Nase voll. »Ach, weißt du«, sagte er betont lässig, »eigentlich habe ich die Märkte, die Indios und das Herumfahren satt, ich bleibe im Hotel.« Simone sah ihn verständnislos an. Ahnte sie denn wirklich nicht, wie sehr sie ihn verletzt hatte? Schnellen Schrittes setzte er sich ab.

Auf dem Zimmer legte er sich aufs Bett und nahm ein Buch. Schweigen breitete sich aus.

»Was hast du denn?«, fragte Simone schließlich, und er schüttelte nur den Kopf. »Was?«, fragte sie weiter, langsam böse werdend, und als er wieder nichts sagte: »Warum musst du alles verderben? Es war doch so schön!« Tränen füllten ihre Augen. Oft genug hatte er ihnen nicht standhalten können, aber heute machten sie ihn nur wütend.

Er sprang auf. »Du kapierst es immer noch nicht, es ist einfach nicht zu fassen!« Sie glaubte, er verdarb alles? Keine Sekunde länger wollte er mehr mit dieser Frau im selben Zimmer sein. Raus, er musste raus hier!

Viele Drinks und Stunden später kam er wieder, inzwischen nicht mehr zornig, sondern auf eine dumpf distanzierte Art traurig. Das Zimmer war dunkel, Simone lag schon im Bett. »Gute Nacht, Nelson«, sagte sie leise, als er sich zu ihr legte, die Stimme heiser und verschnupft. Er erwiderte nichts, versuchte nur, ruhig zu atmen und sich einfach abzufinden.

Doch Schlaf schien ein unbekanntes Land zu sein. Es war unmöglich zu sagen, wie lange er schon an die Decke gestarrt hatte, da fing Simone leise an zu schluchzen. Er rang mit sich, dann griff er nach ihrem Arm und drehte sie zu sich. »Du hättest es mir wenigstens gleich sagen müssen, Simone. Dann hätte ich mich darauf einstellen können. So kommt mir alles im Nachhinein wie eine Lüge vor.«

»Ich weiß«, weinte sie und warf sich an seine Brust, »aber wenn ich es schon am Anfang gesagt hätte, wäre die Reise von Beginn an für dich verdorben gewesen, oder nicht?«

Er hätte ihr gern widersprochen, doch vermutlich hatte sie recht. »Wir sind einfach verloren«, sagte er, und Resignation gab ihm einen Stich in die Brust. »Wie wir uns auch mühen, wir können es nicht richtig machen.«

Dann liebten sie sich in stiller Verzweiflung.

Von da an machten sie weiter, als ob nichts sei, vergnügten sich mit aller Macht bei Volkstänzen und Stierkämpfen, aber es wurde nie mehr ganz wie vorher. Am 28. Juni flogen sie zurück nach New York und stiegen im Hotel Brittany ab. Die Stadt ächzte unter drückender Hitze, die sie mit großen Brocken von Johannisbeereis abkühlten. Sie hatten, jeder für sich, einige Termine abzuarbeiten, waren aber auch ständig gemeinsam unterwegs, ruhelos, gingen spazieren, zu Boxkämpfen und Pferdewetten, essen und ins Kino, fuhren nach Coney Island, als ob sie den nahenden Abschied dadurch verhindern könnten.

Mehrfach besuchten sie die Gerassis, er verstand sich gut mit Stépha, besser noch als mit ihrem Mann, einem Maler, mit dem sich immerhin angeregt über Künstlerzensur, die Verurteilung der Hollywood Ten und den am 3. April in Kraft getretenen Marshallplan diskutieren ließ.

Eines Nachmittags bekam Nelson auf dem Weg zum Austreten zufällig den Fetzen eines Gesprächs mit, das Stépha und Simone in der Küche führten. »Hat er sich schon bei dir für die Hilfe mit dem Diaphragma bedankt?«, fragte Simone. »Das wollte er nämlich unbedingt.«

242

»Oh ja«, hörte er Stépha sagen. »Meine Güte, er ist so goldig. Er spielt den Hartgesottenen, aber man sieht, wie er dich vergöttert, Simone. Und du bist auch so anders. Ich kriege regelrecht Angst.«

»Angst? Aber wieso denn?«

»Na, ich frage mich schon, was mit Sartre werden wird!«

Simones Erwiderung musste er nun wirklich nicht hören, also ging er rasch weiter. Es war klar, was sie sagen würde.

So vergingen die Tage, und mit jedem weiteren breitete sich Leere in ihm aus. Er wurde wieder wortkarg, begann, sich unmöglich zu benehmen und sich selbst dabei noch unmöglicher zu finden, und konnte doch nichts dagegen tun.

»Hast du mich noch so gern wie früher?«, fragte Simone ihn eines Abends unvermittelt in einem Restaurant.

»Nein«, sagte er, weil ein Teil von ihm sie gern verletzen wollte. »Es ist nicht mehr wie früher.« In ihren Augen sah er den Schmerz, sah, dass sie ihm glaubte. Ihm selbst wäre es wirklich nicht unrecht gewesen, wenn er die Wahrheit gesprochen hätte. Aber das hatte er nicht.

»Weißt du, ich kann auch morgen schon heimfliegen«, sagte sie, die Augen voll Tränen.

Hilflose Wut stieg in ihm auf, und seine Fassade blätterte ab. »Herrgott noch mal, Simone! Ich bin doch bloß so, weil ich dich nach all dem immer noch auf der Stelle heiraten würde!«

»Oh.« Sie atmete hörbar aus und lächelte so traurig, dass ihre Augen überliefen und es ihm das Herz zerriss. »Du hast recht. Es tut mir leid. Was das angeht, liegt alle Schuld bei mir, aber ich kann nicht anders.« Er griff nach ihrer Hand, und sie drückte sie fest. »Wir sind uns einfach zu spät begegnet.«

Und dann war Simone weg. Stépha übernahm es, sie ins Taxi zum Flughafen zu setzen, sie hatten den Abschied kurz gehalten. Nicht schmerzlos, nein, das nicht. Müde blätterte Nelson durch das, was ihm geblieben war: das Reisetagebuch. Die enthusiastischen, detailreichen Eintragungen der ersten Wochen. Seine immer knapper werdenden und schließlich ausbleibenden Ausführungen der letzten Tage. Sätze, mit denen er Simone auf seine idiotisch kindische Art hatte zeigen wollen, wie sehr sie ihn verletzt hatte. Drei Tage nach Morelia: »Die Bordelle in Puebla sind die schönsten, die ich je gesehen habe. Ich muss eines Tages allein wiederkommen.« Nach einer Pokerrunde, zwei Tage vor ihrer Abreise: »Für jemanden, der nicht weiß, wie man spielt, warst du recht gut, es kamen aber auch all deine Charakterschwächen zum Vorschein: Kopflosigkeit, Eigensinn, Impulsivität, Naivität und Selbstüberschätzung.« Simones letzter Eintrag, verloren wirkend ganz allein auf der letzten Seite: »Ich gehe fort.«

Vielleicht hatten sie das Büchlein gar nicht zweckentfremdet, dachte er, vielleicht war es die ganze Zeit ein Buchhaltungsheft geblieben. Denn wenn er es jetzt durchlas, wenn er im Kopf hinzuaddierte, was Simone geschönt und er weggelassen hatte, dann wurde schmerzhaft deutlich, in welchem Verhältnis Einsatz und Ertrag in ihrer Beziehung zueinander standen.

Zwei Tage später reiste er zurück nach Chicago, im Gepäck eine bittere Bilanz.

VIERTE ZWISCHEN-ZEIT
(Juli 1948 bis April 1949)

Paris und Algerien,
5. Juli 1948 bis 11. April 1949

SIMONE

Gleich in ihrem ersten Brief an Nelson gab sie dem Drang nach, erneut zu bekräftigen, wie gern sie für immer bei ihm in Chicago bliebe, wenn nur eine glückliche Fügung es irgendwie ermöglichte. Es würde nicht so kommen, doch er musste unbedingt verstehen, dass sie nicht aus einem Mangel an Liebe zu ihm in Paris blieb. Sie fürchtete ernsthaft, Nelson nie mehr wiederzusehen, obwohl er ihr vor der Abreise versichert hatte, dass sie noch immer seine Frau sei und jeder Abschied immer auch ein Wiedersehen bedeute.

Und tatsächlich ließ er sich so leicht nicht zufriedenstellen. Zunächst antwortete er zärtlich und beruhigend, doch dann wollte er alles ganz genau wissen, vor allem Sartres Bedeutung für sie hatte er noch nicht in Gänze begriffen. Innerlich wand sie sich beim Schreiben in dem Versuch, ihm eine Wahrheit begreiflich zu machen, die sie ihm nicht ersparen konnte: Beinahe zwanzig Jahre lang hatte Sartre alles für sie getan und viel geopfert, sie immer ernst genommen und wie selbstverständlich als ebenbürtig behandelt. Er hatte sie in Diskussionen herausgefordert, nie geschont, sie angetrieben, wenn es um ihre Arbeit als Schriftstellerin ging, ihr geholfen, sich zu finden. Sie würde lieber sterben, als ihn im Stich zu lassen. Denn so wie sie ihn brauchte, brauchte er auch sie.

Die Tatsache, dass er sich blind auf sie als Lektorin seiner Texte verließ und ohne sie seine zahlreichen Verpflichtungen nicht bedienen konnte – er unterstützte eine ganze Reihe von Freunden finanziell und nahm daher jeden gut honorierten Auftrag an –, machte nur den kleinsten Teil aus. Das tiefe Verständnis, das zwischen ihnen herrschte, gab seinem ruhelosen und oft aufgewühlten Geist die nötige Gelassenheit, auch die größte Kritik an seiner Person abprallen zu lassen und ein wenig Frieden zu finden.

Diese Pille würde bitter schmecken, und damit Nelson sie leichter schlucken konnte, beschrieb sie ihm auch die kaum vorhandene Bedeutung der Erotik in der Beziehung zu Sartre erneut. Er war ihr erster Mann gewesen, aber Sexualität hatte zwischen ihnen schon immer nur eine Nebenrolle gespielt. Inzwischen war sie längst ganz aus dem Stück ihrer Partnerschaft gestrichen.

Von Bost hatte sie Nelson schon berichtet, und nun gab sie noch drei weitere Liebschaften zu, betonte jedoch, dass dabei keine Liebe im Spiel gewesen sei. Das würde ihm seine besondere Stellung hoffentlich endgültig klarmachen. Dass es in Wahrheit noch viel mehr Techtelmechtel gegeben hatte, musste er nicht wissen; auch ihre lesbischen Erfahrungen behielt sie natürlich für sich.

Die subtilen Spannungen drückten ihr aufs Gemüt. Sartre war betrübt, sie wieder einmal angeschlagen zu sehen. Eigentlich hatten sie gleich nach ihrer Rückkehr nach Algerien verreisen wollen, um in Ruhe zu arbeiten. Es galt schließlich, ihr Buch voranzutreiben und Sartre beim Verfassen des Drehbuchs zu *Die schmutzigen Hände* zu unterstützen, doch nun gab es plötzlich Auseinandersetzungen mit den Produzenten, und alles verzögerte sich bis auf unbestimmte Zeit.

»Ich habe furchtbare Gewissensbisse, mein lieber *Castor*, weil ich Sie Mexiko und Algren vorzeitig entrissen habe«, sagte Sartre eines Tages beim Mittagessen im Deux Magots. »Und es macht mich unglücklich, Sie hier deswegen leiden zu sehen. Fliegen Sie doch noch einmal zurück. Die zusätzlichen Kosten lassen Sie bitte meine Sorge sein.«

Damit sprach er aus, woran sie selbst schon gedacht hatte, und ließ weg, was ihm zweifellos ebenso unangenehm war: Dolores wollte nun plötzlich unbedingt nach Paris kommen, und er hatte nicht nur nachgegeben, sondern ihr auch versprochen, dass sie ihrer Rivalin nicht begegnen müsse. Die beiden würden also gemeinsam in den Süden fahren. Es missfiel ihr, dass Sartre sich so beschwatzen ließ, aber nun, eine Gelegenheit war zum Ergreifen da! »Eine sehr gute Idee«, sagte sie also, »ich werde ihm gleich telegrafieren.«

Doch Nelson reagierte nicht wie erhofft. Was sie zuerst, als der Page ihr sein Telegramm eines Morgens aufs Zimmer brachte, als »Nicht zu viel Arbeit« und damit als ein »Aber natürlich, wann kannst du da sein?« entzifferte, den Blick noch von Müdigkeit und falscher Erwartung getrübt, lautete in Wahrheit »Nein, zu viel Arbeit«. Es gab ihr einen Stich. Natürlich, er musste seinen Roman noch einmal überarbeiten, aber es war eindeutig, dass es sich nur um eine Ausflucht handelte. Er wollte sie nicht bei sich haben.

Nun war sie also nicht in Chicago, und Sartre war nicht in Paris, doch der Arbeit, die sie zu tun hatte, würde es nicht schaden. Sie hatte einen ganzen Monat für sich, und sie würde ihn nutzen. Nachdem all die liegen gebliebenen Kleinigkeiten erledigt, alle Briefe beantwortet, alle Freunde mit Mitbringseln bedacht und neue Kleider aus den mexikanischen Stoffen in Auftrag gegeben waren, widmete sie sich wieder ihrem Buch über die Frau. Während ihrer Abwesenheit war von Mai bis Juli bereits *Die Frau und die Mythen* in mehreren Teilen in *Les Temps Modernes* vorabgedruckt worden, und man hatte ihr die wütenden Reaktionen einiger Männer zugetragen. Die diebische Freude darüber trug sie jeden Morgen leichtfüßig in die Bibliothèque Nationale, um noch einmal tiefer in die Themen Biologie, Physiologie und Psychoanalyse einzutauchen. Außerdem interviewte sie weiterhin jede Bekannte, die ihr über den Weg lief, zu ihrem Aufwachsen, ihrem Werdegang und ihrer Sexualität.

Je mehr ihre Arbeit in den kommenden Monaten voranschritt, je mehr sie las und hörte, desto mehr musste sie Sartre recht geben. Ganz am Anfang ihrer Idee zu dem Buch hatte der Wunsch gestanden, eine Autobiografie zu schreiben, das eigene Leben zu erforschen. Damals hatte sie noch geglaubt, die Frage, was es für sie bedeutete, eine Frau zu sein, rasch beantworten zu können. Sie zog Befriedigung aus ihrer Weiblichkeit und hatte sie selbst nie als offensichtlichen Nachteil empfunden oder sich dadurch an etwas gehindert gefühlt. In den Kreisen, in denen sie sich seit ihrer Studienzeit bewegte, spielte es schlichtweg keine spürbare Rolle. »Und dennoch sind Sie nicht wie ein Junge erzogen worden«, hatte Sartre ihr damals zu bedenken gegeben. »Eine Tatsache, deren Untersuchung sich sicherlich lohnt.«

Und gelohnt hatte es sich tatsächlich. Schnell fand sie heraus, dass ihre Jugend von Mythen heimgesucht worden war, die von Männern wie denen erfunden worden waren, die sich jetzt über die Artikelreihe empörten, und sie selbst hatte auf diese Geschichten in einer Weise reagiert, die man keineswegs einem Jungen zugeschrieben hätte. Es war seltsam und spannend zugleich für sie gewesen, plötzlich einen neuen Aspekt der Welt entdeckt zu haben, für den sie bisher blind gewesen war. Und je mehr sie sich nun durch die verschiedenen Disziplinen forschte, desto weiter wurde ihr Blick für eine unumstößliche Tatsache: Die Welt war von Männern geformt worden und das, was man unter »Menschheit« verstand, war männlich. Die Frau wurde nicht als autonomes Wesen betrachtet, sondern als ein dem Mann entgegengesetztes, ihm untergeordnetes. Es gab sie nur in Relation zum Mann, sie war das Unwesentliche neben dem Wesentlichen, das Objekt neben dem Subjekt, das andere neben dem einen. Dadurch musste für jede Frau zwangsläufig ein existenzieller Konflikt entstehen, denn die ihr zugeschriebene Rolle hielt die Frau in der Immanenz gefangen und hinderte sie daran, sich zu transzendieren, nicht nur zu sein, sondern zu werden und dabei autonom aus der Vielfalt der Möglichkeiten zu wählen.

Die konstituierende Frage für den ersten Band stellte demnach die Suche nach dem Grund für diese Konstellation der Geschlechter dar. Den noch inexistenten Lesern und Leserinnen würde sich bei der Lektüre, so wie ihr selbst bei den Recherchen, eröffnen, dass Männer und Frauen zweifellos und mal mehr, mal weniger offensichtlich voneinander verschieden waren, dass sich jedoch keine biologische, ökonomische oder psychische Bestimmung finden ließ, die die Gestalt definierte, die der weibliche Mensch innerhalb der Gesellschaft einzunehmen hatte. Das Ewigweibliche war nichts als ein Mythos, es gab keine weibliche Essenz, die der Frau ein bestimmtes Schicksal aufzwang. Das biologische Geschlecht musste von der sozialen Rolle der Frau als Konstrukt unterschieden werden. Man kam nicht als Frau zur Welt, man wurde es.

Zur Entstehung dieser Gegebenheiten hatten zweifellos beide Geschlechter beigetragen. Männern war selbstverständlich daran gelegen, ihre privilegierte Situation aufrechtzuerhalten, doch auch viel zu viele Frauen begnügten sich lieber mit einem beschränkten Leben, als gegen ihre Rolle aufzubegehren. Die Schuld daran trug nicht nur, aber vor allem die ökonomische Abhängigkeit von ihren Männern, in der die allermeisten Frauen sich befanden. Damit würde sich das allerletzte Kapitel des zweiten Bands befassen. Teile davon hatte sie bereits geschrieben, auch der Titel stand schon fest: »Auf dem Weg zur Befreiung«. Hier würde sie darlegen, dass wirtschaftliche Autonomie den ersten Schritt darstellte, der allein freilich lange nicht genügte. Erst wenn die Frau ihre Geworfenheit und Transzendenz annahm, sich als Mensch mit dem Mann gleichsetzte und dies auch gesellschaftliche Konsequenzen nach sich zog, konnte eine neue Frau in Erscheinung treten.

Ihr war bewusst, dass sie in Frankreich mit diesen Büchern einen Skandal provozieren würde. Aber sie fürchtete ihn nicht, sondern freute sich vielmehr darauf. Die Arbeit ging ihr wunderbar von der Hand, sehr viel leichter als bei einem Roman. Wenn sie in Paris war, konnte sie problemlos acht Stunden pro Tag mit dem Schreiben verbringen. Während ihres Urlaubs mit dem zurückgekehrten Sartre in Algerien, von Anfang September bis in die zweite Oktoberhälfte, reduzierte sie dieses Pensum vorübergehend. Sartre musste sich von Dolores erholen und hatte großen Redebedarf. Sie bereisten verschiedene Städte, gingen spazieren und verbrachten die meiste Zeit am Strand. Es waren glückliche, unbeschwerte Wochen.

Nelson antwortete eine Weile nicht mehr auf ihre Briefe, obwohl sie ihm mitgeteilt hatte, wohin er seine Post an sie schicken konnte, aber sie hatte beschlossen, sich diesmal davon nicht bedrücken zu lassen. Gerade in den letzten Wochen waren ihr gewisse Diskrepanzen in ihrer beider Beziehung bewusst geworden und hatten sie nachdenklich gemacht.

Auch wenn ihre Schuld darin lag, sich ihm nicht ganz geben zu wollen, hielt er deswegen alle Trümpfe in der Hand? War nicht sie es, die eigentlich viel mehr in die Beziehung investierte als er? Während sie selbst von Beginn an bereit gewesen war, sich ganz auf ihn einzulassen, sich in seiner Nähe beinahe völlig vergaß, immer mehr von seinem Leben, seinem Land erfahren und die Literatur kennenlernen wollte, die ihm lieb war, hatte er im Gegenzug nur wenig Interesse gezeigt. Nicht einmal zum Aufbessern seiner Französischkenntnisse war er bereit gewesen, obwohl sie ihn in ihren Briefen immer wieder dazu ermutigt und deutlich gemacht hatte, wie wichtig es ihr gewesen wäre.

War es nicht eine seltsame Ironie, dass dies alles Bestandteil der vermeintlich typischen weiblichen Verhaltensweisen war, auf die sie ihre Recherchen gestoßen hatten? Langsam war sie vor allem ihre ständigen Rechtfertigungsversuche leid, konnte sich selbst in dieser demütigen Haltung nicht leiden. Also wollte sie versuchen, damit aufzuhören.

Doch wie sich herausstellte, war das gar nicht so einfach.

Ende Oktober zog sie in eine möblierte Wohnung im fünften Stock eines in die Jahre gekommenen ehemaligen Privatpalais in der Rue de la Bûcherie 11 am linken Ufer der Seine. Ein großes, hübsches Zimmer mit Besenkammer und kleiner Küche. Von einem Fenster aus konnte sie auf die Kais blicken und die Türme der Notre-Dame erspähen, vom anderen auf ein von Schwarzafrikanern bewohntes Hotel und das algerische Café des Amis, in dem es häufig zu wenig freundschaftlichen Schlägereien kam, herunterschauen.

Langweilig wurde es hier nicht. Auf den Straßen tranken und tanzten Clochards zu der aus dem Café schallenden Musik, auf den Dächern balgten sich Horden von Katzen, und der Hausflur hallte vor Hundegebell wider. Allein ihre Etagennachbarin besaß vier kläffende Winzlinge.

Weder die gesamte Straße noch die Treppe oder die Fassade des Hauses waren besonders schön anzusehen, doch den Wohnraum machte sie sich bald zu eigen. Sie fühlte sich erstaunlich wohl in ihrem kleinen Reich und gewöhnte sich an, vormittags auch hier zu arbeiten. Sie bestellte grüne Stehlampen aus Bronze und brachte rote Vorhänge an den Fenstern an. An den Wänden und Deckenbalken hängte sie Teppiche und Tücher auf und dekorierte freie Flächen mit Schalen, Figuren und Schmucksteinen, alles Mitbringsel von ihren Reisen. Am Ende sah es recht gemütlich aus, obwohl sie nicht geglaubt hätte, ein Talent zum Einrichten eines Heims zu haben. Wenn Nelson im nächsten Jahr zu Besuch käme, was sie sehr hoffte, würde dieser Ort ihr Bûcherie-Nest werden. Kein Mann außer ihm würde je hier schlafen, versprach sie ihm in einem Brief.

Das Quartier Saint-Germain-des-Prés war nicht weit entfernt; zu Sartre, wo sie nachmittags arbeitete, und zum Les Deux Magots und dem Café de Flore, wo sie Freunde traf, ging sie zu Fuß gute zwanzig Minuten. Das Viertel zog inzwischen viele ausländische Studenten an, die den Existenzialismus ohne wirkliches Begreifen schick fanden und zum Teil ihrer jugendlichen Revolte machten. Man erkannte sie an den zerfledderten Exemplaren von *Das Sein und das Nichts*, die sie bei sich trugen, und einer seltsamen Uniform: Die Männer trugen stets Baskenmütze, die Frauen Rollkragenpullover mit schwarzen Glockenröcken und Ballerinas. Auch immer mehr wirkliche Intellektuelle und Prominente aller Couleur waren hier anzutreffen, doch mit ihnen kamen naturgemäß auch Scharen von Journalisten und Bewunderern. Mit ihrer Wohnung hatte sie nun eine gute Ausweichmöglichkeit, in die sie sich bei Bedarf mit *la petite famille* zurückziehen konnte.

Mitte November klärte sich auf, warum in Algerien eine Zeit lang keine Briefe von Nelson angekommen waren. Er hatte sie nach Tunis statt nach Ténès geschickt, und nun fand sie sie nach und nach in ihrem Briefkasten vor. Die Vergangenheit hatte lange ausgeholt und versetzte ihr nun hinterrücks einen schnellen, aber gezielten Hieb. In seinem Brief vom 17. September beichtete Nelson ihr, sich in eine junge Frau, die er kennengelernt hatte, als er auf einer Wahlkampfveranstaltung für den Präsidentschaftskandidaten Henry A. Wallace sprach, verguckt und beinahe mit ihr geschlafen zu haben. Er sei einsam und sehne sich sehr nach der Wärme einer Frau.

Nach dem Lesen war sie so aufgewühlt, dass sie nicht mehr arbeiten konnte. Immerhin hatte er offen und vertrauensvoll geschrieben, und so antwortete sie ihm, wie gut sie ihn verstünde, und bekräftigte die alte Aussage, dass es ihr auch nicht viel ausmachte, wenn er tatsächlich mit einer anderen Frau schliefe, solange es ihre Beziehung nicht im Innersten berührte. »Ich will nicht, dass du dich einsam und traurig fühlst«, schrieb sie, »aber ebenso wenig kann ich dich freiwillig aufgeben, weil ich dich einfach zu sehr liebe. Lass uns nur immer offen zueinander sein.«

In den nächsten Wochen verhandelten sie ihre Beziehung neu. Nelson ließ sie wissen, dass es kurz nach seinem Brief doch zu mehr gekommen war. Ihre Affäre währte nur kurz, obwohl er sich zeitweise sogar mit dem Gedanken getragen hatte, der Frau einen Antrag zu machen, weil sie, ihr kleines Häuschen und die spielende Tochter darin ihm ein wohlig warmes Gefühl dafür vermittelten, wie es sein könnte, tatsächlich eine Familie zu haben. Doch sie lebte gerade in Scheidung und verarbeitete ihr Unglück mittels einer Psychoanalyse, vor deren Abschluss sie sich auf keine neue Beziehung einlassen wollte.

»Im Grunde hat sie mir nicht viel bedeutet«, schrieb Nelson nun, »aber sie hat endgültig das Verlangen in mir geweckt, eines Tages etwas Eigenes zu haben, ein Heim mit Frau und Kindern. Meine Arbeit als Schriftsteller ist es, über Chicago und seine Menschen zu schreiben, aber mit dieser Aufgabe habe ich mir meine eigene Falle gestellt und mich in dieser Stadt festgesetzt. Ich habe hier kaum jemanden, mit dem ich mich ernsthaft austauschen kann. Die Intellektuellen sind mir im Allgemeinen zu langweilig, weil sie sich mit Dingen befassen, die mir irreal und weltfremd vorkommen; die Menschen, über die ich schreibe und mit denen ich viel Zeit verbringe, sind thematisch in ihrer eigenen Alltagshölle gefangen.

Kein Mensch hält es auf Dauer aus, wenn er niemanden hat, zu dem er kommen kann und der ihn ab und zu warm umfängt, Simone. Ich war einsam und hatte Sehnsucht nach der Nähe einer Frau, und du schienst ungeheuer weit weg. Das alles bedeutet nicht, dass ich dich jetzt weniger liebe. Und doch ist mir etwas klar geworden. Im letzten Jahr hätte ich Angst gehabt, zwischen uns etwas zu zerstören, wenn ich untreu geworden wäre, aber in diesem habe ich verstanden, wie töricht das war. Deine Arme können mir keine Wärme spenden, wenn sie einen Ozean weit entfernt sind. Aber das Leben ist zu kurz, zu kalt, um über viele Monate hinweg auf diese Wärme zu verzichten. Darum kann ich dir nicht versprechen, dass es nicht wieder passieren wird.«

Es tat weh, diese Worte zu lesen, aber er hatte recht. Ein Jahr lang hatten sie einander so sehr geliebt, dass es leicht erschienen war, Opfer zu bringen, doch auf Dauer konnte es nicht gut gehen. Wenn es irgendwann so weit war, musste sie es akzeptieren. Die Erfahrung einer treuen, warmherzigen und leidenschaftlichen Liebe bedeutete ihr viel; einander wirklich rundum glücklich zu machen, und sei es nur für kurze Zeit, war nicht vielen vergönnt. Doch nun war aus einer kitschig-romantischen Liebe eine geworden, die der Realität nicht mehr aus dem Weg gehen konnte. Ihre Beziehung war dazu verurteilt, ein Ende zu nehmen. Vielleicht schon bald.

Seltsam, wie das Leben manchmal spielte, strafte es ihre düsteren Gedanken erst einmal Lüge. Auf wundersame Weise brachten gerade diese schwierigen Wochen Nelson und sie einander wieder näher. Er schickte ihr ein Carepaket, das unter anderem einen großen Sack Mehl mit einer darin versteckten Flasche Scotch enthielt, und fügte seinen Briefen wieder lustige kleine Zeichnungen bei. Und besser noch: Mitte Dezember eröffnete er ihr, im kommenden Jahr tatsächlich nach Paris kommen zu wollen! Sie war erleichtert und fühlte sich beim Pläneschmieden plötzlich wieder frisch verliebt. Diesmal sollten es wirklich vier gemeinsame Monate werden, und sie würden nicht nur in Paris bleiben, sondern in verschiedene Länder reisen. Nelson käme im Mai, wenn sie beide die Arbeit an ihren Büchern abgeschlossen hätten. Vielleicht würden sie ja doch wieder so glücklich werden, wie sie es einmal gewesen waren, beschworen sie einander in ihren Briefen, als könnte es allein dadurch schon wahr werden.

Bald war der erste Band von *Das andere Geschlecht*, der im nächsten Juni erscheinen sollte, fertig, im Januar könnte sie ihn Gallimard übergeben. Interessante letzte Impulse gab ihr noch der gerade auf Französisch erschienene Kinsey-Report aus Amerika, ein bahnbrechender Bericht über das sexuelle Verhalten des Mannes, dem fünftausenddreihundert Interviews zugrunde lagen. Natürlich hatte das Buch einen Skandal ausgelöst, schließlich entlarvte es die strikte Sexualmoral der USA als leere Hülle. Alfred Kinsey sprach über Tabuthemen wie Homosexualität und Oralsex, förderte zutage, dass beinahe die Hälfte der Befragten bisexuelle Tendenzen verschiedenen Grades in sich verspürte, ein Viertel eine Vorliebe für sadomasochistische Praktiken besaß, ein Drittel fremdging und so gut wie jeder masturbierte. Wie herrlich es gewesen wäre, gäbe es eine solche Untersuchung auch für die Frau! Doch natürlich hatte bis jetzt niemand die Befragung des anderen Geschlechts für nötig oder schicklich gehalten. Bis jetzt!

Diese Art der Empirie wandte sie in den kommenden Monaten auf ihren zweiten Band an, denn darin ging es um die gelebte Erfahrung der Frauen, und wie Kinsey brach sie ebenfalls mit zahlreichen Tabus, vor allem den speziell auf Frauen bezogenen: Abtreibung, Lesbianismus, Prostitution. Zusätzlich zu den Berichten ihrer Bekannten aus Paris und Amerika analysierte sie Beispiele aus Literatur und Kultur, Fallgeschichten aus Medizin und Psychologie sowie autobiografische Schilderungen prominenter Persönlichkeiten. Da das Kapitel zur Befreiung nur noch geschliffen werden musste, wurde sie tatsächlich rechtzeitig fertig. Endlich, inzwischen konnte sie das Manuskript nicht mehr sehen.

Die Vorbereitungen für Nelsons Besuch hatte sie schon im Februar getroffen, einige Drucke von van Gogh und Toulouse-Lautrec gekauft, die er mögen würde, und schöne weiße Ledersessel bestellt, da es an einer gemütlichen Sitzgelegenheit noch fehlte. Sogar den defekten Küchenherd hatte sie reparieren lassen, damit sie gemeinsam kochen konnten.

Am 11. April schrieb sie ihren letzten Brief an Nelson, denn er würde mit dem Schiff kommen und daher lange unterwegs sein. »Mein reizender Liebster«, endete sie, »in genau einem Monat werde ich dich wieder eingefangen haben – eine sehr ansprechende Vorstellung. Ich werde in Erfahrung bringen, wann der Zug aus Le Havre am Bahnhof ankommt, und dich abholen. Zieh nur dein kanariengelbes Hemd an, damit kann ich dich nicht verfehlen. Und mach dir bitte um Geld keine Sorgen, in Frankreich bist du mein Gast. Komm, *Honey*, und lass mich dich lieben.«

FÜNF (MAI BIS SEPTEMBER 1949)

Ein Junge aus Chicago in Europa und Afrika

NELSON

Ihr Wiedersehen begann, wie konnte es anders sein, mit einem Missverständnis. Als er endlich all sein Gepäck aus dem Zug geladen hatte und durch die Absperrung gekommen war, stand da keine Simone und erwartete ihn, dabei hatte er geglaubt, sie aus dem Abteil heraus in dem Mantel erspäht zu haben, den sie bei ihrem ersten Treffen getragen hatte. Bestimmt im Tag vertan, dachte er sich und nahm ein Taxi, ihre Adresse hatte er sich glücklicherweise gemerkt.

Als er dann vor dem Haus seine Koffer aus dem Wagen lud, ging plötzlich die Haustür auf, und sein verrückter Frosch kam herausgesprungen. Auch sein Herz konnte noch einen Sprung machen, bevor sie ihm in den Armen lag.

»Ich dachte, du hättest den Zug verpasst«, sagte sie atemlos zwischen zwei Küssen. »Ich habe so lange gewartet, alle sind an mir vorbeigegangen, und irgendwann war der Bahnsteig leer.«

Jetzt ging ihm ein Licht auf. »Ich habe es wohl mit meinem Gepäck ein wenig übertrieben, hatte schwer damit zu kämpfen, alles wieder aus dem Zug rauszukriegen.« Er hatte nicht nur all seine Kleidung und unzählige Bücher, sondern auch jede Menge Geschenke für Simone und ihre Freunde mitgebracht. Fotoalben von ihrer Reise, ein schönes Hauskleid, mehrere Flaschen Whiskey, Süßigkeiten, eine Pfeife und noch mehr Bücher.

»*Mon dieu!*«, seufzte Simone, als sie die vielen Gepäckstücke erblickte. Die erste Stunde ihres Wiedersehens verbrachten sie damit, seine Koffer in die fünfte Etage zu tragen. Dann bewunderte er zuerst Simones Wohnung ausgiebig, dann ihren Körper. Danach war es, als hätte nie etwas zwischen ihnen gestanden.

In den folgenden Tagen zeigte Simone ihm ihr Paris; zu Fuß, im Taxi und einmal per Pferdekutsche erkundeten sie jede Ecke. Sie sorgte sich ständig, die Unternehmungen, die sie sich überlegt hatte, könnten ihm nicht gefallen, dabei sog er alle Eindrücke begierig auf. Es wunderte ihn, dass es keine Feuerleitern an den Fassaden gab, ebenso kein Geländer am Kanal Saint-Martin. »Die Franzosen gehen recht leichtfertig mit ihrem Leben um, scheint mir«, neckte er sie. »Wenn es Feuer gibt, dann verbrennt man eben! Und wenn ein Kind ins Wasser fällt, dann ertrinkt es eben!«

»*Au contraire*«, neckte sie ihn zurück, »ihr Amerikaner seid durch die Vorkehrungen viel leichtsinniger und sterbt darum viel eher!«

Sie besuchten die typischen Sehenswürdigkeiten – es wimmelte nur so vor Touristen aus aller Welt, es hieß, eine Million von ihnen hielte sich in der Stadt auf –, aber auch Simones Elternhaus, die Sorbonne und die Kneipen, in denen sie, kaum dass sie aus ihrem Elternhaus aus- und in ein Zimmer bei ihrer Großmutter eingezogen war, mit Stépha über die Stränge geschlagen und gegen alle Konventionen verstoßen hatte. »Dabei hatten wir von nichts eine Ahnung. Völlig naiv sind wir mit zwei Männern in die Wohnung des einen gegangen. Kaum war die Tür zu, ging das Gefummel los. Wir sind nur knapp einer Vergewaltigung entgangen.«

Der wohl seltsamste Ort, den sie besuchten, war ein Tierfriedhof in der Umgebung. Am Eingang empfing sie die Skulptur eines heldenhaften Bernhardiners, neunundneunzig Leben hatte er gerettet. Echte Grabsteine saßen auf den Gräbern, manchmal in Form einer steinernen Miniatur des verstorbenen Fiffis. Von allen Seiten wurde man angestarrt von Möpsen, Pudeln, Doggen und Foxterriern, deren Körper Gravuren trugen, die die Überlegenheit des Tieres gegenüber dem Menschen behaupteten. Er musste an den kleinen Tiger denken, und plötzlich überkam ihn Wut. Kurz, aber hart versetzte er dem Kopf eines Steinpudels einen Tritt.

»Was hast du denn?«, fragte Simone erschrocken.

»Mich ärgert der Kult, der hier um Tiere getrieben wird«, sagte er. In Wahrheit musste er an den furchtbaren Anblick denken, den der Kater geboten hatte, als er ihn eines Tages tot am Straßenrand entdeckte. Überfahren. Er hatte es Simone nicht gesagt.

»Ach du, mein griesgrämiger Liebster.« Sie hakte sich bei ihm ein und zog ihn wieder auf den Weg. »Dann lass uns von hier fortgehen.«

In der Nacht, nach einem langen Spaziergang über die Boulevards im dunklen Herzen von Paris, wie Simone es nannte, lag er wach und stellte fest, dass er glücklich war.

Bei allem, was er in den letzten zwölf Monaten versucht hatte, um sich von der Vorstellung, Simone sei die eine, endlich zu lösen, hatte er zweifellos kläglich versagt. Während seiner Affäre hatte er sich die ganze Zeit schlecht gefühlt, und nach der Aussprache hatte er nur zu bereitwillig ihren Vorschlag angenommen, Sex des Sexes wegen sei kein Hindernis, ihre Beziehung dennoch weiterzuführen. Vielleicht irrte er sich. Aber längst war die Hoffnung in ihm gekeimt, dass in diesem Jahr alles wieder gut werden könnte. Sie genossen ihre Körper intensiver als in den ersten Wochen, redeten die Nächte durch und hielten einander bei den Händen. Warum hatte er mehr gewollt?

Nach einer Woche der Zweisamkeit hielt Simone die Zeit für gekommen, ihn ihren Freunden, allen voran Sartre, vorzustellen. Sie hatte ins Les Deux Magots bestellt, wer gerade Zeit hatte. Ihm war nicht besonders wohl dabei, so viele Unbekannte auf einmal zu treffen, zumal einige von ihnen kaum Englisch sprachen. Aber irgendwann musste es ja geschehen.

Und da waren sie also, hatten mehrere Tische zusammengestellt, um die sie dicht gedrängt saßen und derart angeregt durcheinanderschwatzten, dass sie ihrer beider Ankunft gar nicht bemerkten. Leere Gläser und Tassen stauten sich auf den Tischen, die Aschenbecher hingegen wurden unaufhörlich gefüllt.

»Der Amerikaner ist da!«, rief eine der Frauen plötzlich, und schon fand er sich umringt von der höchsten Riege der Existenzialisten. Sartre stellte sich standesgemäß als Erster vor und umarmte ihn herzlich. Dann bekamen auch alle anderen Personen, die er aus Simones Briefen zum Teil besser kannte, als sie je ahnen würden, ihre Gesichter: Raymond Queneau, Maurice Merleau-Ponty, Jacques-Laurent und Olga Bost, Michel Leiris, Marcel Mouloudji, Boris und Michelle Vian. Sie nahmen ihn in ihre Mitte, Simone besorgte ihm etwas zu trinken, und dann wurde ihm heiß und immer heißer, weil er keine von den Fragen verstand, mit denen sie ihn bestürmten.

Schließlich stand Michelle auf und setzte sich ihm gegenüber. »Lassen Sie mich dolmetschen«, sagte sie lächelnd. »Ich arbeite auch als Übersetzerin.«

Ihr hatte er zu verdanken, dass er von sich berichten, mitlachen und -diskutieren konnte. Nachdem er erzählt hatte, dass er Wallace gewählt hatte, verloren sie auch ihre Scheu, über Politisches zu reden. Mit großem Interesse blickten sie auf Tito und dessen Bruch mit Stalin, auf sein Beharren, einen eigenen Weg zum Sozialismus zu gehen. Auch der chinesische Weg zum Kommunismus würde, so hofften sie, liberaler sein als der russische. Vielleicht würde sich ja das Angesicht der gesamten sozialistischen Welt verändern. Am Ende des Abends fühlte er sich etwas schwindlig vom Wein – und beinahe selbst wie ein Existenzialist.

Nachdem er Sartre kennengelernt und ihn im Umgang mit Simone beobachtet hatte, fiel einiges von seiner Eifersucht von Nelson ab. Eine leidenschaftliche Beziehung wie die zwischen Simone und ihm war es wirklich nicht, was sie von ihm fernhielt.

Sartre war von Gestalt und Kleidung unscheinbar und regelrecht hässlich. Wäre er ihm als gänzlich Fremden begegnet, er hätte ihn für einen heiteren Handelsreisenden gehalten, der beim Verkauf von Herrenhosen sorglos auf den Bankrott zusteuerte. Mit dem schielenden Auge und seinem zerzaustem Haar hätte er auch eher ein Kellner sein können, der sich gerade mit einem anderen ums Trinkgeld geprügelt hatte, als Frankreichs gefährlichster Denker.

Aber ihr Verhältnis wurde bald recht freundschaftlich, eigentlich mochte Nelson ihn sogar, und Sartre zeigte sich zugeneigt, indem er, wenn sie verabredet waren, stets die Pfeife rauchte, die er ihm geschenkt hatte. So genial dieser Mann als Philosoph auch sein mochte, Frauen waren eindeutig seine größte Schwäche, er konnte ihnen nichts abschlagen. Als sie einmal gemeinsam ein Stück spazierten, machte Sartre mit einem Mal eine Kehrtwendung und floh mit einer Wendigkeit, die Nelson ihm gar nicht zugetraut hätte, in ein Café. Wie sich herausstellte, hatte er eine junge Frau erblickt, die er seit seiner letzten Reise nicht mehr getroffen, die ihm aber das Versprechen abgerungen hatte, ihr eine Modelleisenbahn aus dem Ausland mitzubringen. Er hatte zugestimmt, um sie loszuwerden, dann aber nicht mehr daran gedacht. Sie war nur eine flüchtige Bekannte, ein Fan, der ihn einmal angesprochen hatte. Trotzdem wollte er ihr aus dem Weg gehen, bis er die Gelegenheit fand, einen solchen Zug in Paris zu kaufen.

Simone war unermüdlich darin, ihm immer neue Freunde vorzustellen, ihn auf Partys zu schicken und mit ihm verschiedenste Etablissements zu besuchen. In Paris gab es eine Menge guter

Künstler, stellte er bald fest. Das Trompetenspiel von Boris Vian war fantastisch, der Mann zeigte sein Können neben seiner Arbeit für *Les Temps Modernes* abends regelmäßig in einem einer Grotte ähnelnden Jazzkeller namens Tabou.

Das Tabou war nach dem Zweiten Weltkrieg von Juliette Gréco eröffnet worden, einer Chansonette, die ein deutsches Lager überlebt hatte und nun zu einer Art Muse der Existenzialisten geworden war. Sie trug das ihr strenges, unverstelltes Gesicht bekränzende Haar pechschwarz wie einen Trauerschleier. Unverstellt war auch ihr Gesang. So sang sie, die Stimme beschwert von Ernst und ohne den Ausdruck zu verändern, bevor das Lied zu Ende war. Aber dann lächelte sie. Sie lächelte, und das Licht wurde ein bisschen heller. Zweifellos war sie die Künstlerin, die in Paris am meisten Eindruck auf ihn machte.

Eines Tages aßen sie mit Olga und Jacques Bost in einem der Restaurants im Eiffelturm zu Mittag. »Man isst und trinkt schlecht dort«, hatte Simone gesagt, »aber manch ein Tourist würde für den Ausblick töten.« Tatsächlich war der Laden randvoll mit Amerikanern, aber was die Vogelperspektive auf Paris anging, konnte er ihr nur recht geben, nachdem sich sein Schwindelgefühl gelegt hatte. Um sich davon abzulenken, hatte er ein Gespräch mit Jacques begonnen, in dem sie ihre Erfahrungen als Soldaten im Zweiten Weltkrieg miteinander verglichen. Jacques war bis zu seiner Verwundung Fußsoldat an der Front gewesen und wollte einmal ein Buch darüber schreiben.

Als der Nachtisch kam, eine Tarte du Chef mit Aprikosen, sagte Olga: »Nun ist's aber genug mit diesem Thema. Nelson soll noch eine Gangstergeschichte erzählen!« Wie sich schnell herausgestellt hatte, war nicht nur sie, sondern die ganze Schar von Simones Freunden, selbst Sartre, ganz begierig auf seine Storys aus Chicago. Nun, da konnte er leicht Abhilfe schaffen.

»Gut, aber heute will ich euch mal eine furchtbar traurige und ungerechte Begebenheit erzählen, also holt die Taschentücher raus. Ihr könnt euch ja sicher denken, dass viele arme Leute unschuldig im Knast landen.« Er machte eine dramatische Pause.

»Und ob«, meinte Bost, die beiden Damen nickten.

Er nahm eine Gabel von dem Kuchen und ließ sich Zeit. Köstlich. »Tja, so ging es meinem Freund Bartek. In einer furchtbar frostigen Januarnacht machte er sich, nichts Böses ahnend, ein wenig angetrunken auf den Weg nach Hause. Der Gehsteig war glatter als die Schlittschuhbahn, also passierte es, dass er unglücklich ausrutschte. Und während er noch versuchte, sich zu fangen, schlug er versehentlich mit dem Ellenbogen die Scheibe des Juweliergeschäfts ein. Als er sich wieder aufgerappelt hatte, ging er natürlich rein, um den Besitzer über den Schaden zu informieren, aber zack, war die Polizei schon da und meinte, sie hätte ihn auf frischer Tat ertappt.«

»Liebe Güte«, sagte Olga mit großen Augen. Sie glaubte ihm jedes Wort. Jacques schien zu zweifeln, hing aber trotzdem an seinen Lippen.

»Kaum dass er auf Bewährung wieder draußen war, bekam er den nächsten Ärger, und das nur, weil er einige Zeit vor Sonnenaufgang eine Abkürzung durch eine dunkle Gasse nahm, zum Hintereingang eines Blumenladens, weil er seiner Mutter einen Geranientopf aufs Grab stellen wollte.«

»Mitten in der Nacht«, bemerkte Jacques und lehnte sich in seinem Stuhl zurück.

»Natürlich, er suchte ja eine Geranie, die bei Nacht blüht, denn die hatte seine Mutter am liebsten gemocht. Irritierend für die aufkreuzende Polizei war nur, dass Bartek eine Badewanne auf den Rücken geschnallt hatte. Dabei gab es auch dafür eine gute Erklärung.«

»Und die wäre?«, fragte Simone. Hoffentlich verriet sie ihn nicht.

Sie wusste, dass er es liebte, Leuten einen Bären aufzubinden. Und sie war empört gewesen, als sie herausfand, dass er auch vor ihr nicht haltgemacht hatte und es gar nicht an seinen besonderen Krokodilsfähigkeiten lag, dass er beim Hühnchen die Knochen mitessen konnte, sondern nur an der amerikanischen Zubereitungsart, die im Wesentlichen im Totkochen oder -braten bestand. Die Geraniengeschichte kannte sie außerdem sicher aus seinem Manuskript. In ihren Augen leuchtete jetzt aber kein Ärger, sondern Amüsement. Vielleicht sogar Stolz. Sein Herz schlug höher. Er wusste, wie glücklich sie darüber war, dass ihre Freunde ihn so gut angenommen hatten, ihn mochten, und er selbst hatte sein anfängliches Unwohlsein in ihrer Gegenwart auch längst abgelegt.

»Nun«, erzählte er weiter, »die Wanne hatte mitten in der Gasse gelegen, und er hätte es sich nicht verzeihen können, wenn jemand darüber gestolpert wäre. Blöd nur, dass die Polizei gerufen worden war, weil kurz vorher ein Anwohner einen Einbruch in das Sanitärgeschäft fünfzig Meter weiter bemerkt hatte.«

»Welch tragische Koinzidenz«, knurrte Bost.

»Und wie! Letztlich waren es die Stablampe und das Stemmeisen, die er bei sich hatte, die ihn wieder haben einfahren lassen. Da hat es ihm auch nichts mehr genützt, dass er den ganzen Weg zum Revier immer wieder schrie: ›Inner Stadt, wo Badewannen aufm Gehsteig liegen, wird sich doch wohl keiner übern Beißel inner Hosentasche wundern!‹«

Kurze Stille, dann brach Gelächter aus. Olga schlug ihm spielerisch gegen den Arm. »Wie gemein, uns so hinters Licht zu führen!«

Ach, er mochte diese kleine blasse Frau und hoffte, sie würde sich bald vollständig von der Lungenerkrankung erholt haben, mit der sie schon so lange kämpfte. Ja, im Kreis der Existenzialisten fühlte er sich doch tatsächlich wohl.

Simone trug stets die mexikanischen Röcke, Blusen und Turbane, die sie auf ihrer Reise gekauft hatten oder die sie sich aus den mitgebrachten Stoffen hatte schneidern lassen, dazu afrikanischen Schmuck. Selbst im vielgestaltigen Paris war sie ein exotisch bunter Farbtupfer, an dem sich jedoch niemand störte. Anstoß wurde an etwas völlig anderem genommen, das wurde im Laufe der Zeit immer deutlicher.

Sie besuchten gemeinsam das Fest des 18. Juni zum Jahrestag der Rede de Gaulles nach dem Fall Frankreichs von 1940. »Damit du siehst, was für Massen da zusammenkommen«, hatte Simone gesagt, und ja, er sah es klar und deutlich. Nachdem sie bei strahlendem Wetter im Gedränge einer Zeremonie beigewohnt hatten, während der die Avenue d'Orléans in Avenue du Général Leclerc umbenannt wurde, hatten sie genug und schoben sich langsam durch die träge Menge, um sich im Jeu de Paume die van Goghs anzuschauen.

Plötzlich erkannte ein Mann Simone und baute sich vor ihr auf. »Sie gehören hier ja wohl nicht hin, hauen Sie bloß ab!«, schnaufte er mit gaullistischem Blick und drohte mit dem Finger.

Er verstand den Wortlaut nicht genau, doch die Geste war eindeutig. Mit einer schnellen Bewegung schlug er den Arm des Mannes nach unten. »Lass sie bloß in Ruhe, du Quadratschädel!«

Der Kerl glotzte ihn nur mit offenem Mund an. In dem Moment tat sich eine Lücke auf, und Simone zog ihn weiter. Er ließ es zu, war aber wütend. Es war ungehobelt, eine Frau derart anzugehen.

»Und das bloß, weil ihr Sozialisten seid?«, kam er darauf zurück, als sie durch die Kunstsammlung spazierten.

Simone winkte ab. »Das auch, ja. Im Moment wiegt aber eine andere Aufregung schwerer. Ich habe den französischen Mann im Innersten getroffen.« Sie gluckste. »Vielleicht auch an seinen Testikeln.« Anfang Mai war in ihrer Zeitschrift ein erster Vorabdruck aus dem zweiten Teil ihres Buchs zu lesen gewesen. »Ich hätte vielleicht nicht ausgerechnet die Abhandlung über die sexuelle Initiation der Frau dafür auswählen sollen«, sagte Simone. »Wobei es im zweiten Artikel der Serie, der diesen Monat erscheint, um Lesbianismus und im dritten um Mutterschaft gehen wird. Dann werden mir wohl auch einige Frauen an die Gurgel gehen wollen.«

In den folgenden Wochen, inzwischen war auch der erste Band von *Das andere Geschlecht* erschienen und hatte sich in den ersten Tagen zweiundzwanzigtausendmal verkauft, wurde es tatsächlich immer schlimmer. Bald erreichte die Empörung ihren vorläufigen Höhepunkt. Meist wurde auf der Straße mit dem Finger auf Simone gezeigt, getuschelt oder gelacht, ab und an fielen auch dort die obszönen Worte, die ansonsten täglich per Brief in der Zeitschriftenredaktion eintrudelten. Dann hätte er wirklich gern die Fäuste fliegen lassen. Sein Fröschlein war nun eine Skandalautorin, sie selbst blieb allerdings immer noch erstaunlich gelassen.

Als sie sich eines Nachmittags gerade ins Café de Flore gesetzt hatten, wo Simone ein wenig arbeiten wollte, während er las, trat ein Journalist mit Block und Bleistift und triefend vor Selbstzufriedenheit an den Tisch und wollte sich ein Interview erschleichen, indem er vorgab, etwas zum Thema Existenzialismus wissen zu wollen.

Sie sah ihm nur fest in die Augen und sagte: »Sie interessieren sich doch überhaupt nicht für Existenzialismus, Sie interessieren sich vermutlich für überhaupt nichts.« Damit nahm sie ihr Notizbuch und ihren Füller aus der Tasche und widmete sich ihrer Arbeit. Der Typ blinzelte irritiert, offensichtlich konnte er nicht glauben, dass er gerade abgeblitzt war. Mit eingekniffenem Schwanz zog er von dannen. Mademoiselle aber blickte nicht einmal auf, um ihm nachzusehen.

Ihm selbst gingen schließlich doch die Pferde durch, als sie am Boulevard du Montparnasse im Nos Provinces zu Abend aßen.

Eine größere Runde am Nachbartisch glotzte unaufhörlich herüber und lachte schallend. Irgendwann reichte es ihm, und er stand auf und schlug mit beiden Fäusten so heftig auf den Tisch, dass sämtliche Gläser umkippten.

»Du machst dich wegen mir noch unglücklich«, sagte Simone später im Bett, nachdem sie sich geliebt hatten. »Lass uns unsere Reise einfach schon jetzt beginnen und aus der Stadt verschwinden.«

Dagegen fand er nichts einzuwenden, er freute sich unbändig auf diese Ferien, wollte die Alte Welt sehen. Spanien kam für ihn wegen des Franco-Regimes nicht infrage, also hatten sie sich auf Italien geeinigt, würden danach aber auch nach Tunesien, Algerien und Marokko fliegen. Sie brauchten zwei Tage, um alles vorzubereiten, dann begann das Abenteuer.

Italien, Nordafrika und Frankreich, 27. Juni bis 10. September 1949

SIMONE

Ein seltsames Gefühl, morgens in Paris abgeflogen zu sein und jetzt hier an der trubeligen Piazza Navona in der Sonne mit Aussicht auf einen Springbrunnen Porchetta zu essen. Noch seltsamer als das war aber das Wunder, das in Paris geschehen war. Diesmal hatten sie keine Anlaufzeit gebraucht, um sich wiederzufinden, und kein böses Wort war bislang zwischen ihnen gefallen. Nun hatten sie einander ganz für sich; die Wochen des Herumreisens würden sie noch fester aneinanderschweißen. Sie war froh, Nelson weiteren Aufruhr um ihre Person ersparen zu können, er reagierte zu empfindlich darauf. Die Leute lasen ihr Buch mit Scheuklappen, und ironischerweise zeigten sie ihren Ärger darüber oftmals mit einem Wortschwall von genau der Obszönität, die man ihr selbst vorwarf. Abwechselnd hielt man sie für frigid oder nymphoman, für lesbisch oder ständig abtreibend, und natürlich waren einige Exemplare des ersten Geschlechts davon überzeugt, sie mit dem, was sie im Bett vollbringen konnten, von Frigidität oder Lesbianismus heilen zu können. Selbst der Schriftsteller François Mauriac, den sie früher verehrt hatte, war in einem Brief ausfallend geworden.

Seit ihrem ersten Roman *Sie kam und blieb* war sie harte Kritik gewöhnt, auch gegen sie als Person gerichtete Verbalinjurien hatten schon immer dazugehört. Anfangs hatte sie das verletzt, inzwischen rief dergleichen nur noch Ekel und Zorn in ihr wach.

Mit solchen Albernheiten verschwendete sie keine Zeit mehr, und so konnte die Urlaubsstimmung sich jetzt ungehindert in ihr breitmachen. »Iss auf, Nelson«, sagte sie ungeduldig. »Wir haben viel zu entdecken!«

Kolosseum, Pantheon, Petersdom, das Forum Romanum, die Spanische Treppe, die Via Appia, Kirchen, Museen, *Aida* unter freiem Himmel in den Thermen des Caracalla: Sie ließen nichts aus. Vor der Abreise nach Neapel spazierten sie zum Trevi-Brunnen. Es hieß, wenn man eine Münze hineinwerfe, kehre man bald wieder.

»Wären wir in Chicago«, scherzte Nelson, »würden sich die Penn-brüder nachts hineinstürzen und das Ding leer räumen.«

»Wer weiß, ob es hier nicht genauso ist.«

»Egal. Wir dürfen das Schicksal nicht auf die Probe stellen.«

»Auf keinen Fall«, sagte sie und holte aus. »Neptun ist unser Zeuge.«

Neapel war für sie vor allem Elend, aber Nelson gefiel es trotzdem. Er fotografierte die Kinder, die sich um die Blitzlichtbirnen balgten, und verteilte später unter ihrem Jubel Abzüge an sie.

Auf Ischia dann fanden sie, nachdem es ihnen in Ischia Porto nicht gefallen hatte, in Forio im Westen der Insel ein entzückendes, auf einer Anhöhe über dem Meer gelegenes winziges Hotel. Es war fast leer, weswegen sich die Wirtin wie eine *mamma* um sie kümmerte und sie im schattig-kühlen Speisesaal mit gebackenen Langusten mästete. Sie machten kleine Ausflüge, verbrachten aber auch ganze Tage am Strand.

Einmal, als sie lange mit geschlossenen Augen dagelegen hatte, erschreckte Nelson sie, indem er unvermittelt sagte: »So faul wie hier habe ich Madame noch nie erlebt. Hätte gedacht, das wäre nicht dein Ding.«

Sie musste ihre Augen mit der Hand gegen die Sonne abschirmen, um ihn anzusehen. »Ich faulenze nicht. Ich denke.«

»So?« Er lachte. »Was denkst du denn?«

»Das kann ich dir sagen.« Sie setzte sich auf. »Ich will endlich, endlich wieder einen Roman schreiben! Eine Idee dazu kam mir schon vor einem halben Jahr, aber nun will ich bald anfangen. Also grüble ich darüber nach.«

Nelson klappte sein Buch zu. »Worum soll es gehen?«

Ja, wie sollte sie ihm das beschreiben? Sie wollte wieder vollkommen in einem Text aufgehen, sich ihm ganz hingeben und dabei etwas über sich selbst und die Gesellschaft, in der sie lebte, erfahren. »Ich will mein Verhältnis zu eigentlich allem beleuchten«, sagte sie, »aber eben fiktionalisiert. Zu Leben und Tod, Liebe und Freundschaft, Reisen, Literatur und zu der Zeit, die uns allen durch die Finger rinnt.«

»Da hast du dir ja einiges vorgenommen.«

»Dabei ist das noch nicht alles. Es soll außerdem um die Auswirkungen des Krieges auf die Franzosen gehen, die fiebrige Aufbruchsstimmung nach der Befreiung und die Reihe der Enttäuschungen der Nachkriegszeit. Um die Linksintellektuellen und die Machtkämpfe in den eigenen Reihen, die Zersplitterung. Um die Problematik, vor die politisches Engagement einen Schriftsteller stellt. Um den Konflikt zwischen Denken und Handeln.«

Nelson pfiff durch die Zähne. »Klingt nach einem weiteren Jahrhundertwerk.«

»Von mir aus. Bis jetzt ist es aber nur ein heilloses Durcheinander.« Sie legte sich wieder hin und schloss die Augen. »Also lass mich jetzt gefälligst weiter daran arbeiten.«

Im Flugzeug nach Tunis machte Nelson mit einem Mal eine Denkerpose. »Weißt du was, Fröschlein? Shangri-La ist gar nicht erfunden, es liegt nur nicht da, wo es angeblich zu finden sein soll. In Wahrheit ist es nur ein anderer Name für Ischia, findest du nicht?«

Die Zeit dort war wirklich paradiesisch gewesen. Aber es hatte nicht an dem Ort gelegen. »Rück mal näher«, sagte sie, »ganz nah.« Er schaute irritiert, beugte sich aber zu ihr. »Shangri-La ist überall dort«, flüsterte sie, »wo ich mit dir bin.«

In Tunis fand Nelson die Souks und das Hara überaus faszinierend, aber für eines entwickelte er eine regelrechte Leidenschaft: Kamele. Er fotografierte sie von allen Seiten, einmal völlig umsonst, weil er vergessen hatte, einen Film einzulegen, wie er ihr untröstlich in der Bar des Tunisia Palace berichtete.

»Wir haben doch schon genug Kamelfotos.«

»Aha«, sagte er. »Ich wittere Sabotage!«

Sie lachte und holte eine Landkarte aus der Tasche. »Lass uns jetzt lieber unseren Trip nach Djerba planen.«

An der Bar saß ein junger Araber mit GI-Kappe und hörte ihnen sehr aufmerksam zu. Nach einiger Zeit kam er herübergeschlendert. Er grüßte sie, indem er an seine Kappe tippte und wandte sich dann Nelson zu. In einem Englisch mit französischem Akzent stellte er sich vor: »Hassine Ameur Djemail.« Er legte ein Foto auf den Tisch, auf dem er die französische Uniform trug und einen Telefonhörer ans Ohr hielt. »Hier führe ich gerade ein Ferngespräch, Paris–Tunis.« Ein weiteres Foto folgte. »Hier stehe ich vor dem Autohaus mit den schnellsten Wagen.« Und noch eines mit einem Auto darauf. »Mein Citroën. Ich fahre Sie zu einem Spottpreis nach Djerba, besuche sowieso meine Familie anlässlich des Eid-al-Fitr-Fests, des Fastenbrechens nach dem Ramadan.«

Bei so viel Überzeugungskraft war es schnell ausgemachte Sache, am nächsten Morgen ging es los. Während sie auf dem Rücksitz unbehelligt blieb, wurde Nelson auf dem Beifahrersitz erst einmal ausgefragt. Es gab etwas, das Djemail schwer zu schaffen machte. »Warum haben Sie kein Auto?«, fragte er.

»Ich habe einfach keins«, antwortete Nelson.

»Aber Sie sind doch Amerikaner?«

»Natürlich.«

»Warum haben Sie dann kein Auto?«

»Ich bin eben ein Amerikaner ohne Auto. Ist nichts dabei.«

»Aber Sie brauchen ein Auto für Ihre Geschäfte.«

»Ich bin ein Amerikaner, der keinem Geschäft nachgeht.«

Mit einem ungläubigen Knurren Djemails war der Schlagabtausch für den Rest der Fahrt beendet.

Simone war eingedöst und wurde von einem begeisterten Aufschrei Nelsons geweckt. »Ich habe gerade ein Kamel gesehen, das einen Karren gezogen hat! Ich wusste gar nicht, dass sie das tun!«

»Das hast du geträumt«, sagte Djemail. »Ein uraltes Wüstensprichwort sagt: Es gibt drei Tiere, die sich nicht vor einen Karren spannen lassen, die Katze, den Löwen und das Kamel.«

Aber Nelson bestand darauf. »Hätte ich bloß ein Foto gemacht!«

In Djerba nahm Djemail sie abends mit zu seinen Vettern, wo sich die Tische unter unzähligen Speisen bogen. Umhüllt von den Klängen entfesselter Musik aßen und tranken sie, Nelson probierte die Wasserpfeife und *kif*, eine Mischung aus Tabak und indischem Hanf. »Damit werden Sie fliegen!«, war ihm versprochen worden, und alle Gäste beobachteten ihn gespannt, aber die Sensation blieb aus.

Am nächsten Tag erfüllte sich für Nelson dann allerdings ein Traum und – wegen seines Problems mit Höhe – ein Albtraum zugleich: Er durfte ein Kamel reiten, was sich nicht ganz einfach gestaltete. Auf ein Kamel stieg man nicht wie auf ein Pferd, man musste es *erklimmen*. Kaum oben, wäre er beinahe auf der anderen Seite wieder zu Boden gegangen, doch dann war es geschafft. »Donnerwetter, das schwankt ja mehr als ein Schiff bei Seegang!«, rief er nach ein paar Metern, ganz blass um die Nase. Doch nach dem Absteigen, bei dem er zeitweise am Hals des Tiers baumelte, hatte er für den Rest des Tages sein schönstes Krokodilsgrinsen auf dem Gesicht.

Sie besuchten noch zahlreiche andere Städte, dazu Algerien und Marokko, waren viel im Schlafwagen unterwegs. Vor dem Einschlafen redeten sie oft noch lange, Nelson oben in seiner Koje, sie unten. Und manchmal, wenn er kurz vor dem Wegdämmern war, müde vom Tag und ein bisschen betrunken, dann sprach er zu ihr wie zu sich selbst: leise, verträumt und wie aus der Ferne, manchmal schnell und verwaschen, manchmal mit langen Pausen zwischen den einzelnen Wörtern. Diese Momente gaben ihr das Gefühl einer Intimität, die sich mit keinem Sex der Welt erreichen ließ. Dann schlichen sich dumme Gedanken wie dieser in ihr Herz: So müsste es immer sein.

Anfang August, auf dem Rückweg nach Paris, legten sie zwei mehrtägige Zwischenstopps ein. Nelson wollte Marseille wiedersehen, das freilich, wie auch New Orleans, nicht mehr dasselbe war. Sie selbst verband eine Zeit mit der Stadt, die einem Exil nahegekommen war. Sie hatte dort im Herbst 1931 widerwillig ihre erste Anstellung als Philosophielehrerin angetreten und das unglücklichste Jahr ihres Lebens verbracht. Sie hatte es gehasst, von Sartre, der in Le Havre arbeitete, und dem Paris voller Freunde getrennt zu sein und kein Interesse an Bekanntschaften innerhalb des Kollegiums gehabt, und mit ihrem Roman über ihre Freundin Zaza und deren tragischen Tod war sie auch nicht vorangekommen. Sie zeigte Nelson das kleine Hotel in der Nähe des Bahnhofs, in dem sie gewohnt hatte. »So oft wie möglich bin ich heimgefahren«, erzählte sie ihm, »und in der restlichen Zeit hat der Blick auf die Schienen mir Hoffnung gegeben.«

Hier hatten auch ihre exzessiven Wanderungen begonnen, und weil sie in der näheren Umgebung bald alles erkundet hatte, war sie per Anhalter zu entfernteren Zielen gefahren.

»Als Frau?«, fragte Nelson entsetzt, als sie ihm davon erzählte. »Allein? Du warst schon damals ein verrückter Frosch.«

»Es gab mehr als eine brenzlige Situation«, gab sie zu, »aber einmal war es wirklich knapp. Ein Lastwagenfahrer hielt es für sein gutes Recht, Sex als Gegenleistung für das Mitnehmen zu verlangen. Als er mich vergewaltigen wollte, habe ich ihm das Knie ins Gemächt gerammt, und danach hat er sich dann damit begnügt, mich blutig zu schlagen und aus dem Wagen zu werfen.«

Nelson nahm sie in den Arm, als wäre diese Begebenheit gerade eben geschehen und nicht schon achtzehn Jahre her. »Mein armes Mädchen. Weißt du was? Lass uns endlich aus dieser vermaledeiten Stadt abhauen!«

Einen weiteren Stopp legten sie bei Olga und Bost ein, die in ihrem Haus in Cabris an der Côte d'Azur Urlaub machten, dann ging es wieder in die Hauptstadt.

In Paris fühlte es sich an, als wären sie in ein gemeinsames Heim zurückgekehrt. Nelson war kein Tourist mehr; beinahe vier Wochen lang lebten sie einen Alltag, in dem sie auch voneinander lassen konnten und jeder ganz selbstverständlich sein Eigenes tat.

Abends zogen sie miteinander oder mit *la petite famille* durch die Tanzschuppen und entdeckten den Club Saint-Germain für sich, wo im Gegensatz zum Tabou Bebop statt New Orleans angesagt war. Ihre Freunde scharten sich stets schützend um Simone, wenn es Blicke oder Bemerkungen gab, doch wann immer jemand zu unverschämt wurde, hieß es inzwischen bei allen: »Schick Algren, der verdrischt ihn ordentlich!« Natürlich passierte nichts dergleichen, sie hatte ihm zugeredet, sich zu beherrschen. Tagsüber liebte Nelson es, allein einkaufen zu gehen, während sie arbeitete, und sie dann mit den Leckereien, die er ergattert hatte, zu überraschen. Michelle Vian blieb auch jetzt seine treue Übersetzerin; die beiden hegten große Zuneigung füreinander und trafen sich mehrfach auf ein Glas. Nelson hatte sie *the golden Zazou* getauft, aber Simone wusste, es gab keinen Grund zur Eifersucht.

In der Bücherei oberhalb des Club Saint-Germain ließ Nelson sich außerdem von René Guyonnet ausfragen, dem Mann, der nun endlich, endlich *Nacht ohne Morgen* wirklich übersetzte, sich aber noch nicht gut genug mit dem in Chicago verwendeten Slang auskannte. Dabei zankten die beiden sich derart gesittet, dass Guyonnet Nelson zusammen mit Jean Cau, dem Sekretär Sartres, zum Boxen zu sich einlud.

Als er von dort zurückkam, ließ er sich in einen ihrer weißen Sessel fallen und stierte mit glasigen Augen vor sich hin. Sie hatte noch gearbeitet und legte jetzt den Stift beiseite. »Was ist los, *mon amour*?«

Kurz glitt sein Blick über sie, als wüsste er nicht, wer sie war. Führte er eines seiner Schauspiele auf? Mit einem Mal kam wieder Leben in ihn. »Diese Franzosen sind doch alle verrückt! Völlig plemplem!«

Was konnten sie nur mit ihm gemacht haben? Sie erhob sich von ihrem Stuhl und ging zu ihm. »Was ist passiert?«

»Komm her«, sagte Nelson und zog sie auf seinen Schoß. »Erst wirkte alles normal. Ich stieg wie instruiert bis in die sechste Etage hoch, wo ich eine angelehnte Tür vorfand, die in ein kleines Zimmer führte. In ein leeres allerdings. Trotzdem wurde ich mit lautem Geheul empfangen, das von draußen nach drinnen durch das offene Fenster hereinschallte. ›Da ist er ja, unser furchtloser Amerikaner!‹, riefen die beiden Irren im Chor. Sie winkten mich heran und lotsten mich übers Dach auf eine Terrasse. Ich hatte allerhand zu tun, meine Höhenangst zu verbergen.« Zerknirscht vergrub er seinen Kopf zwischen ihren Brüsten.

»Armer kleiner Chicago-Junge. Wie ist der Kampf ausgegangen?«

»Hab ich vergessen«, sagte er dumpf, und sie spürte seinen Atem heiß auf ihrer Haut. Dann sah er sie an. »Ich konnte mich nicht aufs Boxen konzentrieren, die Terrasse war ungefähr so groß wie ein Handtuch und hatte – natürlich, wer hätte hier etwas anderes erwarten können – kein Geländer!«

Sie stand auf. »Da bin ich ja wirklich froh, dass mein Krokodil nicht abgestürzt ist. Komm, leg dich aufs Bett, ich massiere dich ein wenig, deine Muskeln müssen doch schmerzen.«

»Das lass ich mir nicht zweimal sagen.« In Slapstick-Manier sprang er auf, tänzelte die wenigen Meter zum Bett und ließ sich darauffallen. »Ich finde sowieso, unsere letzten zweieinhalb Tage sollten wir nur noch auf dieser Matratze verbringen. Schließlich werden wir uns dann lange nicht sehen.«

Daran wollte sie gar nicht denken. Sie erlebten doch gerade ihre beste Zeit. »Aber sehen werden wir uns ganz sicher?«

»Natürlich, nichts ist sicherer. Nur wird es dann wieder an dir sein, den Ozean zu überqueren.«

Seinen Wunsch, sie möge im nächsten Jahr wieder zu ihm nach Chicago kommen, wiederholte er noch einmal, kurz bevor sie zum Flughafen aufbrachen. Schon da lagen sie sich in den Armen, sie hemmungslos schluchzend, Nelson mit sich verkrampfender Brust. Aber als er sie im Flughafen Paris-Orly noch einmal lang und fest an sich drückte, sie dann losließ und hinter dem Zoll verschwand, während seine Wärme auf ihrer Haut verging, wurde ihr Herz wieder bang.

FÜNFTE ZWISCHEN-ZEIT
(September 1949 bis Juli 1950)

New York City, Chicago und Los Angeles, 10. September 1949 bis 10. Juli 1950

NELSON

Während er im Flugzeug saß, äußerlich unbewegt, stritten in ihm verschiedenste Empfindungen miteinander. Er war aufgewühlt und niedergeschlagen wegen des Abschieds, glücklich über die unglaublich schöne Zeit, die sie gehabt hatten, und aufgeregt wegen dem, was ihn zu Hause erwartete.

Sein Buch war vor zwei Tagen erschienen. Was für ein Wunder, dass ihm doch noch ein guter Titel eingefallen war. Die Lösung hatte so nahegelegen, hatte sich schon ganz am Anfang des Schreibprozesses in seinen Kopf geschlichen, als er an den *Bookie* in Marseille dachte: *Der Mann mit dem goldenen Arm*. Sein Verleger fand die Idee immer noch genial, weil sie sich sowohl auf Frankies Geschick beim Kartendealen als auch auf seine Sucht beziehen ließ. Der Verlag hatte einiges an Werbeaktionen vorbereitet, in New York warteten eine Menge Radio- und Zeitungsinterviews und ein paar Cocktailpartys auf ihn.

All die gemischten Gefühle verschwanden mit einem Schlag, als er die Zeitung aufblätterte, die er beim Zwischenstopp in Gander, Neufundland, gekauft hatte. Er war mit seinem Roman doch tatsächlich für den ersten National Book Award for Fiction nominiert! Jubel schwoll in seiner Brust an, es fiel ihm schwer, nicht zu schreien. Den Rest des Flugs dachte er an nichts anderes mehr.

Ein Bekannter fuhr ihn im Auto zurück nach Chicago, und er wurde nicht satt, endlich wieder in den weiten Himmel Amerikas zu blicken, die Bäume, die breiten Flüsse und die Ebenen zu betrachten. In New York hatte man ihn bejubelt, und ein Schleier des Unwirklichen hatte sich über ihn gelegt. Er freute sich darauf, nach Hause zu kommen.

Am 22. September schmiss Stu Brent wieder eine Party mit Signierstunde für ihn. Der Andrang war mit damals nicht zu vergleichen, die Leute standen bis auf die Straße raus an. Während er über Stunden ausführliche Widmungen in die Bücher schrieb, kassierte Stu mit immer zufriedenerem Gesicht, Ken McCormick schleppte stetig neue Bücher aus dem Lager, und Jack Conroy, dem er in seinen Anfängen erfolglos eine Story für dessen Magazin *The Anvil* angeboten hatte und der stattdessen eine Art Mentor für ihn geworden war, mixte Drinks für die Gäste und Fotografen.

An diesem Tag und in den nächsten zwei Wochen des normalen Betriebs verkaufte allein Stus kleiner Laden tausend Exemplare. »Mann, bin ich froh, dass ich schon immer auf dich gesetzt habe«, sagte Stu zu ihm. »Gelobt sei mein Riecher!«

Den ersten Rezensionen war es zu verdanken, dass das Buch rasch auf der Bestsellerliste landete und er bald weitere Signierstunden und Lesungen in ganz Chicago abhielt. Die *Tribune* nannte ihn einen amerikanischen Dostojewski, die *Time* den Roman einen Triumph. Ein Kritiker schrieb: »Jene Leser mit empfindlichem Magen mögen zunächst vor dem Eintauchen in eine Umgebung zurückschrecken, in der Verkommenheit zu einer Lebensart geworden ist. Am Ende werden sie aber auch etwas von Algrens zärtlicher Sorge um seine erbärmlichen, ebenso verwirrten wie verdorbenen Charaktere mitnehmen.« Wenn das wirklich so wäre, es würde ihm gefallen. Offenbar hatte das Buch den Nerv der Zeit getroffen: Frankie Machine war ein Veteran, der anhaltend mit den Auswirkungen des Kriegs zu kämpfen hatte, so ging es vielen. Und die Morphinsucht, die einzubauen zunächst zu riskant erschienen war, war zwar immer noch skandalträchtig, aber inzwischen auch ein präsentes Thema, über das gesprochen werden konnte und musste.

Die Anfragen häuften sich, nun kamen die Reporter zu *ihm*. Bald war sein Name in ganz Amerika bekannt. Hollywood wollte ihn für sechshundert Dollar pro Woche zum Schreiben von Drehbüchern anwerben, aber Simone hatte recht, wenn sie schrieb, er solle seine Zeit nicht mit so einem Unsinn verschwenden. Doch endlich war sie da, die Anerkennung. Die Krönung war ein Brief von Hemingway an seinen Verleger, in dem dieser Nelson lobte, indem er andere Schriftsteller schmähte – als Aushängeschild war er darum leider nicht zu gebrauchen – und ihn einen »Zerstörer« nannte, der in der Literatur dringend gebraucht werde. Er fühlte sich zwei Köpfe größer, berichtete Simone alles und schickte ihr ausgeschnittene Fotos und Artikel.

Auch sie hatte keinen Grund zur Klage, der zweite Band ihrer Frauenstudie, Ende Oktober erschienen, war ein großer kommerzieller Erfolg, in der Bestsellerliste stand sie gleich auf dem dritten Platz und damit vier über Sartres neuem Buch. Die Männer nörgelten weiter – Camus bezichtigte sie, den französischen Mann lächerlich gemacht zu haben –, die Frauen fühlten sich verstanden, denn nun bekam Simone bergeweise Briefe, in denen diese ihr ihre Probleme schilderten und um Hilfe bettelten.

Inzwischen schrieb sie an ihrem Etwas-von-allem-Roman, und weil »alles« noch nicht genug war, eröffnete sie ihm, dass ihr bewusst geworden sei, dass sie ihm das Buch nicht nur widmen, sondern auch eine Hommage an ihre Liebesgeschichte darin einbauen wolle, ja müsse. Er hielt nicht viel davon, das hätte sie eigentlich wissen sollen. Aber ihm war klar, er würde den störrischen Frosch nicht davon abhalten können, also begnügte er sich nur damit, ihr abermals das Versprechen abzuringen, nichts zu Intimes zu schreiben und ihn in keiner Weise bloßzustellen.

Sie freute sich über seinen Erfolg, war stolz auf ihn, aber gerade jetzt wurde die Entfernung zwischen ihnen umso schmerzhafter spürbar. Hätten sie nicht gemeinsam gespannt auf die Kritiken warten, gemeinsam feiern sollen? Hätte sie ihn nicht zu Lesungen begleiten, auf Partys an seiner Seite sein sollen? Ein wenig half es, dass sie in ihren Briefen die Innigkeit der Urlaubsmonate wieder aufleben ließ und ihre nächsten mit »mein werter Dostojewski« begann. Sie bat ihn außerdem, ihr alle, wirklich alle Kritiken zu schicken. Auch die schlechten, insistierte sie mehrfach, da sie nicht glauben konnte, dass es keine gab. Doch mit Totalverrissen konnte er nicht dienen.

Im November bekundete Hollywood Interesse an der Option auf eine Verfilmung, er würde also bald auch noch nach Los Angeles fahren. Simone hätte gern schon das nächste Treffen geplant, doch da er nicht wusste, wie lange der Trubel um seine Person anhalten würde, schrieb er ihr, es wäre vielleicht besser, bis zum nächsten Herbst zu warten. Er kam schon kaum noch dazu, ihr zu antworten, was allerdings auch an der Tatsache lag, dass Paula Bays den ganzen Winter über erneut tageweise bei ihm wohnte und Zuspruch brauchte. Schließlich ließ er sie sogar wieder einen Entzug versuchen. Glücklicherweise rauften sie und ihr Mann John sich dann zusammen und kamen auf die Idee, nach Monroe, Ohio, aufs Land zu fahren, wo Johns Familie lebte und Drogen jedweder Art unmöglich zu bekommen waren. Natürlich waren sie total abgebrannt, also gab Nelson ihnen etwas Geld.

Überhaupt fühlte er sich all den Seelen verpflichtet, deren Leben er in seine Charaktere gehaucht hatte, also kaufte er ihnen, was ihm Nützliches einfiel und sich nicht so leicht in Stoff umwandeln ließ. Richard Majewski war wieder im Knast, er besuchte ihn dann und wann und brachte ihm Kleinigkeiten mit.

Eines Tages erreichte ihn ein Brief von Paulas Mann. »Bester Nelson«, schrieb er, »ich muss es noch mal sagen: Danke für alles, du warst gut zu uns, das vergessen wir nie. Paula sagt, du bist einmalig. Du hast eine besondere Güte und keine Ahnung, dass es so ist.« Er pinnte den Brief neben den von Hemingway an die Wand über seinem Schreibtisch.

Die Taschenbuchrechte für *Der Mann mit dem goldenen Arm* wurden für fünfundzwanzigtausend Dollar verkauft, eine Summe, die ihn derart plättete, dass er im Januar gleich wieder Geschenke kaufte, diesmal für seine neuen Freunde in Paris. Schreibetuis, Bücher und Zigaretten für Jacques Bost und die weitere *famille*, Tabak für Sartre, Mehl für Simones Concierge und für den Frosch selbst natürlich besten Scotch.

Beinahe gleichzeitig hatte Simone einen Brief an ihn losgeschickt, der ihr, wie sie schrieb, nicht leichtgefallen war. Er konnte sich schon denken, warum. Sie bat ihn darin eindringlich, schon im Juni zu ihm kommen zu können. Aus Sehnsucht hätte sie es nur *vorgeschlagen*, zu der *Bitte* veranlasste sie die Tatsache, dass Sartre ab Juni in politischen Angelegenheiten für ein Vierteljahr verreisen müsse und sie danach wieder an seiner Seite brauche. Sie schmückte es mit allerlei schönen Worten aus, aber die alte Wunde war angekratzt. Sartre bestimmte immer noch den Takt ihrer Beziehung.

Er ließ den Brief ein paar Tage liegen und besann sich dann. Für diese Narbe hatte er sich selbst entschieden, sonst hätte er sich doch längst getrennt. Sollte sie kommen, sie würden das Beste aus ihrer Zeit machen. Er spielte mit dem Gedanken, in Gary, Indiana, am Michigansee, wo er sich früher oft bei Freunden aufgehalten hatte, ein Haus zu mieten, und Simone, die plötzlich nun doch erst Mitte Juli kommen wollte – ein Schelm, wer dabei an Sartres sich oft rasch wandelnde Pläne dachte –, war begeistert.

Im Februar stieg er zusammen mit einem Freund in den Zug nach Los Angeles, um dort die Details für die Verfilmung zu verhandeln. Bob Roberts, der die Option haben wollte, wollte noch etwas anderes, war bald sein Eindruck, nämlich ihn übers Ohr hauen. Die Besprechungen waren eine Katastrophe, er war weder mit dem lose ins Auge gefassten Hauptdarsteller noch mit den Änderungen an der Handlung einverstanden. Letztlich einigten sie sich, auf allen Seiten zähneknirschend, auf fünftausend Dollar für die Option, weitere zehntausend, falls Bob einen Film daraus machte, respektive einen Anteil von fünfzig Prozent, falls die Rechte verkauft würden. Nelson war nur froh, dass er wieder aus L. A. verschwinden konnte. Diese sonnenüberstrahlte Stadt, in der alle Menschen tiefgebräunte Millionäre zu sein schienen, der Glanz aber abzublättern drohte, sobald man zu nahe kam, war nichts für ihn.

Insgeheim gab es aber noch etwas anderes, dem er gern entfliehen wollte. Amanda lebte inzwischen in L. A., und sie hatte ihn gern sehen wollen, also hatten sie sich mehrfach getroffen. Sie war nicht wieder verheiratet und sah besser aus denn je, hatte gemachte Nägel und trug stilvolle Kleidung. »Selbst genäht, ich hab's mir ganz allein beigebracht«, erzählte sie ihm. Und das war nicht alles. Sie hatte Tanzkurse besucht, Rumba und Tango gelernt, wie er auch am Schwung ihrer Hüften zu sehen glaubte, und Geld für eine Therapie gespart, die ihr gutgetan hatte. Sie machte ihm Mut für die Verhandlungen und stieß mit ihm auf seine bisherigen Erfolge an. Einen ganzen Abend hörte sie sich an, was seit der Veröffentlichung an Wunderdingen passiert war. Doch die Treffen mit ihr hatten ihn auch verwirrt. Plötzlich fragte er sich, ob die Scheidung nicht vielleicht ein Fehler gewesen war. Er hätte sich selbst eine reinhauen mögen. Auf was für dumme Gedanken er doch immer kam!

Einige Zeit schaffte er es nicht einmal, Simone zu schreiben, doch die war sowieso gerade wieder mit Sartre auf Reisen und würde sicher an Zustellprobleme glauben. Er versprach Amanda, dass sie von nun an in Kontakt bleiben würden, aber er war erleichtert, als er endlich im Zug nach Hause saß.

Ende Februar erreichte ihn die unglaubliche Nachricht: Die Wahl war auf ihn gefallen, für den 16. März war er ins Waldorf Astoria in Manhattan geladen, wo die Verleihung des National Book Award stattfand. Er durfte es noch niemandem sagen, also flog er allein nach New York und besorgte sich seinen ersten Smoking. Damit befand er sich am Abend der Preisvergabe in gleichförmiger männlicher Gesellschaft. Die Frauen freilich trugen prächtige Roben in allen Farben. Mehr als eintausend Menschen hatten sich im Festsaal versammelt, und gemeinsam bildeten sie die größte Gruppe von Kritikern, Verlegern und Autoren, die bis dato je unter einem Dach versammelt worden war. Daher nahm er es sich nicht übel, dass sein Mund austrocknete und seine Hände feucht wurden, als es schließlich losging.

Nach der Einführung hielten Eleanor Roosevelt, Senator Paul Douglas aus Illinois und der Chefredakteur des *Harper's Magazine* jeweils eine Rede, dann übernahm der Moderator und rief die Gewinner auf die Bühne. William Carlos Williams bekam den Preis für den besten Gedichtband. Ralph L. Rusk den für das beste Sachbuch. Frankie und er, offenbar die Hauptattraktion des Abends, erhielten den Award für den besten Roman. Er betrachtete die Tafel mit der gravierten Plakette demonstrativ, nachdem der Moderator sie ihm feierlich überreicht hatte, und begann seine Dankesrede mit den Worten: »Ich hoffe, ich komme nicht in Verlegenheit, dieses hübsche Ding jemals verpfänden zu müssen.«

Eleanor Roosevelt kam wieder auf die Bühne, gratulierte ihnen allen, küsste ihn auf die Wange und begann ein lockeres Pläuschchen mit ihm, als würde nicht gerade ein Blitzlichtgewitter sondergleichen über sie hereinbrechen.

Glücklich flog er nach Hause, wo schon Art Shay ungeduldig auf ihn wartete, um mit ihm an einem neuen Projekt zu arbeiten. Er hatte den aufstrebenden Fotografen, klein und kompakt wie eine freundliche Bulldogge, schon 1948 kennengelernt. Art hatte die Idee für eine Fotoserie über Nelsons persönliches Chicago, das Chicago und die Menschen, die für seinen Roman Porträt gestanden hatten. Die *Life* war an der Serie interessiert, vielleicht wollten sie aber auch ein Buch daraus machen.

Während sie immer mal wieder gemeinsam durch die Stadt zogen und er ansonsten an neuen Projekten arbeitete, beauftragte er einen alten Bekannten, für ihn ein passendes Sommerhaus zu finden, das er nicht nur mieten, sondern kaufen wollte. Warum auch nicht? Schließlich erwarb er für fünftausendsiebenhundert Dollar ein Häuschen in Miller Beach, einem wenig besiedelten Viertel am Rande von Gary. Es war klein, aber gemütlich und völlig ausreichend, mit einem großen Panoramafenster zum nahen Strand. Perfekt.

Simones Besuch rückte immer näher, und als er in der zweiten Junihälfte wieder mehr Freizeit hatte, begann er, das Häuschen besuchertauglich zu machen. Er machte sauber, strich die Küche neu und pflanzte Lavendel im Garten. Während er so dahockte und in der Erde wühlte, fuhr ihm mit einem Mal ein Stich in den Magen. Was tat er hier? Es war, als richtete er ein Heim her, als bereitete er alles für den Einzug einer lieben Frau und ihres potenziellen Kindes vor, oder nicht? Aber wer sollte diese Frau denn sein? Nicht Simone, das stand fest. Die letzten Jahre waren so rasch verflogen. Er war einundvierzig, das Leben rann ihm durch die Finger. Was war mit Amanda? Vielleicht war sie seine letzte Chance? Nein, sagte sein Herz. Ja, sagte sein Verstand. Er starrte auf seine Hände. Jetzt, an einem lauen Vorabend im Juni, hier, auf seinem frisch erworbenen Besitz, wusste er mit einem Mal: Er musste die Sache mit Simone beenden.

Am 25. Juni brach der Koreakrieg aus, doch trotz großer Ängste, durch unvorhersehbare Entwicklungen von Frankreich abgeschnitten zu werden, machte sie sich in der zweiten Juliwoche auf den Weg. Er überlegte tagelang, wie er es ihr beibringen sollte.

SECHS (JULI BIS SEPTEMBER 1950)

Vorherbestimmtes Ende

Chicago und Gary,
10. Juli bis 15. August 1950

SIMONE

Um neun Uhr abends war sie wieder im vertrauten Nest ihres Krokodils. Doch etwas stimmte nicht. Bei der Begrüßung fühlte es sich in etwa so an, als wollte sie Mauerwerk umarmen. Ihre Körper fügten sich nicht wie sonst geschmeidig ineinander, der Kuss schmeckte fad.

Passend zur Kühle der Begrüßung gab auch die Wohnung ein trauriges Bild ab. »Ich habe das meiste schon nach Miller Beach bringen lassen«, erklärte Nelson, während sie ein Brot mit Schinken aß. »Vielleicht ziehe ich ganz dorthin, behalte die Wohnung nur als Unterkunft für die Zeiten, in denen ich hier zu tun habe.«

»Ich bin schon sehr gespannt auf das Haus«, sagte sie und gab sich Mühe, ihre Überraschung über diese Entscheidung zu verbergen.

Er rieb sich übers Kinn. »Leider gilt der offizielle Mietvertrag erst ab dem 1. August, vorher können wir nicht hin. Die Vormieter haben noch Kram abzuholen.«

»Ach, das ist schade.«

»Mhm«, antwortete er seltsam zerstreut. »Hättest du etwas dagegen, wenn ich mir das Baseballspiel im Radio anhöre? Ich habe drei Flaschen Scotch gesetzt, das ist nicht wenig.«

Sie konnte es kaum glauben. Meinte er das ernst? Doch er war schon aufgestanden. »Mach nur, kein Problem«, flötete sie betont unbekümmert. »Ich kann ja ein bisschen Zeitung lesen.«

»Und ob. Ich habe dir sämtliche Ausgaben des *New Yorker* aufgehoben.«

Nach dem Spiel gab er vor, hundemüde zu sein, also gingen sie zu Bett. Ohne zärtliche Berührung drehte er ihr den Rücken zu und schien bald eingeschlafen.

Sie lag wach. War es nur wieder das alte Muster, das, nachdem es das letzte Jahr übersprungen hatte, nun wieder umso deutlicher hervortreten musste? Oder steckte mehr dahinter? Schon im letzten halben Jahr hatte sie sich manchmal gesorgt. Es hatte Phasen gegeben, in denen Nelson länger nicht geschrieben hatte, so mancher Brief war kurz und wie in Eile verfasst gewesen, aber er hatte auch viel um die Ohren gehabt. Sie musste an Amanda denken. Er hatte ihr von seinem Wiedersehen mit ihr berichtet. Vielleicht waren sie einander wieder nähergekommen. Ach was, ermahnte sie sich schließlich. Sicher sind es nur die üblichen Anlaufschwierigkeiten.

Doch ihre Hoffnung erfüllte sich nicht. Den ganzen nächsten Tag über blieb Nelson distanziert und schleppte sie zu einem Pferderennen, bei dem sie stundenlang danebenstand, während er mit irgendwelchen Kumpanen fachsimpelte. Danach führte er sie in das deutsche Restaurant, wo sie Würstchen mit Sauerkraut aßen, und in ihre Lieblingsbar, doch die alte Vertrautheit lebte nicht wieder auf. Ein unsichtbarer Paravent stand zwischen ihnen, dämpfte Helligkeit, Lautstärke und jegliches Empfinden.

Als er sich später im Bett wieder von ihr wegdrehte, stellte sie ihn zur Rede. »Nelson, was ist los?«

»Nichts«, murrte er. »Ich will nur schlafen.«

Oh nein, sie würde jetzt nicht lockerlassen. Sie griff nach seiner Schulter. »Doch, es ist etwas. Den ganzen Tag heute war etwas und gestern auch. Du wirkst so gleichgültig.«

Schließlich atmete er tief durch und setzte sich auf. Sie tat es ihm nach. Eine Minute des Schweigens und dann: »Du hast recht.

Die ganze Zeit will ich dir schon etwas sagen und bringe es nicht raus. Aber es muss sein.«

»Was, Nelson?«

»Wir werden nie mehr haben als dieses Kommen und Gehen. Und ich kann das nicht mehr ertragen.«

Ihr Herz schrumpfte. »Liebst du mich denn nicht mehr?«

Langsam und sehr überlegt sagte er: »Ich habe dich gern hier, aber etwas ist gestorben. Ja, ich liebe dich nicht mehr.«

Da war es geschehen. Die Worte waren ausgesprochen und damit für immer in der Welt. Aber sie begriff es nicht. »Liebst du eine andere? Amanda?«

»Eine andere?« Er schüttelte den Kopf. »Ich glaube, ich bin inzwischen unfähig, je wieder eine Frau zu lieben.«

»Nelson.« Sie hätte ihre Tränen gern erstickt, doch es war unmöglich.

Er legte ihr eine Hand auf den Arm. »Nimm es nicht so schwer, Simone. Es lohnt sich nicht. Wir werden trotzdem einen schönen Sommer haben, das verspreche ich. Lass uns morgen weiterreden, bitte.«

»Ist gut.« Sie konnte ohnehin nichts mehr sagen.

Dann lagen sie beide da, in höllischer Dunkelheit und weiter voneinander getrennt als jemals zuvor. Der Schlaf kam nicht zu ihr, die Gedanken kreisten so schnell in ihrem Hirn, dass er nicht aufspringen konnte. Im letzten Jahr hatte ihre Liebe noch einmal – wie das letzte Luftschnappen eines Sterbenden – tief eingeatmet, hatte reines Glück inhaliert, um dann, in der Zwischen-Zeit der Trennung, mit einem leisen Seufzen zu vergehen. Nun war sie hier, bei einem Mann, der nichts mehr für sie empfand. Welche Ironie, dass sie das Geld, das für ihren Aufenthalt bei Nelson noch nötig gewesen war, ausgerechnet mit einem Artikel über die Liebe verdient hatte, einem flammenden Plädoyer für eine neue Art von Liebe zwischen gleichberechtigten Partnern, die nicht die

Unterwerfung des einen, meist der Frau, verlangte, sondern in der beide Seiten ganz und gar frei wären.

Sie lag bis zum Morgengrauen wach.

Am nächsten Tag erklärte Nelson ihr, er und Amanda hätten sich zwar angenähert und er glaube, sie wäre bereit, wieder etwas anzufangen, doch er zögere, weil er eben nicht wisse, ob er sein Herz nach einer so starken Liebe wie der zu ihr wieder öffnen könnte. »Nachdem mir klar geworden war, dass die Sache zwischen uns vorbei ist«, beendete er seine Erklärungen, »hat sich bei mir aber eine wundersame Losgelöstheit eingestellt, die irgendwie gutgetan hat. Ich habe deiner Ankunft ganz gelassen entgegengesehen, aber gleichgültig wollte ich nicht sein. Das mache ich wieder gut.«

Er versuchte, nett zu sein, und sie hatte ja gewusst, dass ihre Liebe auf Dauer unmöglich war, die Würfel von Anfang an gezinkt. Schon vor Langem hatte sie zu Nelson gesagt, dass sie es akzeptieren würde, wenn es einmal so weit war. Der Schock saß dennoch tief. Sie würde ihn verdauen, aber es würde ein paar Tage brauchen. Trost gaben ihr ihre Briefe an Sartre, ihren guten Kleinen, in denen sie den Stand der Dinge rational betrachten konnte, nicht mit dem Herzen. Sie versicherte ihm und damit vor allem sich selbst, dass *er* ihr Leben war, nicht Nelson, und dass der Tod ihrer Liebe zu ihm schon in dem Leben, das sie gewählt und das Sartre ihr gegeben hatte, a priori enthalten war. Ihr Gefährte von inzwischen bereits zwanzig Jahren hingegen würde ihr immer bleiben, und wer sich für etwas entschied, der musste nun einmal einen Preis dafür zahlen.

In den nächsten zwei Wochen gab Nelson sich redlich Mühe. Sie gingen viel aus, in den Zirkus, eine Operette, ins Kino, mal zu zweit, mal mit seinen Freunden, besuchten sogar wieder eine *police line-up*, abends ging es in die altbekannten Lokale. Wenn er einen seiner Schweige- und Brüttage einlegte, ging sie allein in den Loop und zerstreute sich.

Den Versuch, bei der sich in Nelsons Wohnung stauenden Sommerhitze an ihrem neuen Roman zu arbeiten, mit dem sie, so wie es ihr bei fiktionalen Werken offenbar immer ergehen musste, nur sehr langsam vorankam, gab sie rasch auf. Nelson schrieb unbeirrt an einem langen Essay über seine Stadt, um den man ihn gebeten hatte; er war es gewöhnt. Ins Bett gingen sie nicht mehr miteinander, und auch wenn sonst nach außen hin an den meisten Tagen kaum etwas verändert wirken mochte, so war doch eine Anspannung zwischen ihnen spürbar, ein stetes elektrisches Summen, das alles andere als angenehm war.

In Chicago wurde es von Tag zu Tag heißer, feucht und drückend. Da sie bei Nelson nur Katzenwäschen durchführen konnte, fühlte sie sich bald schmuddelig. Sie sehnte sich danach, ein Bad zu nehmen, und brachte es zur Sprache, als Nelson ihr Art Shay vorstellte, der ein paar Fotos von ihnen beiden machen wollte. »In meinem jetzigen Zustand wäre mir das nicht so recht, sehen Sie mich an«, gab sie zu bedenken.

»Ich kann ins YMCA gehen, sie nicht«, erklärte Nelson das Problem.

Shay lüftete seine Kappe und kratzte sich am Kopf. »Ein Freund von mir hat eine Badewanne. Nicht dass Sie nicht gut aussehen, mir ist nichts aufgefallen! Aber er ist gerade in Urlaub, ich habe seine Schlüssel. Wenn Sie also wollen, fahre ich Sie hin, und Sie können sich frisch machen, bevor wir loslegen.«

»Liebend gern!«

»Wunderbar, ich geh so lange bei Smitty eine Runde pokern, ihr könnt mich da abholen«, sagte Nelson aufgeräumt und flüsterte Shay noch etwas zu, das sie nicht verstand. Voller Vorfreude packte sie frische Wäsche und ihre Toilettenartikel zusammen.

Als sie in der fremden Wohnung ins Bad ging, hatte Shay es sich schon mit ein paar Katalogen im Wohnzimmer gemütlich gemacht. »Lassen Sie sich ruhig Zeit!«

Es war herrlich, im Wasser zu liegen, sich gründlich einzuseifen und sich die Haare zu waschen. Zum Schluss duschte sie sich mit lauwarmem Wasser ab und stieg wunderbar erfrischt aus der Wanne. Sie tupfte sich nur leicht trocken und föhnte dann, immer noch nackt, um nicht gleich wieder durchgeschwitzt zu sein, ihre Haare. Sie steckte gerade die letzten Nadeln in die Frisur, da hörte sie hinter sich das Klicken eines Kameraauslösers. Entsetzt wandte sie sich um. Shay stand in der Tür und machte Fotos von ihr! Sie griff nach dem Handtuch und bedeckte sich. »Was fällt Ihnen denn ein?«

Shay blickte zerknirscht drein. »Nelson hat mir gesagt, Sie lassen die Badezimmertür immer offen. Da konnte ich nicht widerstehen. Ungestellte Fotos sind die besten. Ich konnte ja nicht ahnen, dass Sie noch nackt sind.«

Sie schnaubte. »Sie sind mir ja ein schönes Früchtchen, junger Mann!« Sie hatte kein Problem mit ihrer Nacktheit, darum würde sie jetzt keinen Aufstand machen. Aber eines musste sie klarstellen. »Die Negative werden Sie Algren geben, verstanden? Ein solches Bild von mir in der Zeitung kann ich nun wirklich nicht brauchen!«

Nelson amüsierte sich köstlich über die Episode.

»Ich weiß gar nicht, was du so toll daran findest«, entgegnete sie ihm. »Jetzt, wo wir nicht mehr miteinander vögeln, was willst du da mit Nacktfotos von mir?«

Er zuckte die Achseln. »Eine Erinnerung wird schon nicht schaden.«

Endlich kam der Tag, an dem es nach Miller Beach ging. Sie luden die Unmengen an Vorräten, die sie eingekauft hatten, in das Auto von Bekannten Nelsons, die in der Gegend wohnten, dazu noch ein paar Kisten mit Zeug aus seiner Wohnung. Die Luftveränderung war bitter nötig, und sie war sehr gespannt auf das Haus.

Miller Beach lag fünfunddreißig Meilen von Chicago entfernt und war ein Stadtteil von Gary, einem Zentrum der Stahlindustrie, und so durchfuhren sie auf dem Weg bald eine von Hochöfen überwucherte Ebene. Dann aber wurde die Gegend immer grüner. »Die Bäume verdecken es«, sagte Nelson, aber hinter ihnen befindet sich eine einzigartige Dünenlandschaft. Du wirst es bald sehen.«

Zunächst aber erwartete sie der Charme eines kleinen Dorfs. Nur einige Hundert Menschen lebten hier, es gab ein Zentrum mit ein paar Läden und einem Restaurant, die meisten Häuser standen außerhalb. Nelsons Domizil befand sich weit ab vom Schuss als letztes in einer von Büschen gesäumten Sackgasse, die in eine Art Park überging. Vögel zwitscherten ohrenbetäubend. Am Ende eines Kieswegs stand es, ein wunderhübsches, kleines, weißes Häuschen mit einem Vorgarten, in dem Schmetterlinge um den blühenden Lavendel herumflatterten.

Nelson sprang aus dem Auto. »Komm mit, die Aussicht wird dich umhauen!«

Lachend folgte sie ihm. Den Rasen hinter dem Haus hatte er sicher nicht gemeint, trotzdem wartete dort eine Überraschung: Um einen gemauerten Herd, aus dem es kräftig rauchte, saßen Leute, die nun aufsprangen und sie willkommen hießen. Die ehemaligen Besitzer hatten ein Barbecue für sie vorbereitet. Rasch trugen sie ihr Gepäck ins Haus und ließen sich dann von ihren Bekannten mit Würstchen und Hamburgern verwöhnen.

Noch bevor Simone sich endlich der Aussicht widmen konnte, erläuterte die ehemalige Dame des Hauses sie ihr. »Ist es nicht schön, so nah am Wasser zu sein? Den Teich können Sie mit dem Ruderboot überqueren, am anderen Ufer müssen Sie nur noch über die Dünen, dann sind Sie schon am See. Fünf Minuten sind es maximal bis zum Strand!«

Da konnte sie ihr nur zustimmen. »Trinken wir darauf ein Glas!«

Als alle weg waren, konnten sie sich endlich einrichten. Bald war alles eingeräumt und wohnlich, ein paar Möbel würden in den nächsten Tagen noch kommen, Nachbarn wollten beim Tragen helfen. Das Häuschen hatte zwei Schlafzimmer, in denen sie von nun an nicht nur getrennt voneinander schliefen, sondern auch dort arbeiten konnten, was ihrem Buch sehr zugutekam. Rasch gewöhnte sie es sich an, insgesamt fünf Stunden am Tag zu schreiben. Die räumliche Trennung innerhalb des Hauses tat ihrem Umgang mit Nelson seltsamerweise ebenfalls gut. Sie genossen es beide, die übrigen Stunden des Tages gemeinsam zu verbringen, die Spannung ging spürbar zurück.

Eine gewisse Routine entwickelte sich. Sie stand spät auf, arbeitete von elf Uhr bis um eins oder zwei im Garten. Danach nahmen sie gemeinsam das Boot, um dann barfuß über den glühend heißen Sand zum Seeufer zu eilen und zu baden. Der Wind warf das Wasser, das ein wenig salzig schmeckte, zu Wellen auf, es war beinahe, wie am Meer zu sein. Der Strand war endlos, und so fanden sie immer einen Platz, an dem sie für sich waren. Wieder zu Hause, nahmen sie einen leichten Snack ein, dann arbeitete jeder für sich allein weiter. Abends brieten sie meist draußen Beefsteaks oder anderes Fleisch, mal allein, mal mit Nachbarn, dann las sie bis tief in die Nacht, während Nelson in seinen neu erworbenen Fernseher starrte, manchmal leistete sie ihm Gesellschaft oder schrieb Sartre.

Am schönsten aber war es, wenn sie nach dem Abendessen, schon von Glühwürmchen umschwärmt, noch einmal das Boot nahmen und am dunklen Strand unter einem unwahrscheinlichen Sternenhimmel spazieren gingen. Dann redeten sie über den Anfang und das Ende der Welt und alles dazwischen, während in der Ferne die Hochöfen Feuer in den Himmel spien und ihn rot und violett färbten. Dann war es beinahe wie früher.

Eines Tages machte ein Nachbar mit Nelsons Kamera ein paar

Fotos von ihnen, für die sie nahe zusammenrückten: eines am Teichufer, hintereinanderstehend, gemeinsam links und rechts die Ruder des Bötchens wie Speere aufrecht haltend, eines auf einem Baumstumpf sitzend, Nelson neben ihr hockend, Schulter an Schulter. Als er die Hand um ihre Taille legte, durchfuhr ein warmes Kribbeln ihren Körper. Vielleicht war ja doch noch nicht alles verloren.

Aber kaum hatte sie den Gedanken zu Ende gedacht, wurde wieder alles anders.

Gary und Chicago,
16. August bis 29. September 1950

NELSON

Vergiss es, dämlicher Idiot! Vornübergebeugt saß er auf der Bettkante in seinem Schlafzimmer, das Gesicht in den Händen verborgen. Schlag es dir aus dem Kopf! Seine Fingerkuppen begannen wie von selbst, fest und fester an Stirn und Schläfen zu pochen, als könnte das tatsächlich gelingen. Er war so kurz davor, klein beizugeben und Simone seine Lüge zu gestehen. Denn natürlich liebte er sie immer noch. Und die letzten zwei Wochen hatten sich wieder so gut angefühlt! Aber das durfte verdammt noch mal nichts mehr zur Sache tun. Er wollte auch einmal bei jemandem an erster Stelle stehen, das konnte doch nicht zu viel verlangt sein. Wenigstens die Möglichkeit musste er sich zurückerobern. Und dazu musste er Simone aus seinem Herzen verbannen.

Die nächste Stunde verbrachte er damit, systematisch jeden Streit, jede Verletzung, jeden Gedanken, den er über ihr Verhältnis und Simones Motive je gehabt hatte, aus seinem Gedächtnis hervorzukramen. Denk daran, wie es in zwei Monaten sein wird, wenn sie weg ist, sagte er sich. Denk daran, was wäre, wenn Sartre plötzlich schriebe, er bräuchte sie in Paris. Denk daran, wie sie dich mit ellenlangen Beschwörungen eingelullt hat, als du schon einmal auf dem Absprung warst. Du bist ein Freizeitvergnügen, eine schöne Abwechslung für zwischendurch. Das tat weh, und womöglich entsprach es nicht der Wahrheit, aber es half.

Nachdem er ein paar Sachen zusammengepackt hatte, ging er in den Garten, wo Simone ein Buch las und sich hüllenlos sonnte. Er zwang sich, knapp an ihr vorbeizusehen. »Ich muss für ein, zwei Tage nach Chicago. Der Bus fährt in einer Stunde.«

»Was?« Sie hob den Kopf und blinzelte in die Sonne. »Wieso?«

Er hatte sich noch nichts zurechtgelegt. »Ich habe eben zu tun.«

»Dann komme ich mit.« Und schon stand sie auf.

Er musste deutlicher werden. »Um ehrlich zu sein, ich brauche etwas Zeit für mich allein.«

»Oh.« Sie sah ihn prüfend an, insistierte aber nicht. »Gut, dann fahr. Ich begleite dich zur Haltestelle.«

Nach zwei Tagen in Chicago, die er, so ließ es sich tatsächlich vollständig beschreiben, damit zubrachte, auf dem Bett liegend an die Decke zu starren, fuhr er wieder zurück.

Simone überfiel ihn ungeschickt mit zu viel Wärme, zu vielen Worten, wie Frauen es mitunter taten, wenn sie merkten, dass man ihnen entglitt. »Endlich bist du wieder da! Es war furchtbar einsam hier, zum ersten Mal hatte ich in der Nacht Angst vor Dieben, entflohenen Irren und vielleicht auch Wendigos. Ich habe sämtliche Türen verrammelt und wurde später doch im Traum ermordet. Und die Geräusche in der Nacht! Vorher sind sie mir gar nicht aufgefallen. Dauernd knackte es im Geäst, ich fürchtete schon, die Bisamratten vom Teich würden hier einfallen. Wobei die noch das Harmloseste waren, was mir einfiel. Kein Auge habe ich zugetan. Oh, und auf dem Dach begann riesiger Krach, kaum dass die Dämmerung angebrochen war. Ich hoffe wirklich, es waren nur die Eichhörnchen.« Sie verstummte und wartete auf seine Reaktion, aber er gab vor, sehr konzentriert die beiden Tüten voller Einkäufe, die er mitgebracht hatte, auszupacken und einzuräumen. »Wie war es denn in Chicago?«, fragte sie dann.

»Ach, es gab überhaupt nichts Besonderes.«

»Hm. Ich habe übrigens nach der Post gesehen, deine Briefe liegen in der Schale. Nathalie hat geschrieben. Sie kommt schon am 23. statt am 30.«

Das fehlte ihm gerade noch. Er hatte Nathalie nie kennengelernt, aber mit dem Gedanken gespielt, sie zu besuchen, als er in Los Angeles wegen der Filmoption verhandelt hatte, einfach weil sie eine von Simones uralten Freundinnen war. Doch der Frosch hatte ihm dringend davon abgeraten, weil sie sicher war, Nathalie würde schlecht über sie sprechen und irgendwelche Dinge erfinden. Ihm war nicht ganz klar, warum sie dennoch so an ihr hing. Zu dem Besuch war es dann nicht gekommen. Simone hatte die Freundin eigentlich für ein paar Tage in New York oder Chicago treffen wollen, aber das hatte nicht geklappt. Nathalie hatte sich inzwischen von ihrem Mann getrennt und reiste herum, bevor sie eine Professur antreten würde. Sie begann jede Menge Affären und pflegte offenbar gerade eine überaus seltsame Dreierbeziehung mit einem Homosexuellenpärchen.

»Die Begeisterung steht dir wirklich ins Gesicht geschrieben«, meinte Simone. »Um ehrlich zu sein, bin ich auch nicht zufrieden damit, ich hatte ihr schon geschrieben, dass es mir hier nicht gut passt. Aber sie will mich unbedingt sehen und ignoriert meine Einwände einfach. So ist sie schon immer gewesen. Mindestens zwei Wochen will sie bleiben! Und bei mir im Zimmer schlafen, um Geld zu sparen.«

Das ging nun wirklich zu weit. »Kommt nicht infrage. Ich will keine Fremden im Haus haben, schon gar nicht in deinem Schlafzimmer. Besorg ihr ein Zimmer in der Nähe.«

»Schon gut. Aber das wird ihr überhaupt nicht passen.«

Mehr als ein Achselzucken rang ihm das nicht ab.

In den Tagen bis zu Nathalies Ankunft passte er höllisch auf, Simone nicht zu nah an sich herankommen zu lassen, aber als diese überaus seltsame Frau dann ankam, musste er sich deswegen keine Sorgen mehr machen. Sie nahm Simone von Beginn an völlig in Beschlag.

Zuerst war er angetan von ihr. Sie war liebenswürdig und zuvorkommend und hatte kolossale Bettgeschichten zu erzählen. Doch ihre Warmherzigkeit war nur aufgesetzt, das merkte er. In Wahrheit war sie eiskalt. Ihre Stimmung konnte sekündlich umschlagen. Dann gab sie nichts mehr auf Etikette. Bei einem Barbecue blamierte sie ihn vor seinen Nachbarn, indem sie nur mit Simone redete und schließlich, als doch jemand sie ansprach, mitten im Gespräch einfach wegging. Ein anderes Mal brüskierte sie alle Anwesenden, indem sie Simone auf den Mund küsste und in völlig unangemessener Weise anfasste. Er sprach Simone, die jedes Mal sprang, wenn ihre Freundin »hopp!« sagte, darauf an, dass er Nathalie für eine Lesbe hielt, doch die wollte davon nichts wissen.

Als wäre es allein ihre Entscheidung, verkündete die Dame schließlich, noch eine Woche länger zu bleiben als geplant. Nun hatte er genug. »Ich halte es hier nicht mehr aus«, konfrontierte er Simone. »Ich fahre für eine Woche nach Chicago.«

Interessanterweise war nun sie es, die verärgert schien. »Damit du dann sagen kannst, du wärest aus deinem eigenen Haus vertrieben worden? Nein. Ich werde Nathalie davon überzeugen, dass *wir* nach Chicago fahren, und komme schließlich allein wieder zurück.«

»Gut, ist mir recht!«

Ein paar Tage später kam ein Brief von Amanda an, sie wollte ihn im Oktober für zwei Wochen besuchen. Das brachte ihn auf eine Idee. Er würde Simone sagen, dass er nun doch ernsthaft überlege, Amanda wieder zu heiraten. Sonst würde sie es ihm doch nie abnehmen, dass es wirklich vorbei war.

Er hatte mit Tränen gerechnet, aber Simone blieb ungerührt, als er es ihr nach ihrer Rückkehr sagte. »Gut, mach das«, meinte sie nur und ging in den Garten, um zu arbeiten. Später stellte sich heraus, dass sie immer noch verärgert war, weil er ihr eine Entscheidung wegen Nathalie abverlangt hatte. Nun gut, auch ihr Zorn würde vielleicht hilfreich sein. So ist es richtig, mein Junge, spornte er sich an, bleib jetzt rational!

Sie nahmen ihren gewohnten Tagesablauf wieder auf, waren aber nun beide darauf bedacht, eine gewisse Distanz zu wahren. Wenige Tage, bevor sie nach Chicago zurückfahren würden und Simone abreisen würde, verbrachten sie den Nachmittag am Strand. Wieder einmal lag unangenehmes Schweigen zwischen ihnen, und bald stand Simone auf, um zu schwimmen. Er kümmerte sich nicht weiter darum und verlor sich wieder in seinem Buch, doch als er das nächste Mal aufblickte, staunte er nicht schlecht.

Weder er noch Simone waren gute Schwimmer, darum blieben sie meist in der gekennzeichneten Sicherheitszone, wo man noch Boden unter den Füßen hatte. Heute jedoch war sie weiter hinausgeschwommen und winkte ihm nun eifrig zu, wahrscheinlich stolz auf ihren Mut. Er winkte zurück, doch dann war sie plötzlich weg. In einer Sekunde war er auf den Beinen. Da, sie tauchte wieder auf! Und ging wieder unter. Das Herz sprang ihm in die Kehle, und er rannte los. Vielleicht war es ein Krampf, vielleicht eine böse Strömung. Vielleicht hatten auch nur die Kräfte sie verlassen. Was auch immer es war, sie ertrank!

Er warf sich ins Wasser und schwamm, wie er es von sich nicht kannte. Trotzdem konnte die Sache böse für sie beide ausgehen. Ertrinkenden durfte man niemals die Hand zur Hilfe reichen, hatte er irgendwo gelesen, denn damit brachte man nur zusätzlich sich selbst in Gefahr. Stattdessen sollte man Hilfsmittel wie einen langen Stock oder einen Schal benutzen. Einen Schal, Herrgott! Solche Anweisungen schrieben nur verdammte Theoretiker.

Seltsam, wie sich die Sekunden dehnten, dass er überhaupt Zeit hatte, sich solche Gedanken zu machen. Und seltsamer, dass er sogar darüber noch dachdenken konnte.

Dicht vor ihm tauchte Simone soeben auf, nur um gleich wieder unterzugehen. Er dachte nicht mehr, sondern tauchte, und endlich ertastete seine Hand ihre Schulter, fand den Träger ihres Badeanzugs und riss sie daran hoch. Über dem Wasser schnappte sie nach Luft und krallte sich blind vor Schock an ihn. Ihre Arme waren zu Eisenklammern geworden, aus denen er sich nicht befreien konnte. Jetzt passierte es, der Schreibtischhengst hatte recht gehabt. Sie gingen gemeinsam unter.

Unter Wasser riss er ihre Hände von seinem Körper, doch sie griffen gleich wieder nach ihm. Simone verstand nicht, *konnte* in ihrer Panik nicht verstehen, dass er sich von ihr frei machen musste, um sie zu retten. Noch einmal griff er nach ihren Händen, dann stieß er sie mit aller Kraft von sich und schwamm ein Stück von ihr weg. Als sie wieder auftauchte, brüllte er: »Du musst stillhalten, wenn ich komme! Stillhalten! Ich rette dich, aber lass die Arme bei dir!«

»Komm! Komm!«, gurgelte sie nur und ging wieder unter.

Er versuchte es noch einmal, und o Glück, irgendwie war er offenbar zu ihr durchgedrungen. Vielleicht hatte sie auch nur keine Reserven mehr, es war egal. Simone hustete und spuckte, aber sie ließ sich ruhig von ihm ans Ufer ziehen. Sicher im Sand lagen sie sich schwer atmend in den Armen. »Was machst du nur für Sachen?«, keuchte er, und sie lachte irr.

Nachdem sie sich einigermaßen erholt hatten, machten sie sich schleunigst daran, ins Haus zurückzukommen. Simone zitterte den ganzen Weg über wie Espenlaub, mit blauen Lippen und aneinanderschlagenden Zähnen. »Sollen wir vielleicht lieber zum Arzt gehen?«, fragte er besorgt.

»Nein«, schlotterte sie. »Mir wird nur gerade klar, wie knapp es war. Wie es hätte enden können.«

Bei dem Gedanken wollte er gleich auch das Zittern anfangen. Er biss die Zähne zusammen und konzentrierte sich aufs Rudern. Schon jetzt tat ihm alles weh, morgen würde er jeden Knochen spüren.

Endlich zu Hause, goss er ihnen gleich einen doppelten Scotch ein. Simone war noch nicht in der Lage, sich etwas anzuziehen, sondern hatte sich ein großes Badelaken umgewickelt. Wie sie da am Tisch saß, die Beine auf den Stuhl gezogen, sah sie sehr jung aus. Sein altes Herz tat weh. Er wollte zu ihr gehen und sie küssen. Stattdessen kippte er sein Glas und goss nach.

Mit einem Mal brach sie in Tränen aus. »Ich war so unglücklich in den letzten Tagen. Wenn ich mir vorstelle, dass es jetzt so zu Ende gegangen wäre …« Haltloses Schluchzen ließ sie abbrechen, dann setzte sie neu an. »Ich kann nicht ertragen, wie gleichgültig wir uns begegnen und dass wir einander vielleicht einmal feind werden. Können wir nicht wenigstens versuchen, Freunde zu sein?«

Da begriff er, dass auch sie ihre Energie darauf verwandt hatte, sich zusammenzunehmen und ihren Kummer zu verbergen. Durch das schreckliche Ereignis war die dünne Eisdecke ihrer Selbstbeherrschung nun gebrochen. Und seine existierte nicht mehr.

Ehe er sichs versah, fand er sich kniend neben ihrem Stuhl wieder, ihr Gesicht in seinen Händen, ihre Hände an seinen, seine Lippen überall. »Freundschaft? Ich werde dir nie weniger geben können als Liebe, Simone.«

»Nelson.« Sie griff nach ihm, und diesmal ließ er sich widerstandslos von ihr nach unten ziehen. Verzweifelt liebten sie sich ein letztes Mal.

Ihre Vereinigung war der Punkt am Ende ihrer Beziehung gewesen, ein Abschied, das hatte auch Simone schließlich akzeptiert. Zurück in Chicago, versprachen sie sich, ihre Gefühle füreinander dennoch zu bewahren. »Bitte lass es uns nie bereuen«, sagte seine Froschfrau, bevor sie ins Taxi stieg. Dann war sie fort.

Diesmal für immer.

EPILOG (1982)
Gehaltene und gebrochene Versprechen

SIMONE

Erschöpft lehnte sie sich an die Wohnungstür und hielt einen Moment inne. Soeben hatte sie Deirdre Bair, ihre Biografin, verabschiedet. Diese Frau hatte sich tatsächlich vorgenommen, über ihr *ganzes* Leben zu schreiben, das hatte sich noch niemand getraut. 1981 war ihr erstes Treffen gewesen; nun kam Bair regelmäßig zu langen Interviewsitzungen zu ihr. Die Verabredungen waren anstrengend, machten ihr aber Freude, auch wenn Bair mitunter recht ärgerliche Fragen stellte, und sie bereitete sich, nachdem sie das reguläre Tagwerk erledigt hatte, immer gut darauf vor.

Rasch hatten sie ein Ritual entwickelt, dem sie stets folgten. Bair klingelte um punkt vier Uhr nachmittags, und sie bot ihr etwas zu trinken an. Die Wahl fiel immer auf einen Scotch, den sie auf den Milliliter genau in einem Zinnbecher abmaß und in ihre mexikanischen Whiskeygläser goss, während Bair ablegte und Platz nahm. Dann plauderten sie ein wenig über zwischenzeitlich Geschehenes und klärten die nächsten Termine ab. Nach dem Drink ging es an die Arbeit, Bair machte das Tonbandgerät bereit und legte ihre Fragenkarten und ein Notizbuch zurecht. Nach dem Interview, wenn alles wieder eingepackt war, goss sie ihnen einen weiteren Scotch ein, und sie plauderten informell über dies und das.

Heute aber war etwas Besonderes geschehen. Bair hatte nachgefragt, was für ein schöner Ring das an ihrem Finger sei, und plötzlich hatte sie sich mitten in der alten Geschichte wiedergefunden, erzählt und erzählt. Sie war jetzt noch ganz aufgewühlt.

Langsam löste sie sich von der Tür. Sie trank sehr viel weniger als früher, der Körper machte es nicht mehr mit, aber heute konnte sie einen weiteren Scotch vertragen. Kaum hatte sie sich mit dem Glas aufs Sofa gesetzt, schlichen sich schon wieder die Erinnerungen an sie heran.

Nelson und sie waren nie wirklich voneinander losgekommen, hatten sich noch lange über ihr Leben auf dem Laufenden gehalten. Der Kontakt war weniger geworden, als sie 1952 eine Beziehung mit dem siebzehn Jahre jüngeren Claude Lanzmann begonnen und Nelson ein Jahr später Amanda wieder geheiratet hatte, aber nie ganz abgerissen. Erst nach dem Erscheinen der englischsprachigen Ausgabe von *Die Mandarins von Paris* 1956 hatte es eine Zeit der Funkstille gegeben. Nelson regte sich furchtbar über seine Rolle in dem Roman auf, weil, wie er meinte, jedermann doch alles darin für wahr halten würde. So fühlte er sich der Lächerlichkeit preisgegeben. Letztlich hatte sie wohl nicht ihm, sondern dem Existenzialismus ein Denkmal mit dem Buch gesetzt. Die Belohnung dafür waren der Prix Goncourt und eine große Portion von Nelsons Groll gewesen.

Seine Ehe hielt nicht lange, ihre Beziehung zu Lanzmann endete 1958. Als Nelson davon erfuhr, änderte sich der Ton seiner Briefe, und plötzlich legte er wieder Zeichnungen und andere Kleinigkeiten bei. 1960 wurde er nach London eingeladen, und bald planten sie seinen Besuch in Paris, enthusiastisch und vorfreudig wie damals. Sie hielt sich inzwischen für zu alt, um noch begehrenswert zu sein, doch wie sich herausstellte, war ihrer beider Attraktion füreinander immer noch groß genug, um ein paarmal miteinander ins Bett zu gehen.

Im selben Jahr fasste sie allerdings auch den Entschluss, weitere Bände ihrer Biografie zu schreiben, weil großes Interesse daran bekundet wurde, und stand rasch vor einem Konflikt. Im ersten Band hatte sie ihre Kindheit und Jugend beschrieben, die meisten Personen, die sonst darin vorkamen, waren entweder nicht mehr am Leben oder sehr leicht zu anonymisieren gewesen. Nun aber ging es um alles, was seit 1929 und bis dato geschehen war, und sie kam nicht umhin, von allen Personen zu berichten, die seitdem an ihrer Seite gewesen waren: Sartre, *la petite famille*, Freunde und Feinde. Und natürlich von Nelson, dem sie einst versprochen hatte, nichts zu Persönliches verlauten zu lassen.

Doch dieses Versprechen war aus seiner Sicht sowieso schon gebrochen worden, und es ging nun einmal um *ihr* Leben, darum schob sie letztlich alle Bedenken beiseite. Die Memoiren waren für sie ein wichtiger Weg, ihr Leben im weiten Rückblick noch einmal zu erforschen und zu gestalten, ein vollkommenes Vermächtnis zu hinterlassen. Am gnadenlosesten sezierte sie sowieso sich selbst, und daran hatten die Leute doch das meiste Interesse.

Der Lauf der Dinge kam 1963 heraus, und zwei Jahre später konnte Nelson die englische Übersetzung lesen. Von da an waren all ihre Briefe unbeantwortet geblieben; wie sehr er schäumte, konnte sie nur den zynischen Interviews entnehmen, die er ab diesem Zeitpunkt über sie gab. So hatten sie einander schließlich doch enttäuscht.

Im letzten Mai war er gestorben, ein Jahr, nachdem sie Sartre hatte gehen lassen müssen. Am Morgen vor einem Fest, das er nach einer langen Durststrecke geben wollte, weil die American Academy of Arts and Letters ihn offiziell aufgenommen hatte, war er im Bad an einer Herzattacke gestorben. Als wäre das nicht schon schmerzlich genug gewesen, hatte die Pariser Presse danach eine Hetzjagd auf sie veranstaltet, sodass sie sich in Sylvie Le Bons Apartment versteckte. Auf die junge Philosophin, die seit den Sechzigern eine stete Gefährtin an ihrer Seite war und die sie adoptiert hatte, um ihren literarischen Nachlass in guten Händen zu wissen, war immer Verlass. Sie hatte es verstanden, sie abzulenken, denn damals wollte sie die Geschichte mit Nelson nicht wieder hochkommen lassen.

Seufzend kehrte sie zurück ins Heute, wo all das doch wieder lebendig geworden war. Noch einmal drehte sie den Ring an ihrem Finger, eine alte Gewohnheit aus ebenjener Zeit. Einst hatte sie Nelson gesagt, sie würde sein Geschenk nie mehr ablegen. *Dieses* Versprechen hatte sie gehalten und nicht vor, es noch zu brechen. Sie würde den Ring mit ins Grab nehmen.

Mit leisem Stöhnen ließ sie sich ins Sofa zurücksinken. Doch, es war gut so gewesen, dachte sie noch, schon wegdämmernd. Manchmal musste man sich dem Aussichtslosen hingeben, um etwas Einmaliges zu erfahren. Es hatte ihnen mehr gegeben als genommen.

NACHWORT

Eine transatlantische Liebe
zwischen Fakten und Fiktion

Der andere Mann beleuchtet vier Jahre im Leben zweier außergewöhnlicher Persönlichkeiten, die als Schreibende auf verschiedene Weise Stellung zu der Gesellschaft nahmen, in der sie lebten. Beide haben in der Zeit ihrer Beziehung ihre erfolgreichsten Werke verfasst und ein Vermächtnis von weltweiter Bedeutung hinterlassen.

In ihrer Liebe zueinander haben beide sich sehr menschlich gezeigt: verletzlich, emotional von höchstem Glück und schmachtendem Sehnen über Wut bis hin zu tiefer Traurigkeit und Verzweiflung. Die Fragen und Konflikte, die sich ihnen in ihrer gemeinsamen Zeit stellten, manchmal eher banal, manchmal von existenzieller Bedeutung, haben uns auch heute noch etwas zu sagen: Wie vielgestaltig ist die Liebe? Was dürfen wir anderen zumuten? Was ist wichtiger, Liebe oder Beruf, der kleine Kosmos der Familie oder die Verantwortung zur Mitgestaltung der Gesellschaft? Was bedeutet Selbstverwirklichung, was Freiheit?

Gerade diese Ambivalenzen haben mich als Autorin angesprochen und interessiert, darum möchte ich an dieser Stelle meinem Agenten Martin Brinkmann danken, der dieses Buchprojekt mit Enthusiasmus begleitet hat, sowie Tanja Rauch vom DuMont Buchverlag, die sich für das Buch begeistert und es auf den Weg gebracht hat, sowie meiner Lektorin Sabrina Kiefer für die wunderbare Betreuung.

Simone de Beauvoir hat sich damals für ihre Arbeit entschieden, in der sie ihre wichtigste Aufgabe und den Sinn ihres Lebens, ihre Bestimmung, sah. Sie wurde zur bekanntesten Intellektuellen Frankreichs; mit *Das andere Geschlecht* setzte sie einen Meilenstein der feministischen Literatur. Noch heute wird dieses Buch gelesen, in einigen Punkten ist es veraltet, in anderen erscheint es erschreckend aktuell. Viele Frauen geben immer noch, wie Beauvoir es schon zu ihrer Zeit beklagte, der Liebe oder familiären Verpflichtungen wie Kindererziehung und Elternpflege den Vorrang gegenüber eigenen Bedürfnissen, dem Vorantreiben einer eigenen Karriere, manchmal weil sie es selbstbestimmt und aktiv so entscheiden, oft genug aber auch weil es ihnen ihre Erziehung nach wie vor nahelegt und weiterhin fest in der Gesellschaft verwurzelte Strukturen keine andere Möglichkeit zu bieten scheinen. Dieser Weg ist noch nicht zu Ende gegangen.

Für Nelson Algren als Mann seiner Zeit stellte sich die Frage nach einer Entscheidung zwischen Liebe und Karriere weit weniger, für ihn war vor allem die räumliche Distanz über lange Zeiträume hinweg nicht zu ertragen. Der Wunsch nach einer eigenen Familie ging für ihn jedoch auch nach der Trennung von Beauvoir nicht in Erfüllung, seine zweite Ehe hielt vermutlich deshalb nicht lange, weil sie keine echte Herzensentscheidung war.

Auch seine Karriere als Schriftsteller gestaltete sich nicht weiter wie erhofft. Schon wenige Jahre nach dem Erfolg von *Der Mann mit dem goldenen Arm* geriet sie ins Stocken, bald zögerten die Verlage, Algrens Werke zu veröffentlichen, oder versagten eine Publikation ganz. Den sinkenden Erfolg schrieb er sich selbst zu; tatsächlich wurde offenbar Druck auf die Verleger ausgeübt. Wegen seiner Mitgliedschaft im John Reed Club und seiner Nähe zum Kommunismus war er schon in den Dreißigern ins Visier des FBI geraten, wurde zeitweise bespitzelt und galt noch lange danach als subversiv. Seine Akte beim FBI ist 886 Seiten dick. Algren hatte zwar eine Ahnung, was diese Vorgänge anging, starb jedoch, ohne tatsächliche Kenntnis davon zu erlangen.

Obwohl er in den frühen Fünfzigerjahren einer der bekanntesten Autoren der USA und auch in Ländern wie Deutschland beliebt war, ist sein Werk inzwischen beinahe in Vergessenheit geraten. Doch auch seine Themen sind heute noch brandaktuell. Eine Wiederentdeckung wäre lohnenswert.

Aber wie nah an der Realität der Geschichte des Liebespaars Algren und Beauvoir ist dieses Buch?

Der andere Mann ist ein biografischer Roman und damit ein Zwitter aus Fakten und Fiktion. Der wesentliche Unterschied zwischen einer herkömmlichen Biografie und einem biografischen Roman besteht darin, dass Letzterer die bekannten Daten und Gegebenheiten nutzt, um diese künstlerisch zu gestalten, um Dialoge zu erweitern und sich auch in die Innenwelt der behandelten Persönlichkeiten einzufühlen. Auf diese Weise kann eine Vita nicht durch die Aneinanderreihung chronologischer Fakten, sondern als gelebtes Leben nachvollziehbar, ja fühlbar werden.

Vor allem Simone de Beauvoir hat vielfältig Zeugnis über ihre Beziehung zu Nelson Algren abgelegt, in autobiografischen Texten wie ihrem Reisetagebuch *Amerika Tag und Nacht* und ihren Memoiren ebenso wie in dem Roman *Die Mandarins von Paris* oder in Interviews. Algren hat sich bis auf kleinere Reisereportagen zurückgehalten, die Beziehung erst nach dem endgültigen Bruch mit Beauvoir auch in Interviews thematisiert.

Nahezu alle in diesem Buch beschriebenen Ereignisse haben daher wie geschildert stattgefunden bzw. wurden von Beauvoir oder Algren in Texten oder Interviews berichtet. Originalzitate aus Briefen usw. habe ich aus Urheberrechtsgründen paraphrasiert, leicht verändert oder in eigenen Übersetzungen wiedergegeben, ohne dabei jedoch den Inhalt der Aussage zu verändern.

Unsicherheiten gibt es bisweilen, was die Chronologie mancher Ereignisse oder ihre genaue Datierung angeht. So widerspricht sich Beauvoir in mehreren ihrer Publikationen diesbezüglich, was verdeutlicht, dass selbst autobiografische Texte eine Neukonstruktion der Wahrheit darstellen.

Letztlich sind auch Autobiografien keine Darbietung von Fakten, sondern eine Erzählung, die Autor:innen über ihr eigenes Leben schreiben und der neben einem Wahrheitsanspruch auch redaktionelle Entscheidungen zugrunde liegen, die bestimmte Ziele wie etwa die Schaffung oder Wahrung eines gewissen Images verfolgen. In jedem Fall wird eine Auswahl darüber getroffen, wovon berichtet und was weggelassen wird, es wird verdichtet, verändert, Neues hinzugefügt, Vergangenes durch den Blick der Gegenwart gefiltert, und das alles äußerst subjektiv.

Auch Beauvoir hat ihren Amerikabericht erst im Nachhinein entworfen und sich angelesen, was die eigene Erfahrung nicht hergab. Sie hat Personen ausgetauscht, die Chronologie verändert und ihren Besuch im September 1947 in den Mai verlegt.

Im dritten Band ihrer Memoiren mit dem Titel *Der Lauf der Dinge* hat sie die Liebesgeschichte zu Algren außerdem als weniger bedeutsam dargestellt, als sie für sie ganz offensichtlich war, wie unter anderem ihre posthum veröffentlichten Briefe an ihn belegen. Zum damaligen Zeitpunkt war es ihr vermutlich wichtiger, den Mythos ihrer einzigartigen Partnerschaft mit Sartre und ihres Pakts in den Köpfen der Leser:innen zu zementieren, darum musste Algren in den Hintergrund treten.

Algren wiederum hat in späten Jahren aus schwerer Enttäuschung über die Darstellung ihrer Liebesgeschichte in den Memoiren in Interviews sehr hämisch über Beauvoir gesprochen, einen teilweise recht zynisch gefärbten Reisebericht verfasst und ihre Beziehung als wenig bedeutungsvolle Affäre abgetan, was letztlich umso mehr bezeugt, wie groß seine Verletzung einerseits und ihre Bedeutung für ihn als Liebe seines Lebens andererseits wirklich waren.

Auch ich habe mir in der Konstruktion dieses biografischen Romans einige Freiheiten genommen, sie sind jedoch zumeist nur marginal und betreffen Inhaltliches nicht. Die drei größten möchte ich hier aber nennen: Beauvoir hat zwar die Armenkirche in Harlem mit Richard Wright besucht, jedoch nicht zusammen mit Algren, sondern mit Nathalie Moffat. Um die Szene mit aufnehmen und dabei die Geschichte der Freundschaft der beiden Männer beleuchten zu können, habe ich sie zeitlich versetzt und Algren dabei sein lassen. Die zweite Änderung betrifft den Badeunfall, ihn habe ich von Mitte August 1950 zeitlich nach hinten, kurz vor die Abreise Beauvoirs, verlegt, weil er eine so gute Metapher für den Trennungsprozess darstellt. Die letzte größere Abwandlung betrifft das Ende der Liebesbeziehung. Dieses ist tatsächlich auf 1950 datiert, Beauvoir hat Algren jedoch 1951 noch einmal besucht, diesmal rein freundschaftlich – bis auf eine Ausnahme, bei der die beiden noch einmal intim wurden. Diese Annäherung habe ich mit in das Jahr 1950 genommen, da beide Besuche sich ansonsten sehr gleichen.

Die wichtigsten und authentischsten Quellen, aus denen ich geschöpft habe, um insgesamt so wahrheitsgetreu wie möglich zu bleiben, sind zweifellos die Briefe von Beauvoir an Algren und Sartre sowie die Briefe Sartres an seinen *Castor*. (Die Briefe Algrens an sie sind der Öffentlichkeit und der Wissenschaft bis heute nicht zugänglich, Beauvoir hat sich in ihren Briefen jedoch oft darauf bezogen, sie paraphrasiert und in ihren Memoiren teilweise zitiert.) Auch das Tagebuch, das die beiden während ihrer gemeinsamen Reise 1948 führten, gibt wertvollen Aufschluss über das in dieser Zeit Erlebte und die Stimmung zwischen dem Paar. Ich möchte daher Michael Caplan, der eine großartige Dokumentation über Nelson Algen gedreht hat, dafür danken, dass er seine

Rechercheergebnisse sowie Algrens Fotos von der Reise und Abbildungen der Seiten des Reisejournals mit mir geteilt hat, da mir bedingt durch die Corona-Pandemie eigene Nachforschungen in den Archiven der USA nicht möglich waren.

Die Auswertung der Briefe und des Journals zeigt, dass Beauvoir sich in ihrem Amerikabericht und sogar in ihrem Roman *Die Mandarins von Paris* recht nah an die tatsächlichen Ereignisse gehalten hat, sodass letztlich auch diese Bücher zu wertvollen Quellen für mich wurden.

Deirdre Bairs umfangreiche Biografie war ebenso unverzichtbar, da Bair noch zu Lebzeiten von Beauvoir für ihr Buch recherchiert und diese wie auch viele ihrer Zeitgenoss:innen ausführlich interviewt hat, was die Innigkeit der Beziehung von Beauvoir und Algren zusätzlich bestätigte. Auch berichtet Bair detailliert über das informelle Gespräch, das sie eines Tages diesbezüglich mit Beauvoir geführt hat, als die Tonbänder schon aus waren. In diesem hat Beauvoir beispielsweise – anders als in all ihren Publikationen zum Thema – angegeben, schon in der ersten Nacht mit Algren geschlafen zu haben, weswegen ich dieser Version gefolgt bin. Zusätzlich schildert Bair die ungewohnte Lebhaftigkeit Beauvoirs bei diesem Bericht, das Wiederaufleben der jungen, leidenschaftlich liebenden Frau von damals, sehr plastisch. Kein anderes Thema, schreibt Bair, hätte Beauvoir beim Erzählen so tief bewegt wie dieses, und über keinen anderen Mann hätte sie in dieser Art gesprochen – in einer Sekunde mädchenhaft und voller Glück, in der anderen zutiefst betrübt.

Die genaue Auseinandersetzung mit Bairs Biografie auf der einen und den Briefen auf der anderen Seite hat mir allerdings auch verdeutlicht, wie unterschiedlich die Interpretation von Quellen mitunter ausfallen kann. So habe ich in einigen Fällen ganz andere Schlüsse gezogen, als Bair es tat.

Die Biografien von Mary Wisniewski und Colin Asher haben mir wichtige Einblicke in Algrens Leben gegeben und mir dabei geholfen, ihn als Charakter zu verstehen, seine Interviews dabei, seinen Sprachduktus zu übernehmen und mich in ihn einzufühlen, damit auch seine Perspektive Raum im Roman finden konnte.

Aus dem Abgleich allen Materials und handwerklichen Eingriffen, die dazu dienten, die Essenz dieser Liebesgeschichte noch genauer herauszuarbeiten, entstand schließlich ein eigener Text, eine neue Variante dieser unmöglichen Beziehung, die im besten Fall der Wahrheit ziemlich nahekommen sollte.

Zuletzt: Als posthum Beauvoirs Briefe an Sartre und Algren veröffentlicht wurden, kam ihr Ruf als Ikone des Feminismus ins Wanken. Der Briefverkehr mit Sartre verdeutlicht beispielsweise, dass Beauvoir seine frühen Geliebten aus dem Kreis ihrer Schülerinnen rekrutierte. Er belegt auch, wie sehr die beteiligten Dritten oft unter ihrem Pakt gelitten haben. Zudem war die Gleichberechtigung zwischen Sartre und Beauvoir offenbar nicht ganz so ausgeprägt, wie sie selbst es geschildert hat. In Notizen bat Sartre sie etwa, seine Kleidung in die Wäscherei zu bringen, oder teilte seine erotischen Erlebnisse auf grausam genüssliche Weise mit ihr.

Beauvoirs Briefe an Algren wiederum sind voller kitschig anmutender Liebesbekundungen; in Konflikten nahm sie in der Regel eine beschwichtigende Rolle ein und alle Schuld auf sich – alles keine Verhaltensweisen, die man von ihr erwartet hätte.

Und noch mehr wurde sichtbar. Beauvoir tratschte gern und ließ sich, ohne ein Blatt vor den Mund zu nehmen, über Charakter und Aussehen anderer, vorwiegend von Frauen, aus. Das Bild, das sich so plötzlich von ihr zusammensetzen ließ, passte nicht zu dem der Intellektuellen, der Philosophin und vor allem der Feministin Beauvoir, und so mag es stellenweise auch mit dem Eindruck sein, den dieses Buch von ihr vermittelt.

Dazu ist einerseits zu sagen, dass Aussagen und Verhalten Beauvoirs ihre Haltung zum damaligen Zeitpunkt widerspiegeln. Als sie *Das andere Geschlecht* schrieb, betrachtete sie sich noch nicht als Feministin. Frauenrechtsaktivistin wurde sie erst, als 1970 die neue französische Frauenbewegung aktiv wurde. Später äußerte sie selbst Bedauern darüber, Frauen zu negativ dargestellt zu haben, etwa in ihrem Amerikabericht, und die Schuld für die Verhältnisse zu sehr bei ihnen selbst gesucht und die Rolle der Männer zu wenig infrage gestellt zu haben.

Vor allem ist aber private, intime Korrespondenz eben genau das: privat. Sie folgt anderen Regeln als Texte für die Öffentlichkeit. Nebenbei muss auch in Briefen Geschildertes nicht der tatsächlichen Haltung oder der Wahrheit entsprechen, sondern kann ebenso gut ein Konstrukt sein, das einem uns unbekannten Ziel folgt.

Persönlich finde ich die Facetten und Ambivalenzen Simone de Beauvoirs, die in ihren Memoiren und Briefen zum Vorschein kommen, ebenso bereichernd wie beruhigend, denn sie wohnen uns allen inne. Beauvoir wollte kein Ideal sein, sie wollte am liebsten alles sein, ihr Leben ganz leben. Und das hat sie auf überaus menschliche Art und Weise getan.

Darin können wir uns wiederfinden.

Katja Kulin
im November 2020

Literatur- und
Quellenverzeichnis

Dieses Buch ist ein Roman, hält sich inhaltlich jedoch möglichst nah an das, was das zahlreich vorhandene Material zur Liebesgeschichte zwischen Simone de Beauvoir und Nelson Algren, ihren Weggefährten und Zeitgenossen dokumentiert (vgl. Nachwort). Unten stehend finden sich daher die wichtigsten Quellen, deren Inhalte in *Der andere Mann* eingeflossen sind. Dies soll der Nachvollziehbarkeit dienen, vor allem aber eine Anregung zum Weiterlesen sein. Viele der Bücher sind auch in anderen Ausgaben als den hier genannten erhältlich.

Schriften von Simone de Beauvoir
(nach Erscheinungsdatum des Originals)

Sie kam und blieb. Rowohlt, Reinbek bei Hamburg 2004.
Das Blut der anderen. Rowohlt, Reinbek bei Hamburg 1975.
Amerika Tag und Nacht. Reisetagebuch 1947. Rowohlt,
   Reinbek bei Hamburg 1988.
Das andere Geschlecht. Sitte und Sexus der Frau. Rowohlt,
   Reinbek bei Hamburg 2000.
Die Mandarins von Paris. Rowohlt, Reinbek bei Hamburg 1989.
*Auge um Auge. Artikel zu Politik, Moral und Literatur
   1945–1955.* Rowohlt, Reinbek bei Hamburg 1992.
Der Lauf der Dinge. Rowohlt, Reinbek bei Hamburg 1989.

Briefe an Sartre 1940–1963. Rowohlt, Reinbek bei Hamburg
1998.
*Eine transatlantische Liebe. Briefe an Nelson Algren
1947–1964*. Rowohlt, Reinbek bei Hamburg 2002.

Schriften von Nelson Algren
(nach Erscheinungsdatum des Originals)

Somebody in Boots. Flamingo, New York City 2017.
Nacht ohne Morgen. Zweitausendeins, Frankfurt am Main 1990.
Im Neon-Dschungel. Rowohlt, Reinbek bei Hamburg 1964.
Der Mann mit dem goldenen Arm. Rowohlt, Reinbek bei
Hamburg 1996.
Chicago. City on the Make. University of Chicago Press,
Chicago 2011.
Wildes Leben. Zweitausendeins, Frankfurt am Main 1988.
The Last Carousel. Seven Stories Press, New York City 1997.
America Eats. University of Iowa Press, Iowa City 1992.
Nonconformity. Writing on Writing. Seven Stories Press,
New York City 1996.
Algren at Sea. Travel Writings. Seven Stories Press, New York
City 2009.

Literatur über Simone de Beauvoir und Nelson Algren
(alphabetisch nach Autor:in)

Asher, Colin: *Never a Lovely so Real*. W.W. Norton & Company,
New York City 2019.
Bair, Deirdre: *Simone de Beauvoir. Eine Biographie*. Albrecht
Knaus Verlag, München 1990.

Bair, Deirdre: *Parisian Lives. Samuel Beckett, Simone de Beauvoir and Me – a Memoir.* Atlantic Books, London 2020.

Cowley, Malcom: *Wie sie schreiben. Writers at Work.* Sigbert Mohn Verlag, Gütersloh 1960.

Donohue, H. E. F.: *Conversations with Nelson Algren.* Hill and Wang, New York City 1964.

Herman, Jan: *Ticket to New Jersey. A Portrait of Nelson Algren.* Impromptu Editions, 2014.

Kirkpatrick, Kate: *Simone de Beauvoir. Ein modernes Leben.* Piper, München 2020.

Korbik, Julia: *Oh, Simone! Warum wir Beauvoir wiederentdecken sollten.* Rowohlt, Reinbek bei Hamburg 2018.

Shay, Art: *Chicago's Nelson Algren.* Seven Stories Press, New York City 2007.

Wisniewski, Mary: *Algren. A Life.* Chicago Review Press, Chicago 2017.

Weitere Literatur

(alphabetisch nach Autor:in)

Bakewell, Sarah: *Das Café der Existenzialisten.* C. H. Beck, München 2016.

Brent, Stuart: *The Seven Stairs. An Adventure of the Heart.* Touchstone, New York City 1989.

Cowie, Douglas: *Noon in Paris, Eight in Chicago.* Myriad Editions, Brighton 2016.

Miller, Donald L.: *City of the Century. The Epic of Chicago and the Making of America.* Simon & Schuster, New York City 2003.

Motley, Willard: *Knock on Any Door.* Northern Illinois University Press, DeKalb 1989.

Rowley, Hazel: *Richard Wright. The Life and Times*. University of Chicago Press, Chicago 2008.

Sandburg, Carl: *Chicago Poems*. Dover Publications, New York City 2012.

Sartre, Jean-Paul: *Briefe an Simone de Beauvoir und andere, 1940–1963*. Band 2. Rowohlt, Reinbek bei Hamburg 1985.

Sartre, Jean-Paul: *Das Sein und das Nichts*. Rowohlt, Reinbek bei Hamburg 2016.

Sartre, Jean-Paul: *Der Ekel*. Rowohlt, Reinbek bei Hamburg 2012.

Schwarzer, Alice: *Simone de Beauvoir. Weggefährtinnen im Gespräch*. KiWi, Köln 2007.

Wright, Richard: *Sohn dieses Landes*. Kein & Aber, Zürich 2019.

Dokumentationen

(nach Erscheinungsdatum)

Simone de Beauvoir live. Ein Filmporträt von Alice Schwarzer. EMMA film edition, NDR 1974.

Algren. Regie und Realisation: Michael Caplan, Montrose Pictures 2014.

Nelson Algren. The End Is Nothing, The Road Is All. Regie: Mark Blottner, Ilko Davidov, Denis Mueller, 2015.

Sonstige

Nelson Algren Collection, Ohio State University Libraries, Columbus.

The Nelson Algren Collection, Chicago Public Library, Chicago.

Dieses Buch wurde klimaneutral produziert.

ClimatePartner.com/17531-2110-1001

April 2022
DuMont Buchverlag, Köln
Alle Rechte vorbehalten
© 2021 DuMont Buchverlag, Köln
Lektorat: Sabrina Kiefer
Umschlaggestaltung: Lübbeke Naumann Thoben, Köln
Abbildung Simone de Beauvoir: © René Saint-Paul / Bridgeman Images
Abbildung Paris: © Patricia Gailland / EyeEm | Getty Images
Satz: Fagott, Ffm
Gesetzt aus der Bauer Bodoni und der Neutraface
Druck und Verarbeitung: CPI books GmbH, Leck
Gedruckt auf säurefreiem und chlorfrei gebleichtem Papier
Printed in Germany
ISBN 978-3-8321-6631-1

www.dumont-buchverlag.de